C. G. Jung

Archetypen

C.G. JUNG

ARCHETYPEN

Urbilder und Wirkkräfte
des kollektiven Unbewussten

Herausgegeben von Lorenz Jung

EDITION C. G. JUNG

VERLAGSGRUPPE PATMOS

PATMOS
ESCHBACH
GRÜNEWALD
THORBECKE
SCHWABEN
VER SACRUM

Die Verlagsgruppe
mit Sinn für das Leben

MIX
Papier | Fördert gute Waldnutzung
FSC® C014496

Die Verlagsgruppe Patmos ist sich ihrer Verantwortung gegenüber unserer Umwelt bewusst. Wir folgen dem Prinzip der Nachhaltigkeit und streben den Einklang von wirtschaftlicher Entwicklung, sozialer Sicherheit und Erhaltung unserer natürlichen Lebensgrundlagen an. Näheres zur Nachhaltigkeitsstrategie der Verlagsgruppe Patmos auf unserer Website www.verlagsgruppe-patmos.de/nachhaltig-gut-leben
Übereinstimmend mit der EU-Verordnung zur allgemeinen Produktsicherheit (GPSR) stellen wir sicher, dass unsere Produkte die Sicherheitsstandards erfüllen. Näheres dazu auf unserer Website www.verlagsgruppe-patmos.de/produktsicherheit. Bei Fragen zur Produktsicherheit wenden Sie sich bitte an produktsicherheit@verlagsgruppe-patmos.de

Bibliografische Information der Deutschen Nationalbibliothek
Die Deutsche Nationalbibliothek verzeichnet diese Publikation in der Deutschen Nationalbibliografie; detaillierte bibliografische Daten sind im Internet über http://dnb.d-nb.de abrufbar.

9. Auflage 2025

Verlagsgruppe Patmos in der Schwabenverlag AG, Senefelderstr. 12, 73760 Ostfildern
kundenservice@verlagsgruppe-patmos.de
www.patmos.de
Dieser Band erschien erstmals 1990 im Deutschen Taschenbuch Verlag, München, als Band 6 der elfbändigen, von Lorenz Jung herausgegebenen Taschenbuchausgabe mit ausgewählten Schriften aus den Gesammelten Werken (GW 1-20) von C. G. Jung.
Die Texte wurden auf die reformierte neue deutsche Rechtschreibung umgestellt.

Umschlaggestaltung: Finken & Bumiller, Stuttgart
Umschlagabbildung: Patientenbild von C. G. Jung, ohne Titel, undatiert, Gouache auf Papier, 33 × 33 cm, Bildarchiv C. G. Jung-Institut Zürich, Küsnacht, 019 ASBF.
© C. G. Jung-Institut Zürich, Küsnacht. Foto: Ulrich Peters
Satz: Schwabenverlag AG, Ostfildern
Druck: GGP Media GmbH, Pößneck
Hergestellt in Deutschland
ISBN 978-3-8436-1088-9
EDITION C. G. JUNG im Patmos Verlag

INHALT

ÜBER DIE ARCHETYPEN DES KOLLEKTIVEN UNBEWUSSTEN (1934)

Die Hypothese eines kollektiven Unbewussten gehört zu jenen Begriffen, die zuerst das Publikum befremden, dann aber bald als geläufige Vorstellungen in dessen Besitz und Gebrauch übergehen, wie dies mit dem Begriff des Unbewussten überhaupt geschehen ist. Nachdem die philosophische Idee des Unbewussten, wie sie sich hauptsächlich bei C. G. Carus und E. v. Hartmann findet, unter der überbordenden Woge des Materialismus und Empirismus, ohne erhebliche Spuren zu hinterlassen, untergegangen war, tauchte sie innerhalb der naturwissenschaftlich orientierten, medizinischen Psychologie wieder allmählich auf.

Zunächst beschränkte sich der Begriff des Unbewussten darauf, den Zustand verdrängter oder vergessener Inhalte zu bezeichnen. Bei Freud ist das Unbewusste, obschon es – wenigstens metaphorisch – bereits als handelndes Subjekt auftritt, im Wesentlichen nichts als der Sammelort eben dieser vergessenen und verdrängten Inhalte und hat nur vermöge dieser eine praktische Bedeutung. Dementsprechend ist es nach dieser Ansicht ausschließlich persönlicher Natur,[1] obschon andererseits schon Freud die archaischmythologische Denkweise des Unbewussten gesehen hat.

Eine gewissermaßen oberflächliche Schicht des Unbewussten ist zweifellos persönlich. Wir nennen sie das *persönliche Unbewusste*. Dieses ruht aber auf einer tieferen Schicht, welche nicht mehr persönlicher

[1] Freud hat seine hier angedeutete Grundansicht in späteren Arbeiten differenziert: Die Instinktpsyche nannte er das »Es«, und sein »Über-Ich« bezeichnet das dem Individuum teils bewusste, teils unbewusste (verdrängte) Kollektivbewusstsein.

Erfahrung und Erwerbung entstammt, sondern angeboren ist. Diese tiefere Schicht ist das sogenannte *kollektive Unbewusste*. Ich habe den Ausdruck »kollektiv« gewählt, weil dieses Unbewusste nicht individueller, sondern allgemeiner Natur ist, das heißt es hat im Gegensatz zur persönlichen Psyche Inhalte und Verhaltensweisen, welche überall und in allen Individuen cum grano salis die Gleichen sind. Es ist, mit anderen Worten, in allen Menschen sich selbst identisch und bildet damit eine in jedermann vorhandene, allgemeine seelische Grundlage überpersönlicher Natur.

Seelische Existenz wird nur erkannt am Vorhandensein *bewusstseinsfähiger Inhalte*. Wir können darum nur insofern von einem Unbewussten sprechen, als wir Inhalte desselben nachzuweisen vermögen. Die Inhalte des persönlichen Unbewussten sind in der Hauptsache die sogenannten *gefühlsbetonten Komplexe*, welche die persönliche Intimität des seelischen Lebens ausmachen. Die Inhalte des kollektiven Unbewussten dagegen sind die sogenannten *Archetypen*.

Der Ausdruck »archetypus« findet sich schon bei Philo Iudaeus[2] mit Bezug auf die imago Dei im Menschen. Ebenso bei Irenaeus,[3] wo es heißt: »Mundi fabricator non a semetipso fecit haec, sed de alienis archetypis transtulit.« Im ›Corpus Hermeticum‹[4] wird Gott to archetypon phōs genannt. Bei Dionysius Areopagita kommt der Ausdruck mehrfach vor, so ›De caelesti hierarchia‹:[5] hai aulai archetypiai, ebenso ›De divinis nominibus‹.[6] Bei Augustinus findet sich zwar der Ausdruck archetypus nicht, wohl aber die Idee, so ›De diversis quaestionibus‹: »ideae … quae ipsae formatae non sunt … quae in divina intelligentia continentur.«[7]

2 De opificio mundi, in: Philo Iudaeus: Philonis Iudaei, summi philosophi ..., 1561, (siehe Index).

3 Adversus omnes haereses, in: Irenaeus: Irenaei episcopi ..., 1702, S. 126.

4 Hermetica, Bd. 1, S. 140.

5 Dionysius Areopagita: De caelesti hierarchia, 2, 4 (MIGNE III col. 144; die unstofflichen Archetypen).

6 Dionysius Areopagita: De divinis nominibus, 2, 6 (MIGNE 1. c., col. 595).

7 Augustinus: De diversis quaestionibus, LXXXIII, XLVI col. 49 [Ideen, ... die selbst nicht geformt sind ... die enthalten sind im göttlichen Wissen]. – Ähnlich wird »archetypus« bei den Alchemisten gebraucht, so im ›Tractatus aureus‹ des Hermes Trismegistus (Theatrum chemicum, 1613, Bd. 4, S. 718): »... ut Deus omnem divinitatis suae thesaurum ... in se tanquam archetypo absconditum ...

»Archetypus« ist eine erklärende Umschreibung des Platonischen eidos. Für unsere Zwecke ist diese Bezeichnung treffend und hilfreich, denn sie besagt, dass es sich bei den kollektiv-unbewussten Inhalten um altertümliche oder – besser noch – um urtümliche Typen, das heißt seit alters vorhandene allgemeine Bilder handelt. Ohne Schwierigkeit ließe sich der Ausdruck »représentations collectives«, welchen Lévy-Bruhl zur Bezeichnung der symbolischen Figuren der primitiven Weltanschauung gebraucht, auch auf die unbewussten Inhalte anwenden, denn es betrifft beinahe die gleiche Sache. Primitive Stammeslehren nämlich handeln von Archetypen in spezieller Abwandlung. Allerdings sind sie hier nicht mehr Inhalte des Unbewussten, sondern haben sich bereits in bewusste Formeln verwandelt, welche traditionsmäßig gelehrt werden, meistens in Form der Geheimlehre, welche überhaupt ein typischer Ausdruck der Übermittlung kollektiver, ursprünglich dem Unbewussten entstammender Inhalte ist.

Ein anderer, wohlbekannter Ausdruck der Archetypen sind der Mythus und das Märchen. Aber auch hier handelt es sich um spezifisch geprägte Formen, welche durch lange Zeiträume übermittelt wurden. Der Begriff »Archetypus« passt daher nur mittelbar auf die »représentations collectives«, indem er nämlich nur jene psychischen Inhalte bezeichnet, welche noch keiner bewussten Bearbeitung unterworfen waren, mithin also eine noch unmittelbare seelische Gegebenheit darstellen. Als solche differiert der Archetypus nicht unerheblich von der historisch gewordenen oder herausgearbeiteten Formel. Namentlich auf höheren Stufen der Geheimlehren erscheinen die Archetypen in einer Fassung, welche den urteilenden und bewertenden Einfluss der bewussten Bearbeitung in der Regel unmissverständlich aufweist. Ihre un-

eodem modo Saturnus occulte corporum metallicorum simulachra in se circumferens …« (wie Gott alle Schätze seiner Gottheit … in sich wie in einem Archetypus verbirgt … so trägt in gleicher Weise Saturn heimlich das Abbild metallischer Körper in sich umschlossen). Bei Vigenerus (›Tractatus de igne et sale‹ in: Theatrum chemicum, 1661, Bd. 6, Kp. 4, S. 3) ist die Welt »ad archetypi sui similitudinem factus« (nach dem Bilde seines Archetypus geschaffen) und wird darum »magnus homo« (großer Mensch) (»homo maximus« bei Swedenborg) genannt.

mittelbare Erscheinung dagegen, wie sie uns in Träumen und Visionen entgegentritt, ist viel individueller, unverständlicher oder naiver als zum Beispiel im Mythus. Der Archetypus stellt wesentlich einen unbewussten Inhalt dar, welcher durch seine Bewusstwerdung und das Wahrgenommensein verändert wird, und zwar im Sinne des jeweiligen individuellen Bewusstseins, in welchem er auftaucht.[8]

Was mit »Archetypus« gemeint ist, ist durch dessen eben dargelegte Beziehung zu Mythus, Geheimlehre und Märchen wohl deutlich gesagt. Versuchen wir dagegen, *psychologisch* zu ergründen, was ein Archetypus ist, so wird die Sache komplizierter. Man hat sich in der Mythenforschung bisher immer mit solaren, lunaren, meteorologischen, Vegetations- und anderen Hilfsvorstellungen begnügt. Dass die Mythen aber in erster Linie psychische Manifestationen sind, welche das Wesen der Seele darstellen, darauf hat man sich bisher so gut wie gar nicht eingelassen. An einer objektiven Erklärung der offenkundigen Dinge liegt dem Primitiven zunächst wenig, dagegen hat er ein unabweisbares Bedürfnis, oder besser gesagt, hat seine unbewusste Seele einen unüberwindlichen Drang, alle äußere Sinneserfahrung an seelisches Geschehen zu assimilieren. Es genügt dem Primitiven nicht, die Sonne auf- und untergehen zu sehen, sondern diese äußere Beobachtung muss zugleich auch ein seelisches Geschehen sein, das heißt die Sonne muss in ihrer Wandlung das Schicksal eines Gottes oder Helden darstellen, der, im Grunde genommen, nirgends anders wohnt als in der Seele des Menschen. Alle mythisierten Naturvorgänge, wie Sommer und Winter, Mondwechsel, Regenzeiten und so weiter, sind nichts weniger als Allegorien[9] eben dieser objektiven Erfahrungen, sondern vielmehr symbolische Ausdrücke für das innere und unbewusste Drama der Seele, welches

[8] Man muss, um genau zu sein, zwischen »Archetypus« und »archetypischen Vorstellungen« unterscheiden. Der Archetypus stellt an sich eine hypothetische, unanschauliche Vorlage dar, wie das in der Biologie bekannte »pattern of behaviour«. Siehe dazu Theoretische Überlegungen zum Wesen des Psychischen, GW 8.

[9] Allegorie ist eine Paraphrasierung eines bewussten Inhaltes, Symbol dagegen ein bestmöglicher Ausdruck für einen erst geahnten, aber noch unerkannten, unbewussten Inhalt.

auf dem Wege der Projektion, das heißt gespiegelt in den Naturereignissen, dem menschlichen Bewusstsein fassbar wird. Die Projektion ist dermaßen gründlich, dass es einiger Jahrtausende Kultur bedurfte, um sie auch nur einigermaßen vom äußeren Objekt abzutrennen. Im Falle der Astrologie zum Beispiel kam es sogar zu einer absoluten Verketzerung dieser uralten »scientia intuitiva«, weil man es nicht fertigbrachte, die psychologische Charakterologie von den Sternen abzutrennen. Und wer heute noch oder wieder an Astrologie glaubt, der verfällt fast in der Regel wiederum der alten superstitiösen Annahme von Gestirnseinflüssen, obschon jeder, der ein Horoskop berechnen kann, wissen sollte, dass seit den Tagen des Hipparchos von Alexandrien der Frühlingspunkt auf 0° Aries festgesetzt ist, dass mithin jedes Horoskop auf einem arbiträren Tierkreis beruht, weil eben seit Hipparchos infolge der Präzession der Tag- und Nachtgleichen der Frühlingspunkt allmählich in die Anfangsgrade der Pisces vorgerückt ist.

Der primitive Mensch ist von so eindrucksvoller Subjektivität, dass es eigentlich die allererste Vermutung hätte sein sollen, die Mythen auf Seelisches zu beziehen. Seine Naturerkenntnis ist wesentlich Sprache und äußere Bekleidung des unbewussten Seelenvorganges. Darin, dass Letzterer unbewusst ist, liegt der Grund, warum man zur Erklärung des Mythus an alles andere eher als an die Seele gedacht hat. Man hat ganz einfach nicht gewusst, dass die Seele alle jene Bilder enthält, aus denen Mythen je entstanden sind, und dass unser Unbewusstes ein handelndes und erleidendes Subjekt ist, dessen Drama der primitive Mensch in allen großen und kleinen Naturvorgängen analogisch wiederfindet.[10]

»In deiner Brust sind deines Schicksals Sterne«, sagt Seni zu Wallenstein,[11] womit aller Astrologie Genüge getan wäre, wenn man nur einiges um dieses Geheimnis des Herzens wüsste. Dafür aber hatte man

[10] Vgl. dazu Jung und Kerényi: Einführung in das Wesen der Mythologie, 1951.

[11] Schiller: Die Piccolomini, 1823, 2/6, S. 118.

bisher geringes Verständnis. Dass es heutzutage damit prinzipiell besser stehe, wage ich nicht zu behaupten.

Die Stammeslehre ist heilig-gefährlich. Alle Geheimlehren suchen das unsichtbare Geschehen der Seele zu erfassen, und alle beanspruchen für sich höchste Autorität. Was für diese primitiven Lehren wahr ist, das gilt in noch höherem Maße von den herrschenden Weltreligionen. Sie enthalten ursprünglich geheimes Offenbarungswissen und haben die Geheimnisse der Seele in herrlichen Bildern ausgedrückt. Ihre Tempel und ihre heiligen Schriften verkünden in Bild und Wort die altgeheiligte Lehre, jedem gläubigen Gemüte, jeder empfindsamen Anschauung und jeder denkerischen Ausschöpfung zugänglich. Ja, man muss sogar sagen: Je schöner, je großartiger, je umfassender das gewordene und übermittelte Bild ist, desto weiter ist es der individuellen Erfahrung entrückt. Wir können es nur noch einfühlen und anempfinden, aber die Urerfahrung ist verloren.

Warum ist Psychologie wohl die allerjüngste der Erfahrungswissenschaften? Warum hat man das Unbewusste nicht schon längst entdeckt und seinen Schatz an ewigen Bildern gehoben? Ganz einfach darum nicht, weil wir eine religiöse Formel für alle Dinge der Seele hatten, die weit schöner und umfassender ist als unmittelbare Erfahrung. Wenn für viele die christliche Anschauungswelt verblasst ist, so sind dafür die symbolischen Schatzkammern des Ostens noch voll von Wundern, welche die Lust am Schauen und an neuen Kleidern auf lange Zeit hinaus nähren können. Und überdies sind diese Bilder – seien sie nun christlich oder buddhistisch oder irgendetwas anderes – schön, geheimnisvoll und ahnungsreich. Allerdings, je gewohnter sie uns sind, desto mehr hat der häufige Gebrauch sie abgeschliffen, so dass nur ihre banale Äußerlichkeit in ihrer fast sinnlosen Paradoxie übriggeblieben ist. Das Geheimnis der jungfräulichen Geburt oder die Homoousie des Sohnes mit dem Vater, oder die Trinität, die keine Triade ist, beflügeln keine philosophische Phantasie mehr. Sie sind bloße Glaubensobjekte geworden. Es ist daher nicht erstaunlich, wenn das religiöse Bedürfnis, der gläubige

Sinn und die philosophische Spekulation des gebildeten Europäers sich von den Symbolen des Ostens, den grandiosen Auffassungen der Gottheit in Indien und den Abgründen taoistischer Philosophie in China angezogen fühlen, wie einstmals das Gemüt und der Geist des antiken Menschen von den christlichen Ideen erfasst wurden. Es gibt viele, die sich zuerst der Einwirkung des christlichen Symbols hingaben, bis sie sich in die Kierkegaard'sche Neurose verwickelten, oder bis ihr Verhältnis zu Gott, infolge zunehmender Verarmung an Symbolik, zu einer unerträglich zugespitzten Ich-Du-Beziehung sich entwickelte, um dann dem Zauber der frischen Fremdartigkeit östlicher Symbole zu erliegen. Dieses Erliegen ist nicht notwendigerweise stets eine Niederlage, sondern es kann die Aufgeschlossenheit und die Lebendigkeit des religiösen Empfindens beweisen. Wir beobachten etwas Ähnliches beim östlichen Gebildeten, der sich nicht allzu selten vom christlichen Symbol oder von der dem östlichen Geiste so inadäquaten Wissenschaft angezogen fühlt und sogar ein beneidenswertes Verständnis dafür entwickelt. Dass man diesen ewigen Bildern erliegt, ist eine an sich normale Sache. Dafür sind diese Bilder ja vorhanden. Sie sollen anziehen, überzeugen, faszinieren und überwältigen. Sie sind ja aus dem Urstoff der Offenbarung geschaffen und bilden die jeweils erstmalige Erfahrung der Gottheit ab. Darum erschließen sie dem Menschen auch immer die Ahnung des Göttlichen und sichern ihn zugleich vor der unmittelbaren Erfahrung desselben. Diese Bilder sind, dank einem oft jahrhundertelangen Bemühen des menschlichen Geistes, in ein umfassendes System weltordnender Gedanken eingebettet und zugleich durch eine mächtige, ausgebreitete, altehrwürdige Institution, genannt Kirche, dargestellt.

Was ich meine, illustriere ich wohl am besten am Beispiel eines schweizerischen Mystikers und Einsiedlers, des jüngst kanonisierten Bruders Niklaus von Flüe.[12] Sein wohl wichtigstes Erlebnis war die sogenannte Dreifaltigkeitsvision, welche ihn dermaßen beschäftigte, dass

[12] Vgl. Jung: Bruder Klaus, GW 11.

er sie auch auf die Wand seiner Zelle malte oder malen ließ. Die Vision ist dargestellt auf einem in der Pfarrkirche von Sachseln aufbewahrten, zeitgenössischen Gemälde: Es ist ein sechsfach geteiltes Mandala, dessen Zentrum das gekrönte Antlitz Gottes ist. Wir wissen, dass Bruder Klaus an Hand des illustrierten Büchleins eines deutschen Mystikers dem Wesen seiner Vision nachforschte und sich bemühte, sein Urerlebnis in eine ihm verständliche Form zu bringen. Damit beschäftigte er sich jahrelang. Dies ist, was ich als »Bearbeitung« des Symbols bezeichne. Sein Nachdenken über das Wesen der Vision, beeinflusst durch die mystischen Diagramme seines Leitfadens, führte notwendigerweise zum Schlusse, dass er die heilige Dreifaltigkeit selber gesehen haben müsse, also das »summum bonum«, die ewige Liebe selber. Dem entspricht auch die abgeklärte Darstellung in Sachseln.

Das Urerlebnis aber war ganz anders. In der Entzückung nämlich tat sich dem Bruder ein Anblick auf, so furchtbar, dass sich dadurch sein eigenes Angesicht veränderte, und zwar in solcher Art, dass die Leute darob erschraken und Furcht vor ihm empfanden. Was er nämlich gesehen hatte, war eine Vision von höchster Intensität. Darüber schreibt Woelflin: »Quotquot autem ad hunc advenissent, primo conspectu nimio stupore sunt perculsi. Eius ille terroris hanc esse causam dicebat, quot splendorem vidisset intensissimum, humanam faciem ostentantem, cuius intuitu cor sibi in minuta dissiliturum frustula pertimesceret: unde et ipse stupefactus, averso statim vultu, in terram corruisset atque ob eam rem suum aspectum caeteris videri horribilem.«[13]

Sehr mit Recht wird diese Vision mit derjenigen von ›Apokalypse‹ 1, 13 ff. in Beziehung gesetzt,[14] nämlich mit jenem eigenartigen apokalyp-

[13] Blanke: Bruder Klaus von Flüe, 1948, S. 92 f. »Alle, die zu ihm kamen, wurden beim ersten Anblick von großem Schrecken erfüllt. Über die Ursache dieses Schreckens pflegte er selbst zu sagen, daß er ein durchdringendes Licht gesehen, das ein menschliches Antlitz vorstellte. Bei seinem Anblick habe er gefürchtet, sein Herz möchte ihm in kleine Stücke zerspringen. Deshalb habe er, von Schrecken befallen, sein Antlitz sofort abgewendet und sei auf die Erde gestürzt. Darum sei sein Antlitz jetzt den andern schreckhaft.« (Stöckli: Die Visionen des seligen Bruder Klaus, 1933, S. 34.)

[14] Blanke, ebenda, S. 94.

tischen Christusbild, das in puncto Unheimlichkeit und Ungewöhnlichkeit nur noch von dem monströsen siebenäugigen Lamm mit den sieben Hörnern (›Apokalypse‹ 5, 6 f.) übertroffen wird. Diese Figur steht mit dem Christus der Evangelien in einem schwer zu verstehenden Verhältnis. Schon früh wurde daher diese Vision von der Tradition in bestimmter Weise gedeutet. So schreibt der Humanist Karl Bovillus 1508 an einen Freund: »Ich will ein Gesicht berichten, das ihm einst in sternheller Nacht, als er dem Gebet und der Betrachtung oblag, am Himmel erschien. Er sah nämlich die Gestalt eines menschlichen Antlitzes, mit schreckhaftem Gesichtsausdruck voll Zorn und Drohungen« und so weiter.[15]

Diese Deutung stimmt trefflich mit der modernen Amplifikation durch ›Apokalypse‹ 1, 13 zusammen.[16] Auch darf man die anderen Visionen nicht vergessen, zum Beispiel Christus in der Bärenhaut, Herr und Frau Gott und der Bruder Niklaus als Sohn und so weiter. Sie zeigen zum Teil sehr undogmatische Züge.

Mit dieser großen Vision wurde traditionsgemäß das Dreifaltigkeitsbild in der Kirche von Sachseln und ebenso die Radsymbolik im sogenannten ›Pilgertraktat‹[17] in Beziehung gesetzt: Bruder Niklaus zeigte dem ihn besuchenden Pilger das Radbild. Offenbar hatte ihn dieses Bild beschäftigt. Blanke ist der Ansicht, dass, entgegen der Tradition, zwischen der Vision und dem Dreifaltigkeitsbild kein Zusammenhang bestehe.[18] Mir scheint, dass dieser Skeptizismus etwas zu weit geht. Das Interesse des Bruders für das Radbild muss einen Grund gehabt haben. Derartige Visionen bewirken häufig Verwirrung und Auflösung (das Herz, das »in Stücke zerspringt«). Die Erfahrung lehrt, dass der »hegende

15 Stöckli, ebenda.

16 Lavaud (›Vie profonde de Nicolas de Flue‹) parallelisiert in ebenso treffender Weise mit einem Text des ›Horologium sapientiae‹ des Heinrich Seuse, in welchem der apokalyptische Christus als wütender und zorniger Rächer erscheint, sehr im Gegensatz zu dem Jesus der Bergpredigt.

17 ›Ein nutzlicher und loblicher Tractat von Bruder Claus und einem Bilger‹. Vgl. Stöckli: Die Visionen des seligen Bruder Klaus, 1933, S. 95.

18 Ebenda, S. 95 ff.

Kreis«, das Mandala, das althergebrachte Antidot für chaotische Geisteszustände ist. Es ist darum nur allzu begreiflich, dass der Bruder vom Radsymbol fasziniert war. Die Deutung der Schreckensvision als Gotteserlebnis dürfte ebenfalls nicht abwegig sein. Der Zusammenhang zwischen der großen Vision und dem Sachseler Dreifaltigkeitsbild beziehungsweise dem Radsymbol erscheint mir darum auch aus inneren, psychologischen Gründen als sehr wahrscheinlich.

Diese ganz ohne Zweifel schreckenerregende Vision, welche ohne dogmatische Einleitung und ohne exegetischen Kommentar vulkanisch in die religiöse Anschauungswelt des Bruders eingebrochen war, bedurfte natürlicherweise einer längeren Angleichungsarbeit, um sie der Seele und ihrer Gesamtschau einzuordnen und damit das gestörte Gleichgewicht wieder herzustellen. Die Auseinandersetzung mit diesem Erlebnis erfolgte auf dem damals felsenfesten Boden des Dogmas, welches seine assimilierende Kraft dadurch bewies, dass es das furchtbare Lebendige rettend in die schöne Anschaulichkeit der Trinitätsidee verwandelte. Die Auseinandersetzung hätte aber auch auf dem ganz anderen Boden der Vision selber und ihrer unheimlichen Tatsächlichkeit erfolgen können, wahrscheinlich zum Nachteil des christlichen Gottesbegriffes und zum unzweifelhaft noch größeren Nachteil des Bruders selbst, der nämlich dann nicht ein Heiliger, sondern vielleicht ein Ketzer (wenn nicht gar ein Kranker) geworden wäre und sein Leben vielleicht auf dem Scheiterhaufen geendet hätte.

Dieses Beispiel zeigt die Nützlichkeit des dogmatischen Symbols: Es formuliert ein ebenso gewaltiges wie gefährlich-entscheidendes seelisches Erlebnis, das um seiner Übermacht willen mit Recht als »Gotteserfahrung« bezeichnet wird, in einer dem menschlichen Auffassungsvermögen erträglichen Art und Weise, ohne den Umfang des Erlebten wesentlich zu beeinträchtigen, noch dessen überragender Bedeutung schädlichen Abbruch zu tun. Das Gesicht des göttlichen Zornes, dem wir – in gewissem Sinne – auch bei Jacob Böhme begegnen, will sich schlecht mit dem neutestamentlichen Gott, dem liebenden Vater im

Himmel, einen, weshalb es leicht zur Quelle eines inneren Konfliktes hätte werden können. Dergleichen hätte sogar im Geist der Zeit gelegen – Ende des 15. Jahrhunderts, der Zeit eines Nicolaus Cusanus, welcher durch die Formel der »complexio oppositorum« dem drohenden Schisma vorgreifen wollte! Nicht lange danach erlebte der jahwistische Gottesbegriff eine Reihe von Wiedergeburten im Protestantismus. Jahwe ist ein Gottesbegriff, der noch ungetrennte Gegensätze enthält.

Bruder Klaus hat sich außerhalb der Gewohnheit und des Hergebrachten gestellt, indem er Haus und Familie verließ, lange allein lebte und tief in den dunkeln Spiegel blickte, so dass ihm das Wunder- und Furchtbare der Urerfahrung geschah. In dieser Situation wirkte das durch viele Jahrhunderte entwickelte dogmatische Bild der Gottheit wie ein rettender Heiltrank. Es half ihm, den fatalen Einbruch eines archetypischen Bildes zu assimilieren und damit seiner eigenen Zerreißung zu entgehen. Angelus Silesius war nicht so glücklich; ihn hat der innere Kontrast zersetzt, denn zu seiner Zeit war die Festigkeit der Kirche, welche das Dogma garantiert, bereits erschüttert.

Jacob Böhme kennt einen Gott des »Zornfeuers«, einen wahren absconditus. Aber er vermochte den tief empfundenen Gegensatz einerseits durch die christliche Formel Vater-Sohn zu überbrücken und seiner zwar gnostischen, aber in allen wesentlichen Punkten doch christlichen Weltanschauung spekulativ einzugliedern, sonst wäre er zum Dualisten geworden. Andererseits ist ihm zweifellos die Alchemie, welche schon lange im Geheimen die Gegensatzvereinigung vorbereitete, zu Hilfe gekommen. Immerhin hat der Gegensatz in seinem Mandala, welches den ›Vierzig Fragen über die Seele‹[19] beigegeben ist und das Wesen der Gottheit darstellt, noch deutliche Spuren hinterlassen, indem dieses in eine dunkle und eine helle Hälfte geteilt ist, und die entsprechenden Halbkreise, statt sich zu schließen, den Rücken gegeneinanderkehren.[20]

[19] Böhme: Viertzig Fragen von der Seelen Vrstand, Essentz, Wesen, Natur und Eigenschafft, o. J.

[20] Vgl. Zur Empirie des Individuationsprozesses, GW 9/I.

Das Dogma ersetzt das kollektive Unbewusste, indem es dieses in weitem Umfang formuliert. Die katholische Lebensform kennt daher eine psychologische Problematik in diesem Sinne prinzipiell nicht. Das Leben des kollektiven Unbewussten ist fast restlos in den dogmatischen, archetypischen Vorstellungen aufgefangen und fließt als gebändigter Strom in der Symbolik des Credo und des Rituals. Sein Leben offenbart sich in der Innerlichkeit der katholischen Seele. Das kollektive Unbewusste, so wie wir es heute kennen, war überhaupt nie psychologisch, denn vor der christlichen Kirche gab es antike Mysterien, welche sich bis in die graue Vorzeit des Neolithikums hinauf erstreckten. Nie gebrach es der Menschheit an kräftigen Bildern, welche magischen Schutz verliehen gegen das unheimlich Lebendige der Seelentiefe. Immer waren die Gestalten des Unbewussten durch schützende und heilende Bilder ausgedrückt und damit hinausgewiesen in den kosmischen, außerseelischen Raum.

Der Bildersturm der Reformation hat aber wortwörtlich eine Bresche in den Schutzwall der heiligen Bilder geschlagen, und seitdem bröckelte eines nach dem anderen ab. Sie wurden misslich, denn sie kollidierten mit der erwachenden Vernunft. Zudem hatte man schon längst zuvor vergessen, was sie meinten. Hatte man es wirklich vergessen? Oder hatte man vielleicht überhaupt nie gewusst, was sie bedeuteten, und fiel es vielleicht erst in neuerer Zeit der protestantischen Menschheit auf, dass man eigentlich doch gar nicht wisse, was mit der jungfräulichen Geburt, der Gottheit Christi oder den Komplexitäten der Dreieinigkeit gemeint sein soll? Fast scheint es so, als ob diese Bilder bloß gelebt hätten, und als ob ihre lebendige Existenz einfach hingenommen worden wäre, ohne Zweifel und ohne Reflexion, etwa so, wie alle Leute Weihnachtsbäume schmücken und Ostereier verstecken, ohne überhaupt je zu wissen, was die Gebräuche bedeuten. Archetypische Bilder sind eben a priori so bedeutungsvoll, dass man schon gar nie danach fragt, was sie eigentlich meinen könnten. Darum sterben von Zeit zu Zeit die Götter, weil man plötzlich entdeckt, dass sie nichts bedeuten, dass sie von Menschenhand gemachte, aus Holz und Stein geformte Nichtsnutzigkeiten sind. In Wirklichkeit hat der Mensch dabei nur entdeckt, dass er bis dahin über seine Bilder überhaupt nichts gedacht hat. Und wenn er anfängt, darüber zu denken, so tut er es unter Beihilfe dessen, was er »Vernunft« nennt, was aber in Wirklichkeit nichts anderes ist als die Summe seiner Voreingenommenheiten und Kurzsichtigkeiten.

Die Entwicklungsgeschichte des Protestantismus ist ein chronischer Bildersturm. Eine Mauer um die andere fiel. Und allzu schwierig war die Zerstörung auch nicht, nachdem die Autorität der Kirche einmal erschüttert war. Wir wissen, wie im Großen und im Kleinen, im Allgemeinen und im Einzelnen, Stück um Stück zerfiel, und wie die jetzt herrschende, erschreckende Symbolarmut zustande kam. Damit ist auch die Kraft der Kirche geschwunden; eine Festung, die ihrer Bastionen und Kasematten beraubt ist; ein Haus, dessen Wände herausgebrochen sind, allen Winden der Welt und aller Gefährdung preisgegeben. Eigentlich ein beklagenswerter Zusammenbruch, welcher das historische Gefühl schmerzt, ist doch die Aufsplitterung des Protestantismus in einige Hundert Denominationen ein untrügliches Zeichen dafür, dass die Beunruhigung anhält.

Der protestantische Mensch ist eigentlich in eine Schutzlosigkeit hinausgestoßen, vor der es dem natürlichen Menschen grauen könnte. Das aufgeklärte Bewusstsein will allerdings davon nichts wissen, sucht aber in aller Stille anderswo, was in Europa verloren ging. Man forscht nach den wirkenden Bildern, den Anschauungsformen, welche die Beunruhigung von Herz und Sinn befriedigen, und findet die Schätze des Ostens.

An und für sich ist dagegen nichts einzuwenden. Niemand hat die Römer gezwungen, asiatische Kulte als Massenartikel zu importieren. Hätte den germanischen Völkern das sogenannte artfremde Christentum wirklich zutiefst nicht gepasst, so hätten sie es leicht wieder abstoßen können, als das Prestige der römischen Legionen verblichen war. Es ist aber geblieben, denn es entspricht der vorhandenen archetypischen Vorlage. Aber es ist im Laufe der Jahrhunderte zu etwas geworden, worüber sich sein Stifter nicht schlecht gewundert hätte, hätte er es noch erlebt; und wie das Christentum der Neger und der Indianer beschaffen ist, gäbe auch einigen Anlass zu historischen Betrachtungen. Warum also sollte der Westen nicht östliche Formen assimilieren? Die Römer gingen ja auch nach Eleusis, Samothrake und Ägypten, um sich einweihen zu lassen. In Ägypten scheint es sogar eine richtige Touristik dieser Art gegeben zu haben.

Die Götter von Hellas und Rom gingen an der gleichen Krankheit zugrunde wie unsere christlichen Symbole: Damals wie heute entdeckten die Menschen, dass sie sich nichts darunter gedacht hatten. Die Götter der Fremden hingegen hatten noch unverbrauchtes Mana. Ihre Namen waren seltsam und unverständlich und ihre Taten ahnungsreich dunkel, ganz anders als die ausgeleierte chronique scandaleuse des Olymp. Die asiatischen Symbole verstand man wenigstens nicht, und deshalb waren sie nicht banal wie die altgewohnten Götter. Dass man das Neue aber ebenso unbesehen übernahm, wie man das Alte weggelegt hatte, wurde damals nicht zum Problem.

Wird es heute zum Problem? Werden wir fertige Symbole, gewachsen auf exotischem Boden, durchtränkt mit fremdem Blut, gesprochen in fremden Zungen, genährt von fremder Kultur, gewandelt in fremder Geschichte, anziehen können wie ein neues Kleid? Ein Bettler, der sich in königliches Gewand hüllt; ein König, der sich als Bettler verkleidet? Ohne Zweifel, es ist möglich. Oder gibt es in uns irgendwo einen Befehl, keinen Mummenschanz zu treiben, sondern vielleicht sogar unser Gewand selber zu nähen?

Ich bin überzeugt, dass die zunehmende Verarmung an Symbolen einen Sinn hat. Diese Entwicklung hat eine innere Konsequenz. Alles, worüber man sich nichts dachte und was dadurch eines sinngemäßen Zusammenhanges mit dem sich ja weiterentwickelnden Bewusstsein ermangelte, ist verlorengegangen. Wenn man nun versuchte, seine Blöße mit orientalischen Prunkgewändern zu verhüllen, wie es die Theosophen tun, so würde man seiner eigenen Geschichte untreu. Man wirtschaftet sich nicht zuerst zum Bettler hinunter, um nachher als indischer Theaterkönig zu posieren. Weit besser schiene es mir, sich entschlossen zur geistlichen Armut der Symbollosigkeit zu bekennen, statt sich ein Besitztum vorzutäuschen, dessen legitime Erben wir auf keinen Fall sind. Wohl sind wir die rechtmäßigen Erben der christlichen Symbolik, aber dieses Erbe haben wir irgendwie vertan. Wir haben das Haus zerfallen lassen, das unsere Väter gebaut, und versuchen nun, in orientalische Paläste einzubrechen, die unsere Väter nie kannten. Wer die historischen Symbole verloren hat und sich mit »Ersatz« nicht begnügen kann, ist heute allerdings in einer schwierigen Lage: vor ihm gähnt das Nichts, vor dem man sich mit Angst abwendet. Schlimmer noch: das Vakuum füllt sich mit absurden politischen und sozialen Ideen, die sich allesamt durch geistige Öde auszeichnen. Wer sich aber mit dieser schulmeisterlichen Besserwisserei nicht abfinden kann, sieht sich gezwungen, von seinem sogenannten Gottvertrauen ernstlich Gebrauch zu machen, wobei es sich dann allerdings meist herausstellt, dass die Angst noch überzeugender ist. Sie ist allerdings nicht unberechtigt, denn, wo Gott am nächsten, scheint die Gefahr am größten zu sein. Es ist nämlich gefährlich, sich zur geistlichen Armut zu bekennen; denn wer arm ist, begehrt, und wer begehrt, zieht ein Schicksal auf sich. Ein schweizerisches Sprichwort sagt es drastisch: »Hinter jedem Reichen steht ein Teufel, und hinter jedem Armen – zwei.«

Wie im Christentum das Gelöbnis der weltlichen Armut den Sinn von den Gütern der Welt abwandte, so will auch die geistliche Armut den falschen Reichtümern des Geistes entsagen, um sich zurückzuziehen, nicht nur von den kärglichen Überresten einer großen Vergangenheit, welche sich heute protestantische »Kirche« nennen, sondern auch von allen Lockungen des exotischen Geruches, um bei sich einzukehren, wo im kalten Lichte des Bewusstseins sich die Kahlheit der Welt bis zu den Gestirnen weitet.

Wir haben diese Armut von unseren Vätern schon ererbt. Ich erinnere mich noch wohl an meinen Konfirmationsunterricht, den ich von meinem eigenen Vater empfing. Der Katechismus langweilte mich unaussprechlich. Ich blätterte einmal in dem kleinen Büchlein, um irgendetwas Interessantes zu finden, und mein Blick fiel auf den Paragraphen über die Dreieinigkeit. Das interessierte mich, und ich erwartete mit Ungeduld, bis der Unterricht zu jenem Abschnitt vorrückte. Als nun die ersehnte Stunde kam, sagte mein Vater: »Diesen Abschnitt wollen wir überschlagen, ich begreife selber nichts davon.« Damit war meine letzte Hoffnung begraben. Ich bewunderte zwar die Ehrlichkeit meines Vaters, was mir aber über die Tatsache nicht hinweghalf, dass von da an alles religiöse Gerede mich tödlich langweilte.

Unser Intellekt hat Ungeheures geleistet, derweilen unser geistliches Haus zerfallen ist. Wir sind gründlichst davon überzeugt, dass man auch mit dem neuesten und größten Reflektor, der in Amerika gebaut wird, hinter den fernsten Sternennebeln kein Empyreum entdecken wird, und wir wissen, dass unser Blick verzweifelt durch die tote Leere unermesslicher Erstreckungen irren wird. Und es wird nicht besser, wenn uns die Welt des unendlich Kleinen durch die mathematische Physik enthüllt wird. Schließlich graben wir die Weisheit aller Zeiten und Völker aus und finden, dass alles Teuerste und Kostbarste schon längst in schönster Sprache gesagt ist. Man streckt wie begehrliche Kinder die Hände danach und meint, wenn man es greife, so habe man es auch. Aber was man sagt, gilt nicht mehr, und die Hände werden müde vom Greifen, denn Reichtum liegt überall, so weit der Blick sich breitet. All dieser Besitz wird zu Wasser, und mehr als ein Zauberlehrling ist in diesen selbst gerufenen Gewässern schließlich ertrunken, wenn er nicht vorher dem rettenden Wahn verfiel, dass diese Weisheit gut und jene schlecht sei. Aus diesen Adepten entstehen jene beängstigenden Kranken, welche eine prophetische Mission zu haben glauben. Denn durch die künstliche Trennung von wahrer und falscher Weisheit entsteht eine solche Spannung der Seele und daraus eine solche Einsamkeit und Sucht wie die des Morphinisten, der immer Gefährten seines Lasters zu finden hofft.

Wenn unser natürliches Erbe sich verflüchtigt hat, so ist, um mit Heraklit zu sprechen, auch aller Geist aus seiner feurigen Höhe heruntergestiegen. Wenn aber der Geist schwer wird, so wird er zu Wasser, und der Intellekt hat, in luziferischer Überhebung, sich des Sitzes, auf dem der Geist einst thronte, bemächtigt. Der Geist wohl darf sich die »patris potestas« über die Seele anmaßen, nicht aber der erdgeborene Intellekt, der ein Schwert oder ein Hammer des Menschen ist und nicht ein Schöpfer geistiger Welten, ein Vater der Seele. Klages hat hier wohl gezielt, und Schelers Retablierung des Geistes war bescheiden genug, denn beide gehören einer Weltzeit an, wo Geist nicht mehr oben, sondern unten, nicht mehr Feuer, sondern Wasser ist.

Der Weg der Seele, die, wie Sophia den Bythos, den verlorenen Vater sucht, führt darum zum Wasser, zu jenem dunkeln Spiegel, der in ihrem Grunde ruht. Wer immer den Stand der geistlichen Armut, das wahre Erbe eines konsequent zu Ende gelebten Protestantismus, für sich erkoren hat, gelangt auf den Weg der Seele, der zum Wasser führt. Dieses Wasser nun ist kein metaphorisches Gerede, sondern lebendiges Symbol für die dunkle Psyche. Ich illustriere dies wohl am besten an einem konkreten Beispiel, das an Stelle vieler stehen möge:

Ein protestantischer Theologe träumte öfters denselben Traum, *er stehe an einem Abhang, unten liegt ein tiefes Tal und darin ein dunkler See. Er weiß im Traum, dass ihn bisher immer etwas abgehalten hatte, sich dem See zu nähern. Dieses Mal beschließt er nun, zum Wasser zu gehen. Wie er sich dem Ufer nähert, wird es dunkel und unheimlich, und plötzlich huscht ein Windstoß über die Fläche des Wassers. Da packt ihn eine panische Angst*, und er erwacht.

Dieser Traum zeigt die natürliche Symbolik. Der Träumer steigt in seine eigene Tiefe hinunter, und der Weg führt ihn zum geheimnisvollen Wasser. Und hier geschieht das Wunder des Teiches von Bethesda: Ein Engel kommt herunter und berührt das Wasser, welches dadurch Heilkraft erlangt. Im Traume ist es der Wind, das Pneuma, das weht, wo es will. Es bedarf des Hinuntersteigens des Menschen zum Wasser, um das Wunder der Wasserbelebung hervorzurufen. Der Geisteshauch, der über das dunkle Wasser huscht, ist aber unheimlich, wie alles, dessen Ursache man nicht ist oder nicht kennt. Es wird damit unsichtbare Präsenz angedeutet, ein Numen, dem weder menschliche Erwartung noch willkürliche Machenschaft Leben verliehen hat. Es lebt aus sich, und ein Schauer überfällt den Menschen, dem Geist stets nur das war, was man glaubt, was man selber macht, was in Büchern steht oder wovon die Leute reden. Wenn es aber spontan geschieht, dann ist es ein Spuk, und primitive Angst erfasst den naiven Verstand. Ebenso haben mir die Alten der Elgonyi in Kenia das Wirken des nächtlichen Gottes beschrieben, den sie den »Macher der Angst« nennen. »Er kommt an dich«, sagten sie, »wie ein kalter Windstoß, und du schauerst, oder er geht pfeifend rundherum im hohen Gras«; ein afrikanischer Pan, der in der gespenstischen Mittagsstunde im Schilfe flötenblasend umgeht und die Hirten erschreckt.

So hat jener Pneumahauch im Traume wieder einen Pastor, einen Hirten der Herde, erschreckt, der zu nachtdunkler Zeit das Schilfufer des Wassers im tiefen Tale der Seele betrat. Wohl zur Natur, zu Baum und Fels und Gewässern der Seele, ist jener einstmals feurige Geist hinuntergestiegen, wie jener Alte in Nietzsches ›Zarathustra‹,[21] welcher, der Menschheit müde, in den Wald zog, um mit den Bären zu Ehren des Schöpfers zu brummen.

Den Weg des Wassers, der immer nach unten geht, muss man wohl gehen, wenn man den Schatz, das kostbare Erbe des Vaters, wieder heben will. Im gnostischen Hymnus der Seele[22] wird der Sohn von den Eltern ausgesandt, um die Perle zu suchen, die aus der Krone des königlichen Vaters verlorenging. Sie ruht im Grunde eines tiefen, von einem Drachen bewachten Brunnens im Lande der Ägypter, der fleischeslüsternen und trunkenen Welt der Reichtümer physischer und geistiger

[21] Nietzsche: Also sprach Zarathustra, in: Werke, Bd. 6, 1901, S. 12.

[22] Vgl. Thomasakten in: Neutestamentliche Apokryphen, hrsg. von Hennecke, S. 277–281.

Natur. Der Sohn und Erbe zieht aus, um das Juwel zu holen, und vergisst sich selbst und seine Aufgabe in der Orgie ägyptischer Weltlust, bis ein Brief des Vaters ihn daran erinnert, was seine Pflicht ist. Er macht sich auf zum Wasser und taucht in die dunkle Tiefe des Brunnens, wo er am Grunde die Perle findet, um sie schließlich der höchsten Gottheit darzubringen.

Dieser Bardesanes zugeschriebene Hymnus stammt aus einer Zeit, die der unseren in mehr als einer Hinsicht gleicht. Die Menschheit suchte und erwartete, und es war der Fisch – »levatus de profundo«[23] – aus der Quelle, der zum Symbol des Heilbringers wurde.

Als ich diese Zeilen schrieb, erhielt ich einen Brief aus Vancouver von unbekannter Hand. Der Schreiber wundert sich über seine Träume, die sich immerfort nur mit Wasser beschäftigen: »Almost every time I dream *it is about water: either I am having a bath, or water-closet is overflowing, or a pipe is bursting, or my home has drifted down to the water edge, or I see an acquaintance about to sink into water, or I am trying to get out of water, or I am having a bath and the tub is about to overflow*, et cetera.«[24]

Das Wasser ist das geläufigste Symbol für das Unbewusste. Der See im Tale ist das Unbewusste, das gewissermaßen unterhalb des Bewusstseins liegt, weshalb es auch öfters als das »Unterbewusste« bezeichnet wird, nicht selten mit dem unangenehmen Beigeschmack eines minderwertigen Bewusstseins. Das Wasser ist der »Talgeist«, der Wasserdrache des Tao, dessen Natur dem Wasser gleicht, ein in Yin aufgenommenes Yang. Wasser heißt darum psychologisch: Geist, der unbewusst geworden ist. Darum sagt der Traum des Theologen auch ganz richtig, dass er am Wasser die Wirkung des lebendigen Geistes wie ein

[23] Augustinus: Confessionum libri, XIII, XXI col. 395, 29.

[24] »Nahezu jedesmal, wenn ich träume, ist es von Wasser: entweder ich bade, oder das Klosett läuft über, oder ein Rohr bricht, oder mein Heim wird an den Rand eines Gewässers abgetrieben, oder ich sehe, wie ein Bekannter im Wasser unterzugehen droht, oder ich versuche, aus dem Wasser herauszukommen, oder ich nehme ein Bad, und die Wanne ist am Überfließen.«

Heilungswunder im Teiche von Bethesda erleben könne. Der Abstieg in die Tiefe scheint dem Aufstieg immer voranzugehen. So träumte ein anderer Theologe,[25] *dass er auf einem Berge eine Art Gralsschloss erblickte. Er ging auf einer Straße, die scheinbar gerade zum Fuß des Berges und zum Aufstieg führte. Als er sich aber dem Berg näherte, da entdeckte er zu seiner großen Enttäuschung, dass ihn ein Abgrund vom Berge trennte, eine finstere, tiefe Schlucht, in der ein unterweltliches Wasser rauschte. Es führte zwar ein steiler Pfad in die Tiefe und kletterte auf der anderen Seite wieder mühsam empor. Aber die Aussicht empfahl sich nicht*, und der Träumer erwachte. Auch hier tritt dem Träumer, der nach lichter Höhe strebt, die Notwendigkeit des Eintauchens in eine dunkle Tiefe zuerst entgegen und enthüllt sich als unerlässliche Bedingung höheren Aufstieges. In dieser Tiefe droht Gefahr, die der Kluge vermeidet, womit er aber auch das Gut verscherzt, das ein mutiges aber unkluges Wagnis erbringen könnte.

Die Aussage des Träumers stößt auf heftige Widerstände vonseiten des Bewusstseins, welches »Geist« nur als etwas in der Höhe Befindliches kennt. »Geist« kommt anscheinend immer von oben. Von unten kommt alles Trübe und Verwerfliche. Geist bedeutet für diese Auffassung höchste Freiheit, ein Schweben über Tiefen, eine Enthaftung vom Gefängnis des Chthonischen und deshalb ein Refugium für alle Ängstlichen, die nicht »werden« wollen. Wasser aber ist irdisch tastbar, ist auch die Flüssigkeit des triebbeherrschten Körpers, das Blut und die Blutrünstigkeit, der Geruch des Tieres und die leidenschaftsschwere Körperlichkeit. Das Unbewusste ist jene Psyche, die aus der Tageshelle eines geistig und sittlich klaren Bewusstseins hinunterreicht in jenes Nervensystem, das als Sympathikus seit alters bezeichnet wird, und nicht wie das Zerebrospinalsystem Wahrnehmung und Muskeltätigkeit unterhält und damit den umgebenden Raum beherrscht, sondern ohne

[25] Dass es wiederum der Traum eines Theologen ist, erstaunt darum nicht, weil ein Pfarrer schon rein professionell mit dem Motiv des Aufstiegs beschäftigt ist. Er muss so oft davon sprechen, dass die Frage naheliegt, wie wohl sein eigener geistiger Aufstieg beschaffen sei.

Sinnesorgane das Gleichgewicht des Lebens erhält und auf geheimnisvollen Wegen durch Miterregung nicht nur Kunde vom innersten Wesen anderen Lebens vermittelt, sondern auch auf dieses innere Wirkung ausstrahlt. Es ist in diesem Sinne ein äußerst kollektives System, die eigentliche Grundlage aller participation mystique, während die zerebrospinale Funktion in der Absonderung der Ichbestimmtheit gipfelt und stets nur durch das Medium des Raumes Oberflächen und Äußerlichkeiten erfasst. Diese erlebt alles als Außen, jene aber alles als Innen.

Das Unbewusste nun gilt gemeiniglich als eine Art von abgekapselter persönlicher Intimität, was die Bibel etwa als »Herz« bezeichnet und unter anderem als den Ursprungsort aller bösen Gedanken auffasst. In den Kammern des Herzens wohnen die schlimmen Blutgeister, rascher Zorn und sinnliche Schwäche. So sieht das Unbewusste aus, wenn vom Bewusstsein betrachtet. Das Bewusstsein scheint aber wesentlich eine Angelegenheit des Großhirns zu sein, das alles zertrennt und in Vereinzelung sieht, also auch das Unbewusste, welches durchaus als *mein* Unbewusstes betrachtet wird. Man meint daher allgemein, dass, wer ins Unbewusste hinuntersteige, in die drangvolle Enge egozentrischer Subjektivität gerate und in dieser Sackgasse dem Angriff aller bösen Tiere, welche die Höhle der seelischen Unterwelt beherbergen soll, ausgeliefert sei.

Wer in den Spiegel des Wassers blickt, sieht allerdings zunächst sein eigenes Bild. Wer zu sich selber geht, riskiert die Begegnung mit sich selbst. Der Spiegel schmeichelt nicht, er zeigt getreu, was in ihn hineinschaut, nämlich jenes Gesicht, das wir der Welt nie zeigen, weil wir es durch die Persona, die Maske des Schauspielers, verhüllen. Der Spiegel aber liegt hinter der Maske und zeigt das wahre Gesicht.

Dies ist die erste Mutprobe auf dem inneren Wege, eine Probe, die genügt, um die meisten abzuschrecken, denn die Begegnung mit sich selber gehört zu den unangenehmeren Dingen, denen man entgeht, solange man alles Negative auf die Umgebung projizieren kann. Ist man imstande, den eigenen Schatten zu sehen und das Wissen um ihn zu ertragen, so ist erst ein kleiner Teil der Aufgabe gelöst: Man hat wenigstens das persönliche Unbewusste aufgehoben. Der Schatten aber ist ein lebendiger Teil der Persönlichkeit und will darum in irgendeiner Form mitleben. Man kann ihn nicht wegbeweisen oder in Harmlosigkeit umvernünfteln. Dieses Problem ist unverhältnismäßig schwierig, denn es ruft nicht nur den ganzen Menschen auf den Plan, sondern erinnert ihn zugleich an seine Hilflosigkeit und an sein Unvermögen. Starke Naturen – oder soll man eher sagen schwache? – lieben diese Anspielung nicht, sondern ersinnen sich irgendein heroisches Jenseits von Gut und Böse und zerhauen den Gordischen Knoten, statt ihn zu lösen. Die Rechnung muss aber über kurz oder lang doch beglichen werden. Man muss es sich schon zugestehen: Es gibt Probleme, die man mit den eigenen Mitteln schlechthin nicht lösen kann. Ein solches Eingeständnis hat den Vorteil der Ehrlichkeit, der Wahrheit und der Wirklichkeit, und damit ist der Grund gelegt für eine kompensatorische Reaktion des kollektiven Unbewussten, das heißt man ist jetzt geneigt, einem hilfreichen Einfall Gehör zu schenken oder Gedanken wahrzunehmen, die man vordem nicht zu Worte kommen ließ. Man wird vielleicht auf Träume achten, die sich in solchen Momenten einstellen, oder gewisse Ereignisse bedenken, die sich gerade zu dieser Zeit in uns abspielen. Hat man eine derartige Einstellung, so können hilfreiche Kräfte, die in der tieferen Natur des Menschen schlummern, erwachen und eingreifen, denn die Hilflosigkeit und die Schwäche sind das ewige Erlebnis und die ewige Frage der Menschheit, und darauf gibt es auch eine ewige Antwort, sonst wäre der Mensch schon längst zugrunde gegangen. Wenn man alles getan hat, was man tun konnte, dann bleibt nur noch jenes übrig, das man noch tun könnte, wenn man es wüsste. Wie viel weiß aber der Mensch von sich selber? Es ist nach aller Erfahrung sehr wenig. Für das Unbewusste bleibt daher noch viel Raum übrig. Das Gebet erfordert bekanntlich eine sehr ähnliche Einstellung und hat daher auch entsprechende Wirkung.

Die nötige und benötigte Reaktion des kollektiven Unbewussten drückt sich in archetypisch geformten Vorstellungen aus. Die Begegnung mit sich selber bedeutet zunächst die Begegnung mit dem eigenen Schatten. Der Schatten ist allerdings ein Engpass, ein schmales Tor, dessen peinliche Enge keinem, der in den tiefen Brunnen hinuntersteigt, erspart bleibt. Man muss aber sich selber kennenlernen, damit man weiß, wer man ist, denn das, was nach dem Tode kommt, ist unerwarteterweise eine grenzenlose Weite voll unerhörter Unbestimmtheit, anscheinend kein Innen und kein Außen, kein Oben und kein Unten, kein Hier oder Dort, kein Mein und kein Dein, kein Gutes und kein Böses. Es ist die Welt des Wassers, in der alles Lebendige suspendiert schwebt, wo das Reich des »Sympathikus«, der Seele alles Lebendigen, beginnt, wo ich untrennbar dieses und jenes bin, wo ich den anderen in mir erlebe und der andere als Ich mich erlebt.

Das kollektive Unbewusste ist alles weniger als ein abgekapseltes, persönliches System, es ist weltweite und weltoffene Objektivität. Ich bin das Objekt aller Subjekte in völliger Umkehrung meines gewöhnlichen Bewusstseins, wo ich stets Subjekt bin, welches Objekte *hat*. Dort bin ich in der unmittelbarsten Weltverbundenheit dermaßen angeschlossen, dass ich nur allzu leicht vergesse, wer ich in Wirklichkeit bin. »In sich selbst verloren« ist ein gutes Wort, um diesen Zustand zu kennzeichnen. Dieses Selbst aber ist die Welt, oder eine Welt, wenn ein Bewusstsein es sehen könnte. Darum muss man wissen, wer man ist.

Kaum berührt einen nämlich das Unbewusste, so ist man es schon, indem man seiner selbst unbewusst wird. Das ist die Urgefahr, die den primitiven Menschen, der ja selber noch so nahe diesem Pleroma steht, instinktmäßig bekannt und ein Gegenstand des Schreckens ist. Seine Bewusstheit ist nämlich noch unsicher und steht auf schwankenden Füßen. Sie ist noch kindlich, eben aufgetaucht aus den Urwassern. Leicht kann eine Woge des Unbewussten über sie hinwegschlagen, und er vergisst, wer er war, und tut Dinge, in denen er sich selbst nicht mehr kennt. Deshalb scheuen Primitive unbeherrschte Affekte, weil in solchen allzu leicht das Bewusstsein untergeht und der Besessenheit Raum gibt. Alles Trachten der Menschheit ging daher nach Befestigung des Bewusstseins. Diesem Zwecke dienten die Riten, die représentations collectives, die Dogmata; sie waren Dämme und Mauern, errichtet gegen die Gefahren des Unbewussten, die »perils of the soul«. Der primitive Ritus besteht darum in Geisterbannung, Enthexung, Abwendung des bösen Omens, Propitiierung, Purifikation und analogischer, das heißt magischer Herstellung des hilfreichen Geschehens.

Es sind diese seit Urzeit errichteten Mauern, welche später zu den Fundamenten der Kirche wurden. Es sind darum auch diese Mauern, die einstürzen, wenn die Symbole altersschwach werden. Dann steigen die Wasser höher, und uferlose Katastrophen brechen über die Menschheit herein. Der religiöse Führer, der sogenannte Loco Tenente Gobernador der Taospueblo sagte mir einmal: »Die Amerikaner sollten aufhören, unsere Religion zu stören, denn wenn diese zugrunde geht und wir der Sonne, unserem Vater, nicht mehr helfen können, über den Himmel zu gehen, dann werden die Amerikaner und die ganze Welt bis in zehn Jahren etwas erleben; dann wird nämlich die Sonne nicht mehr aufgehen.« Das heißt, es wird Nacht, das Licht des Bewusstseins erlischt, und das dunkle Meer des Unbewussten bricht herein.

Ob primitiv oder nicht, die Menschheit steht immer an den Grenzen jener Dinge, die sie selbst tut und doch nicht beherrscht. Alle Welt will den Frieden, und alle Welt rüstet zum Kriege nach dem Axiom »Si vis pacem, para bellum«, um nur *ein* Beispiel zu nennen. Die Menschheit vermag nichts gegen die Menschheit, und Götter, wie nur je, weisen ihr die Schicksalswege. Wir nennen die Götter heute »Faktoren«, was von facere, machen, kommt. Die Macher stehen hinter den Kulissen des Welttheaters. Es ist im Großen wie im Kleinen. Im Bewusstsein sind wir unsere eigenen Herren; wir sind scheinbar die »Faktoren« selber. Schreiten wir aber durch das Tor des Schattens, so werden wir mit Schrecken inne, dass wir Objekte von Faktoren sind. Solches zu wissen, ist entschieden unangenehm; denn nichts enttäuscht mehr als die Entdeckung unserer Unzulänglichkeit. Es gibt sogar Anlass zu primitiver Panik, denn die ängstlich geglaubte und gehütete Suprematie des Bewusstseins, die in der Tat ein Geheimnis menschlichen Erfolges ist, wird gefährlich in Frage gestellt. Da aber Unwissenheit keine Sicherheit verbürgt, sondern im Gegenteil die Unsicherheit noch vermehrt, so ist es wohl besser, trotz aller Scheu um unsere Bedrohtheit zu wissen. Richtige Fragestellung bedeutet schon die halbe Lösung eines Problems. Auf alle Fälle wissen wir dann, dass die größte Gefahr, die uns bedroht, aus der Unabsehbarkeit der psychischen Reaktion stammt. Einsichtige haben deshalb schon seit geraumer Zeit verstanden, dass äußere historische Bedingungen irgendwelcher Art nur die Anlässe zu den wirklichen daseinsbedrohenden Gefahren bilden, nämlich zu politisch-sozialen Wahnbildungen, die nicht kausal als notwendige Folgen äußerer Bedingungen, sondern als Entscheidungen des Unbewussten aufzufassen sind.

Diese Problematik ist neu, denn alle Zeiten vor uns glaubten noch an Götter in irgendeiner Form. Es bedurfte schon einer beispiellosen Verarmung an Symbolik, um die Götter als psychische Faktoren, nämlich als Archetypen des Unbewussten wieder zu entdecken. Diese Entdeckung ist wohl vorderhand noch unglaubwürdig. Zur Überzeugung bedarf es jener Erfahrung, die im Traume des Theologen skizziert ist, nur dann wird die Selbsttätigkeit des Geistes über den Wassern erfahren. Seit die Sterne vom Himmel gefallen und unsere höchsten Symbole verblasst sind, herrscht geheimes Leben im Unbewussten. Deshalb haben wir heutzutage eine Psychologie, und deshalb reden wir vom Unbewussten. All dies wäre und ist auch in der Tat ganz überflüssig in einer Zeit und in einer Kulturform, welche Symbole hat. Denn diese sind Geist von oben, und dann ist auch der Geist oben. Darum wäre es für solche Menschen ein törichtes und sinnloses Unterfangen, ein Unbewusstes erleben oder erforschen zu wollen, das nichts enthält als das stille, ungestörte Walten der Natur. Unser Unbewusstes aber birgt belebtes Wasser, das heißt naturhaft gewordenen Geist, um dessentwillen es aufgestört ist. Der Himmel ist uns physikalischer Weltraum geworden, und das göttliche Empyreum eine schöne Erinnerung, wie es einstmals war. Unser »Herz aber glüht«, und geheime Unruhe benagt die Wurzeln unseres Seins. Mit der *Völuspâ* können wir fragen:

> Was murmelt noch Wodan mit Mimes Haupte?
> Schon kocht es im Quell –.[26]

Die Beschäftigung mit dem Unbewussten ist uns eine Lebensfrage. Es handelt sich um geistiges Sein oder Nichtsein. Alle jene Menschen, denen die im erwähnten Traum angedeutete Erfahrung zugestoßen ist, wissen, dass der Schatz in der Wassertiefe ruht, und sie werden ihn zu heben versuchen. Da sie nie vergessen dürfen, wer sie sind, so dürfen sie ihr Bewusstsein unter keinen Umständen verlieren. Sie werden also ihren Standpunkt auf der Erde festhalten; sie werden damit – um im Gleichnis zu bleiben – zu Fischern, welche das, was im Wasser schwimmt, mit Angel und Netz fangen. Wenn es reine und unreine Toren gibt, die nicht verstehen, was die Fischer tun, so werden diese Letzteren am säkularen Sinn ihres Tuns nicht irre werden, denn das Symbol ihres Handwerkes ist um viele Jahrhunderte älter als die unverwelkte Kunde vom heiligen Gral. Aber nicht jeder ist ein Fischer. Manchmal bleibt diese Figur auch auf ihrer instinktiven Vorstufe stehen, und dann ist es ein Fischotter, wie wir zum Beispiel aus Oscar A. H. Schmitz' Fischotter-Märchen[27] wissen.

Wer ins Wasser schaut, sieht zwar sein eigenes Bild, aber dahinter tauchen bald lebendige Wesen auf; Fische sind es wohl, harmlose Bewohner der Tiefe – harmlos, wenn der See nicht für viele gespenstisch

[26] Die Edda, S. 149. Diese Stelle wurde – nota bene – im Jahre 1934 geschrieben.
[27] Schmitz: Märchen aus dem Unbewußten, 1932, S. 14 ff.

wäre. Es sind Wasserwesen besonderer Art. Manchmal geht dem Fischer eine Nixe ins Garn, ein weiblicher, halbmenschlicher Fisch.[28] Nixen sind berückende Wesen:

> Halb zog sie ihn,
> Halb sank er hin
> Und ward nicht mehr gesehn.[29]

Die Nixe ist eine noch instinktivere Vorstufe eines zauberischen weiblichen Wesens, welches wir als Anima bezeichnen. Es können auch Sirenen, Melusinen,[30] Waldfrauen, Huldinnen und Erlkönigstöchter, Lamien und Sukkuben sein, welche Jünglinge betören und ihnen das Leben aussaugen. Diese Figuren seien Projektionen von sehnsüchtigen Gefühlszuständen und von Phantasien verwerflicher Art, wird der moralische Kritiker sagen. Man kann nicht umhin, eine gewisse Berechtigung dieser Feststellung einzusehen. Aber ist es die ganze Wahrheit? Ist das Nixenwesen wirklich nichts als ein Produkt einer moralischen Erschlaffung? Hat es nicht schon längst solche Wesen gegeben, und dies schon in einer Zeit, da das dämmernde menschliche Bewusstsein noch ganz naturgebunden war? Zuerst wohl waren die Geister in Wald und Feld und Wasserläufen, längst bevor eine Frage von moralischem Gewissen existierte. Überdies waren diese Wesen ebenso sehr gefürchtet, so dass ihre etwas merkwürdigen erotischen Allüren nur relativ charakteristisch sind. Das Bewusstsein war damals sehr viel einfacher, und sein Besitzstand lächerlich klein. Unendlich vieles von dem, was wir heute als Be-

[28] Vgl. dazu Paracelus: De vita longa, hrsg. von Adam von Bodenstein, 1562, und meinen Kommentar dazu in: Paracelsus als geistige Erscheinung, GW 13.

[29] Goethe: Der Fischer. Ballade, in: Werke, Vollständige Ausgabe letzter Hand, 1827–1834.

[30] Vgl. dazu das Bild des Adepten im ›Liber mutus‹ von 1677 (Bild 13 in: Praxis der Psychotherapie, S. 344). Er fischt und fängt eine Nixe. Seine soror mystica aber fängt mit ihrem Garn Vögel, welche den Animus darstellen. Die Idee der Anima findet sich mehrfach in der Literatur des 16. und 17. Jahrhunderts, so bei Richardus Vitus, Aldrovandus und dem Kommentar des ›Tractatus aureus‹, in: Artis auriferae, Bd. 2, 1593. Siehe meinen Aufsatz ›Das Enigma Bolognese‹, GW 14/I, §§ 46–100.

standteil unseres eigenen psychischen Wesens empfinden, tummelt sich beim Primitiven noch fröhlich projiziert auf weiter Flur.

Das Wort »Projektion« passt eigentlich schlecht, denn es ist nichts aus der Seele hinausgeworfen worden, sondern vielmehr ist die Psyche durch eine Reihe von Introjektionsakten zu der Komplexität geworden, als die wir sie heute kennen. Ihre Komplexität hat zugenommen, proportional der Naturentgeisterung. Eine unheimliche Huldin von anno dazumal heißt heute »erotische Phantasie«, welche unser Seelenleben in peinlicher Weise kompliziert. Sie begegnet uns zwar nicht weniger als eine Nixe; sie ist obendrein wie ein Sukkubus; sie verwandelt sich in vielerlei Gestalten wie eine Hexe und zeigt überhaupt eine unerträgliche Selbständigkeit, die einem psychischen Inhalt von Rechts wegen eigentlich nicht zukäme. Gelegentlich verursacht sie Faszinationen, die es mit der besten Behexung aufnehmen können, oder Angstzustände, die sich von keiner Teufelserscheinung übertrumpfen lassen. Sie ist ein neckisches Wesen, das in vielen Verwandlungen und Verkleidungen uns über den Weg läuft, uns allerhand Streiche spielt, selige und unselige Täuschungen, Depressionen und Ekstasen, unbeherrschte Affekte und so weiter verursacht. Auch im Zustande vernünftiger Introjektion hat die Nixe ihr Schalkwesen nicht abgelegt. Die Hexe hat nicht aufgehört, ihre schmutzigen Liebes- und Todestränke zu mischen, aber ihr magisches Gift ist zur Intrige und Selbsttäuschung verfeinert, unsichtbar zwar, aber nicht weniger gefährlich.

Woher aber kommt uns der Mut, diese Elfin als anima zu bezeichnen? »Anima« heißt doch Seele und bezeichnet etwas sehr Wunderbares und Unsterbliches. Dem war aber nicht immer so. Man darf nicht vergessen, dass diese Art Seele eine dogmatische Vorstellung ist, welche den Zweck hat, etwas unheimlich Selbsttätiges und Lebendiges zu bannen und einzufangen. Das deutsche Wort Seele ist über die gotische Form saiwalô aufs nächste verwandt mit dem griechischen Wort aiolos, welches »bewegt«, »buntschillernd« heißt, also etwas wie ein Schmetterling – griechisch psyche –, der trunken von Blume zu Blume taumelt und von Honig und Liebe lebt. In der gnostischen Typologie steht der anthropos psychikos (der psychische Mensch) unterhalb des pneumatikos (des geistigen), und schließlich gibt es ja auch schlechte Seelen, die für alle Ewigkeit in der Hölle braten müssen. Sogar die gänzlich schuldlose Seele des ungetauften Neugeborenen ist wenigstens der Anschauung Gottes beraubt. Beim Primitiven ist sie magischer Lebenshauch (daher »anima«) oder Flamme. Passend sagt ein nicht kanonisches Herrenwort: »Wer mir nahe ist, ist dem Feuer nahe.«[31] Bei Heraklit ist die Seele auf höchster Stufe feurig und trocken, denn psyche hat an sich nächste Verwandtschaft zu »kühlem Hauch« – psychein heißt hauchen, psychros ist kalt und psychos kühl …

Beseeltes Wesen ist lebendiges Wesen. Seele ist das Lebendige im Menschen, das aus sich selbst Lebende und Lebenverursachende; darum blies Gott dem Adam einen lebendigen Odem ein, damit er lebe. Die Seele verführt die nicht lebenwollende Trägheit des Stoffes mit List und spielerischer Täuschung zum Leben. Sie überzeugt von unglaubwürdigen Dingen, damit das Leben gelebt werde. Sie ist voll von Fallstricken und Fußangeln, damit der Mensch zu Fall komme, die Erde erreiche, sich dort verwickle und daran hängenbleibe, damit das Leben gelebt werde; wie schon Eva im Paradies es nicht lassen konnte, Adam von der Güte des verbotenen Apfels zu überzeugen. Wäre die Bewegtheit und das Schillern der Seele nicht, der Mensch würde in seiner größten Leidenschaft, der Trägheit, zum Stillstand kommen.[32] Eine gewisse Art von Vernünftigkeit ist ihr Anwalt, und eine gewisse Art von Moralität gibt dazu ihren Segen. Seele zu haben, ist das Wagnis des Lebens, denn die Seele ist ein lebenspendender Dämon, der sein elfisches Spiel unterhalb und oberhalb der menschlichen Existenz spielt, deshalb ist er innerhalb des Dogmas auch mit einseitigen Strafen und Segnungen bedroht und propitiiert, welche weit über menschenmögliches Verdienst hinausge-

[31] Neutestamentliche Apokryphen, hrsg. v. Hennecke, 1924, S. 35.

[32] La Rochefoucauld: Maxime (supprimée), Bd. 3, 1868, S. 264. (Vgl. Symbole der Wandlung, GW 5, § 253.)

hen. Himmel und Hölle sind Schicksale der Seele und nicht des zivilen Menschen, der in seiner Blöße und Blödigkeit in einem himmlischen Jerusalem gar nichts mit sich anzufangen wüsste.

Die Anima ist keine dogmatische Seele, keine anima rationalis, welche ein philosophischer Begriff ist, sondern ein natürlicher Archetypus, der in befriedigender Weise alle Aussagen des Unbewussten, des primitiven Geistes, der Sprach- und Religionsgeschichte subsumiert. Sie ist ein »factor« in des Wortes eigentlichem Sinne. Man kann sie nicht machen, sondern sie ist immer das Apriori von Stimmungen, Reaktionen, Impulsen und was es sonst an psychischen Spontaneitäten gibt. Sie ist ein Lebendes aus sich, das uns leben macht; ein Leben hinter dem Bewusstsein, das nicht restlos diesem integriert werden kann, sondern aus dem Letzteres im Gegenteil eher hervorgeht. Denn schließlich ist das psychische Leben zum größeren Teil ein Unbewusstes und umfasst das Bewusstsein auf allen Seiten; ein Gedanke, der ohne weiteres einleuchtet, wenn man sich ein einziges Mal Rechenschaft darüber gibt, welche unbewusste Vorbereitung dazu nötig ist, um zum Beispiel eine Sinneswahrnehmung zu erkennen.

Obschon es scheint, als ob der Anima die Gesamtheit des unbewussten Seelenlebens zukäme, so ist sie doch nur ein Archetypus unter vielen. Darum ist sie nicht schlechthin charakteristisch für das Unbewusste. Sie ist nur ein Aspekt desselben. Das zeigt sich schon in der Tatsache ihrer Weiblichkeit. Das, was nicht Ich, nämlich männlich, ist, ist höchstwahrscheinlich weiblich, und weil das Nicht-Ich als dem Ich nicht zugehörig und darum als außerhalb empfunden wird, so ist das Animabild in der Regel auf Frauen projiziert. Jedem Geschlecht wohnt das Gegengeschlecht bis zu einem gewissen Betrage inne, weil biologisch einzig die größere Anzahl von männlichen Genen den Ausschlag in der Wahl der Männlichkeit gibt. Die kleinere Anzahl an weiblichen Genen scheint einen weiblichen Charakter zu bilden, welcher aber infolge seiner Unterlegenheit gewöhnlich unbewusst bleibt.

Mit dem Archetypus der Anima betreten wir das Reich der Götter beziehungsweise das Gebiet, welches sich die Metaphysik reserviert hat. Alles, was die Anima berührt, wird numinos, das heißt unbedingt, gefährlich, tabuiert, magisch. Sie ist die Schlange im Paradies des harmlosen Menschen voll guter Vorsätze und Absichten. Sie liefert die überzeugenden Gründe gegen die Beschäftigung mit dem Unbewussten, welche moralische Hemmungen zerstöre und Mächte entfessle, die man besser im Unbewussten gelassen hätte. Wie gewöhnlich hat sie auch hier nicht ganz unrecht, insofern nämlich das Leben an sich kein nur Gutes ist; es ist auch böse. Indem die Anima das Leben will, will sie Gutes und Böses. Im elfischen Lebensbereich gibt es diese Kategorien nicht. Das körperliche sowohl wie das psychische Leben haben die Indiskretion, ohne die konventionelle Moral oft viel besser auszukommen und gesünder zu bleiben.

Die Anima glaubt an das kalon kai agathon,[33] welches ein primitiver Begriff ist, vor aller später gefundenen Gegensätzlichkeit von Ästhetik und Moral. Es bedurfte einer langen christlichen Differenzierung, um deutlich zu machen, dass das Gute nicht immer schön und das Schöne nicht notwendigerweise gut ist. Die Paradoxie dieser Begriffsehe hat den Alten so wenig wie den Primitiven Beschwerden verursacht. Die Anima ist konservativ und hält sich in enervierender Weise an älteres Menschtum. Sie erscheint deshalb gerne in historischem Gewande, mit besonderer Vorliebe für Griechenland und Ägypten. Dazu wolle man die »Klassiker« Rider Haggard und Pierre Benoit vergleichen. Der Traum der Renaissance, die »Hypnerotomachia« des Poliphilo[34] und Goethes ›Faust‹ haben ebenfalls tief in die Antike gegriffen, um »le vrai mot de la situation« zu finden. Jener beschwor die Königin Venus, dieser die trojanische Helena. Von der Anima in der Welt des Biedermeiers und Romantikers hat Aniela Jaffé ein lebendiges Bild entworfen.[35] Wir wollen die

[33] »Schöne und Gute«.

[34] Vgl. Linda Fierz-David: Der Liebestraum des Poliphilo, 1947. (Zu Rider Haggard und Benoit siehe Bibliographie.)

[35] Jaffé: Bilder und Symbole aus E. T. A. Hoffmanns Märchen ›Der Goldne Topf‹, 1950.

Zahl der unverdächtigen Kronzeugen nicht vermehren, geben sie doch Stoff und absichtslose, authentische Symbolik genug, um unsere Meditation reichlich zu befruchten. Wenn man wissen will, wie es ist, wenn die Anima in der modernen Gesellschaft erscheint, so kann ich Erskines ›Private Life of Helen of Troy‹ aufs beste empfehlen. Sie ist nicht ohne Tiefe, denn über allem wirklich Lebendigen liegt der Hauch der Ewigkeit. Anima ist Leben jenseits aller Kategorien, und darum kann sie auch des Schimpfes und des Lobes entraten. Die Himmelskönigin und das Gänschen, das aufs Leben hereingefallen ist – hat man je betrachtet, welches arme Los in der Marienlegende unter die göttlichen Sterne versetzt worden ist? Das sinn- und regellose Leben, das sich selbst an seiner eigenen Fülle nicht genug tut, ist ein Gegenstand des Schreckens und der Abwehr für den in seiner Zivilisation eingeordneten Menschen – und man kann ihm nicht unrecht geben, denn es ist auch die Mutter alles Unsinns und aller Tragik. Darum steht seit Anbeginn der erdgeborene Mensch mit seinem heilsamen Tierinstinkt im Kampfe mit seiner Seele und deren Dämonie. Wäre Letztere eindeutig finster, so läge der Fall einfach. Dem ist leider nicht so, denn dieselbe Anima kann auch als ein Engel des Lichts, als Psychopompos erscheinen und zum höchsten Sinne führen, wie der ›Faust‹ aufweist.

Ist die Auseinandersetzung mit dem Schatten das Gesellenstück, so ist diejenige mit der Anima das Meisterstück. Denn die Beziehung zur Anima ist wiederum eine Mutprobe und ein Feuerordal für die geistigen und moralischen Kräfte des Mannes. Man darf nie vergessen, dass es sich gerade bei der Anima um psychische Tatbestände handelt, die sozusagen niemals zuvor Besitz des Menschen waren, indem sie als Projektionen sich meist außerhalb seines psychischen Bereiches aufhielten. Für den Sohn steckt in der Übermacht der Mutter die Anima, welche manchmal zeitlebens eine sentimentale Bindung hinterlässt und das Schicksal des Mannes aufs schwerste beeinträchtigt oder umgekehrt seinen Mut zu kühnsten Taten beflügelt. Dem antiken Menschen erscheint die Anima als Göttin oder als Hexe; der mittelalterliche Mensch dagegen hat die Göttin durch die Himmelskönigin und durch die Mutter Kirche ersetzt. Die entsymbolisierte Welt des Protestanten hat zunächst eine ungesunde Sentimentalität hervorgebracht und sodann eine Verschärfung des moralischen Konfliktes, der logischerweise zum Nietzsche'schen ›Jenseits von Gut und Böse‹ führt, und zwar lediglich infolge seiner Unerträglichkeit. In den zivilisierten Zentren äußert sich dieser Zustand in der zunehmenden Unsicherheit der Ehe. Die amerikanische Ehescheidungsrate ist in Europa vielerorts erreicht, wenn nicht überschritten, was beweist, dass die Anima sich vorzugsweise in der Projektion auf das andere Geschlecht befindet, wodurch magisch komplizierte Beziehungen entstehen. Diese Tatsache hat, nicht zum mindesten um ihrer pathologischen Folgen willen, zur Entstehung der modernen Psychologie geführt, welche in ihrer Freud'schen Form der Meinung huldigt, die wesentliche Grundlage aller Störungen sei die Sexualität, eine Ansicht, welche den schon bestehenden Konflikt nur noch verschärft.[36] Man verwechselt nämlich Ursache mit Wirkung. Die sexuelle Störung ist keineswegs die Ursache der neurotischen Misslichkeiten, sondern wie diese eine der pathologischen Wirkungen, die von einer verminderten Anpassung des Bewusstseins ausgehen, das heißt das Bewusstsein ist mit einer Situation und Aufgabe konfrontiert, denen es nicht gewachsen ist. Es versteht nicht, wie seine Welt sich geändert hat, und wie es sich einstellen müsste, um wieder angepasst zu sein. »Le peuple porte le sceau d'un hiver qu'on n'explique pas«,[37] wie die Übersetzung einer koreanischen Steleninschrift sagt.

Beim Schatten sowohl wie bei der Anima genügt es nicht, um diese Begriffe zu wissen und sie nachzudenken. Auch kann man durch Einfühlung oder Anempfindung ihren Inhalt nie erleben. Es nützt gar nichts, eine Liste der Archetypen auswendig zu lernen. Archetypen sind Erlebniskomplexe, die schicksalsmäßig eintreten, und zwar beginnt ihr Wir-

[36] Meinen Standpunkt habe ich ausführlich dargestellt in meinem Buch ›Die Psychologie der Übertragung‹, GW 16.

[37] »Das Volk trägt den Stempel eines Winters, der nicht zu erklären ist.«

ken in unserem persönlichsten Leben. Die Anima tritt uns nicht mehr als Göttin entgegen, sondern unter Umständen als unser allerpersönlichstes Missverständnis, oder unser bestes Wagnis. Wenn zum Beispiel ein alter, hochverdienter Gelehrter noch mit siebzig Jahren seine Familie stehenlässt und eine zwanzigjährige, rothaarige Schauspielerin heiratet, dann – wissen wir – haben sich die Götter wieder ein Opfer geholt. So zeigt sich bei uns dämonische Übergewalt. Bis vor kurzem wäre es noch ein Leichtes gewesen, diese junge Person als Hexe abzutun.

Nach meiner Erfahrung gibt es sehr viele Leute von einer gewissen Intelligenz- und Bildungsstufe, welche die Idee der Anima und die relative Autonomie derselben leicht und unmittelbar begreifen, und ebenso das Phänomen des Animus bei Frauen. Psychologen haben in dieser Hinsicht größere Schwierigkeiten zu überwinden, wohl darum, weil sie nicht gezwungen sind, sich mit den komplexen Tatbeständen, welche die Psychologie des Unbewussten kennzeichnen, auseinanderzusetzen. Sind sie zugleich Ärzte, so steht ihnen ihr somato-psychologisches Denken im Wege, welches meint, psychologische Vorgänge durch intellektuelle, biologische oder physiologische Begriffe ausdrücken zu können. Psychologie ist aber weder Biologie noch Physiologie noch irgendeine andere Wissenschaft als eben das Wissen um die Seele.

Das Bild, das ich im Bisherigen von der Anima gezeichnet habe, ist nicht vollständig. Sie ist zwar chaotischer Lebensdrang, aber daneben haftet ihr ein seltsam Bedeutendes an, etwas wie geheimes Wissen oder verborgene Weisheit, in merkwürdigstem Gegensatz zu ihrer irrationalen elfischen Natur. Ich möchte hier wieder auf die früher zitierten Autoren verweisen. Rider Haggard nennt She ›Wisdom's Daughter‹; Benoits Königin der Atlantis hat wenigstens eine ausgezeichnete Bibliothek, welche sogar ein verschollenes Buch Platons besitzt. Die trojanische Helena wird in ihrer Reinkarnation vom weisen Simon Magus aus dem Bordell in Tyrus erlöst und begleitet ihn auf seinen Reisen. Ich erwähnte eingangs diesen durchaus charakteristischen Aspekt der Anima absichtlich nicht, weil ihre erste Begegnung in der Regel auf alles andere eher schließen lässt als auf Weisheit.[38] Dieser Aspekt erscheint nur dem, der sich mit der Anima auseinandersetzt. Erst diese schwere Arbeit lässt in zunehmendem Maße erkennen,[39] dass hinter all dem grausamen Spiel mit menschlichem Schicksal etwas steckt wie geheime Absicht, die einer überlegenen Kenntnis der Lebensgesetze zu entsprechen scheint. Gerade das zunächst Unerwartete, das beängstigend Chaotische enthüllt tiefen Sinn. Und je mehr dieser Sinn erkannt wird, desto mehr verliert die Anima ihren drängerischen und zwängerischen Charakter. Es entstehen allmählich Dämme gegen die Flut des Chaos; denn das Sinnvolle scheidet sich vom Sinnlosen, und dadurch, dass Sinn und Unsinn nicht mehr identisch sind, wird die Kraft des Chaos durch die Entnahme von Sinn und Unsinn geschwächt und der Sinn mit der Kraft des Sinnes und der Unsinn mit der Kraft des Unsinnes ausgerüstet. Damit entsteht ein neuer Kosmos. Damit ist nicht etwa eine neue Entdeckung der medizinischen Psychologie gemeint, sondern die uralte Wahrheit, dass aus der Fülle der Lebenserfahrungen jene Lehre hervorgeht, die der Vater dem Sohne übergibt.[40]

Weisheit und Narrheit erscheinen im elfischen Wesen nicht nur als eines und dasselbe, sondern *sind* eines und dasselbe, solange sie durch die Anima dargestellt werden. Das Leben ist närrisch *und* bedeutend. Und wenn über das eine nicht gelacht und über das andere nicht spekuliert wird, dann ist das Leben banal; dann hat alles kleinstes Ausmaß. Es gibt dann nur einen kleinen Sinn und einen kleinen Unsinn. Im Grunde genommen bedeutet nichts etwas, denn als es noch keine denkenden Menschen gab, war niemand da, der die Erscheinungen deutete. Nur dem muss gedeutet werden, der nicht versteht. Bedeutung hat nur das

[38] Ich beziehe mich hier auf allgemein zugängliche literarische Beispiele statt auf klinisches Material. Für unsere Zwecke genügt das literarische Beispiel vollkommen.

[39] Gemeint ist die Auseinandersetzung mit den Inhalten des Unbewussten überhaupt. Dies stellt die eine große Aufgabe des Integrationsprozesses dar.

[40] Hierfür bildet das kleine Buch von Schmaltz: Östliche Weisheit und westliche Psychotherapie, 1951, ein gutes Beispiel.

Unverständliche. Der Mensch ist erwacht in einer Welt, die er nicht verstand, und darum versucht er, sie zu deuten.

So sind die Anima und damit das Leben insofern bedeutungslos, als sie keine Deutung anbieten. Sie haben aber ein deutbares Wesen, denn in allem Chaos ist Kosmos und in aller Unordnung geheime Ordnung, in aller Willkür stetiges Gesetz, denn alles Wirkende beruht auf dem Gegensatz. Um dies zu erkennen, bedarf es des diskriminierenden Menschenverstandes, der alles in antinomische Urteile auflöst. Setzt er sich mit der Anima auseinander, so gibt ihm die chaotische Willkür Anlass, geheime Ordnung zu ahnen, das heißt über ihr Wesen hinaus Anlage, Sinn und Absicht – fast wären wir versucht zu sagen – zu »postulieren«, aber das würde der Wahrheit nicht entsprechen. Denn in Wirklichkeit verfügt man zunächst über kein kühles Nachdenken, auch hilft einem keine Wissenschaft und Philosophie, und die traditionelle religiöse Lehre nur sehr bedingt. Man ist in ziellosem Erleben verstrickt und verwirrt, und das Urteil mit allen seinen Kategorien erweist sich als machtlos. Menschliche Deutung versagt, denn es ist eine turbulente Lebenssituation entstanden, auf die keine hergebrachte Sinngebung passen will. Es ist ein Moment des Zusammenbruchs. Man versinkt in eine letzte Tiefe, wie Apuleius richtig sagt, »ad instar voluntariae mortis«.[41] Nicht ein künstlich gewollter, sondern ein natürlich erzwungener Verzicht auf eigenes Können ist es; nicht eine moralisch herausgeputzte, freiwillige Unterwerfung und Demütigung ist es, sondern eine völlige, unmissverständliche Niederlage, gekrönt von der panischen Angst der Demoralisierung. Wenn alle Stützen und Krücken gebrochen sind und auch nicht die leiseste Rückversicherung irgendwo noch Deckung verspricht, dann erst ist die Möglichkeit gegeben zum Erlebnis eines Archetypus, der sich bisher in der bedeutungsschweren Sinnlosigkeit der Anima verborgen gehalten hatte. Es ist der *Archetypus des Sinnes*, wie die Anima den *Archetypus des Lebens* schlechthin darstellt.

[41] Apuleius: Metamorphoseos, 11, 23, S. 240 (Übers. S. 425: »gleichsam eines freiwilligen Todes«).

Der Sinn scheint uns zwar immer das jüngere der Ereignisse zu sein, weil wir mit einem gewissen Recht annehmen, dass wir ihn selber geben, und weil wir ebenfalls wohl zu Recht glauben, dass die große Welt bestehen kann, ohne gedeutet zu sein. Wie aber geben wir Sinn? Woher nehmen wir Sinn in letzter Linie? Die Formen unserer Sinngebung sind historische Kategorien, die in ein nebelhaftes Altertum hinaufreichen, worüber man sich gewöhnlich keine genügende Rechenschaft gibt. Die Sinngebung bedient sich gewisser sprachlicher Matrizen, die ihrerseits wieder von urtümlichen Bildern abstammen. Wir können diese Frage anfassen, wo wir wollen, überall geraten wir in die Sprach- und Motivgeschichte, die immer stracks in die primitive Wunderwelt zurückführt.

Nehmen wir zum Beispiel das Wort Idee. Es geht zurück auf den eidos-Begriff bei Platon, und die ewigen Ideen sind Urbilder, die en hyperouraniō topō (an überhimmlischem Orte) als transzendente ewige Formen aufbewahrt sind. Das Auge des Sehers erschaut sie als »imagines et lares« oder als Bilder des Traumes und der offenbarenden Vision. Oder nehmen wir den Begriff der Energie, welcher physikalisches Geschehen deutet. Früher war dasselbe das geheimnisvolle Feuer der Alchemisten, das Phlogiston, die dem Stoffe inhärente Wärmekraft, wie die stoische Urwärme oder das Heraklitische pyr aei Zōon (das ewig lebende Feuer), welches schon ganz nahe an der primitiven Anschauung einer allgemein verbreiteten lebendigen Kraft steht, einer Wachstums- und magischen Heilkraft, die gewöhnlich als Mana bezeichnet wird.

Ich will die Beispiele nicht unnötig häufen. Es genügt zu wissen, dass es nicht *eine* wesentliche Idee oder Anschauung gibt, die nicht historische Antezedentien besäße. Allen liegen in letzter Linie archetypische Urformen zugrunde, deren Anschaulichkeit in einer Zeit entstanden ist, wo das Bewusstsein noch nicht *dachte*, sondern *wahrnahm*. Gedanke war Objekt der inneren Wahrnehmung, nicht gedacht, sondern als Erscheinung empfunden, sozusagen gesehen oder gehört. Gedanke war wesentlich Offenbarung, nichts Erfundenes, sondern Aufgenötigtes oder durch seine unmittelbare Tatsächlichkeit Überzeugendes. Das Denken geht dem primitiven Ich-Bewusstsein voraus, und dieses ist eher dessen Objekt als dessen Subjekt. Aber auch wir haben den letzten Gipfel der Bewusstheit noch nicht erklommen und haben darum ebenfalls ein präexistentes Denken, dessen man allerdings nicht inne wird, solange man durch hergebrachte Symbole gestützt ist; in der Sprache des Traumes ausgedrückt: solange der Vater oder der König nicht gestorben ist.

Wie das Unbewusste »denkt« und Lösungen vorbereitet, möchte ich an einem Beispiel zeigen. Es handelt sich um einen jungen Theologiestudenten, den ich persönlich nicht kenne. Er hatte Schwierigkeiten mit seiner religiösen Überzeugung, und in dieser Zeit träumte er folgenden Traum:[42]

Er stand vor einem schönen, alten Manne, der ganz schwarz gekleidet war. Er wusste, es war der weiße Magier. Dieser hatte eben eine längere Ansprache an ihn gehalten, an die sich der Träumer nicht mehr erinnern konnte. Er hatte nur die Schlussworte behalten: »Und dazu brauchen wir die Hilfe des schwarzen Magiers.« In diesem Augenblick ging die Türe auf, und herein trat ein ganz ähnlicher alter Mann, nur war er weiß gekleidet. Er sprach zum weißen Magier: »Ich bedarf deines Rates«, warf aber einen fragenden Seitenblick auf den Träumer, worauf der weiße Magier sagte: »Du kannst ruhig reden, er ist ein Unschuldiger.« Darauf begann der schwarze Magier seine Geschichte zu erzählen: Er komme aus einem fernen Lande, wo sich etwas Merkwürdiges ereignet habe. Das Land werde nämlich regiert von einem alten König, der seinen Tod nahen fühlte. Er – der König – habe sich nun ein Grabmal ausgesucht. Es gebe nämlich in jenem Lande eine große Anzahl von Grabmälern aus alter Zeit, und das schönste habe der König für sich selber ausgewählt. Der Sage nach war eine Jungfrau darin bestattet. Der König ließ das Grabmal öffnen, um es für seine Zwecke her-

[42] Ich habe diesen Traum bereits erwähnt in: Zur Phänomenologie des Geistes im Märchen, GW 9/I, § 398, und in Psychologie und Erziehung, GW 17, § 208, als Beispiel eines »großen« Traumes, ohne näheren Kommentar.

zurichten. Wie nun die Gebeine, die sich darin befanden, an die Luft gebracht wurden, gewannen sie plötzlich Leben und verwandelten sich in ein schwarzes Pferd, welches also gleich zur Wüste entfloh und dort verschwand. Er – der schwarze Magier – hätte von dieser Geschichte gehört und sich sofort aufgemacht, diesem Pferd zu folgen. Er sei in vielen Tagesreisen, immer auf der Fährte des Pferdes, zur Wüste gekommen und hätte sie durchquert bis zur anderen Seite, wo das Grasland wieder begann. Dort habe er das Pferd weidend angetroffen, und dort habe er auch den Fund getan, um dessentwillen er den Rat des weißen Magiers brauche; er habe nämlich dort die Schlüssel des Paradieses *gefunden und wisse nun nicht, was weiter damit zu geschehen habe.* – In diesem spannenden Moment erwachte der Träumer.

Im Lichte der vorangegangenen Ausführungen ist der Sinn des Traumes wohl unschwer zu erraten: Der alte König ist das herrschende Symbol, das sich zur ewigen Ruhe begeben will, und zwar an dem Orte, wo ähnliche »Dominanten« schon begraben liegen. Seine Wahl fällt ausgerechnet auf das Grab der Anima, welche den Todesschlaf als ein Dornröschen schläft, solange ein gültiges Prinzip (Prinz oder princeps) das Leben reguliert und ausdrückt. Kommt der König aber zu seinem Ende,[43] so gewinnt sie das Leben wieder und verwandelt sich in das schwarze Pferd, welches schon im Platonischen Gleichnis die Ungebärdigkeit der Leidenschaftsnatur ausdrückt. Wer ihm folgt, kommt in die Wüste, das heißt in wildes, menschenfernes Land, ein Bild der geistigen und moralischen Vereinsamung. Dort aber liegen die Schlüssel zum Paradies.

Was ist nun das Paradies? Offenbar der Garten Eden mit seinem doppelgesichtigen Baum des Lebens und der Erkenntnis und seinen vier Strömen. In christlicher Fassung ist es auch die himmlische Stadt der *Apokalypse*, welche ebenso sehr als Mandala gedacht ist wie der Garten Eden. Das Mandala ist aber ein Symbol der Individuation. Der schwarze

[43] Vgl. dazu das Motiv des »alten Königs« in der Alchemie, ›Psychologie und Alchemie‹, GW 12, § 491 ff.

Magier also ist es, der die Schlüssel zur Lösung der den Träumer belastenden Glaubensschwierigkeiten findet, die Schlüssel, die den Weg der Individuation eröffnen. Der Gegensatz Wüste-Paradies bedeutet also den anderen Gegensatz Vereinsamung-Individuation oder Selbstwerdung.

Dieser Traumteil ist zugleich eine bemerkenswerte Paraphrase des von Hunt und Grenfell edierten und ergänzten Herrenwortes, in welchem der Weg zum Himmelreich durch die Tiere gezeigt wird und wo es in der Admonition heißt: »Darum erkennet euch selber, denn ihr seid die Stadt, und die Stadt ist das Reich.«[44] Des Weiteren ist es auch eine Paraphrase der Paradiesesschlange, welche die ersten Eltern zur Sünde überredete und die im weiteren Verlauf zur Erlösung des Menschengeschlechtes durch den Gottessohn führte. Dieser Kausalnexus gab bekanntlich Anlass zur ophitischen Identifizierung der Schlange mit dem Sotēr (Retter, Heiland). Das schwarze Pferd und der schwarze Magier sind – und das ist modernes Geistesgut – quasi böse Elemente, deren Relativität zum Guten aber in der Auswechslung des Gewandes angedeutet ist. Die beiden Magier sind die zwei Aspekte des *alten Mannes*, des überlegenen Meisters und Lehrers, des Archetypus des Geistes, welcher den präexistenten, im chaotischen Leben verborgenen Sinn darstellt. Er ist der Vater der Seele, die doch wunderbarerweise seine Jungfrau-Mutter ist, weshalb er von den Alchemisten als der »uralte Sohn der Mutter« bezeichnet wurde. Der schwarze Magier und das schwarze Pferd entsprechen dem Abstieg ins Dunkle in den früher erwähnten Träumen.

Welch unerträglich schwere Lehre für einen jungen Theologiestudenten! Glücklicherweise hat er nichts davon bemerkt, dass der Vater aller Propheten zu ihm im Traume sprach und ihm ein großes Geheimnis zum Greifen nahe legte. Man wundert sich wohl, wie unzweckmäßig solche Ereignisse sind. Warum diese Verschwendung? Dazu muss ich nun allerdings sagen, dass wir nicht wissen, wie dieser Traum auf den Stu-

[44] Vgl. auch James: Apocryphal New Testament, 1924, S. 25 ff.

denten auf lange Sicht hin gewirkt hat, und sodann muss ich hervorheben, dass *mir* wenigstens dieser Traum sehr viel gesagt hat. Er dürfte nicht verloren sein, auch wenn der Träumer ihn nicht verstanden hat.

Der Meister dieses Traumes versucht offenbar, Gut und Böse in ihrer gemeinsamen Funktion darzustellen, vermutlich als Antwort auf den noch immer ungelösten moralischen Konflikt in der christlichen Seele. Mit der eigenartigen Relativierung der Gegensätze ergibt sich eine gewisse Annäherung an die Ideen des Ostens, an das »nirdvandva« der hinduistischen Philosophie, die Befreiung von den Gegensätzen, welche als eine konfliktversöhnende Lösungsmöglichkeit gezeigt wird. Wie gefährlich sinnvoll die östliche Relativität von Gut und Böse ist, zeigt die indische Weisheitsfrage: »Wer braucht länger zur Vollendung, der, welcher Gott liebt, oder der, welcher Gott hasst?« Die Antwort lautet: »Der, der Gott liebt, braucht sieben Reinkarnationen bis zur Vollendung, und der, welcher Gott hasst, braucht deren nur drei, denn wer Ihn hasst, wird mehr an Ihn denken als der, der Ihn liebt.« Die Befreiung von den Gegensätzen setzt eine funktionale Gleichwertigkeit derselben voraus, welche unserem christlichen Empfinden widerspricht. Nichtsdestoweniger ist, wie unser Traumbeispiel zeigt, die angeordnete Kooperation der moralischen Gegensätze eine natürliche Wahrheit, welche vom Osten ebenso natürlich anerkannt worden ist, wie die taoistische Philosophie wohl am deutlichsten zeigt. Es gibt übrigens auch in der christlichen Tradition einige Aussagen, die sich diesem Standpunkt nähern; ich erinnere nur zum Beispiel an das Gleichnis vom ungetreuen Haushalter.

Unser Traum stellt in dieser Hinsicht nicht etwa ein Unikum dar, indem die Tendenz zur Relativierung der Gegensätze eine ausgesprochene Eigentümlichkeit des Unbewussten darstellt. Man muss aber sofort beifügen, dass dies nur in Fällen einer zugespitzten moralischen Empfindlichkeit gilt; in anderen Fällen kann das Unbewusste ebenso unerbittlich auf die Unvereinbarkeit der Gegensätze hinweisen. Es hat in der Regel einen zur bewussten Einstellung relativen Standpunkt. Deshalb darf man wohl sagen, dass unser Traum die spezifischen Überzeugungen und Zweifel eines theologischen Bewusstseins protestantischer Observanz voraussetzt. Das bedeutet eine Einschränkung der Aussage auf ein bestimmtes Problemgebiet. Aber auch mit diesem Abstrich an Gültigkeit demonstriert der Traum die Überlegenheit seines Standpunktes. Passenderweise drückt sich sein Sinn darum als die Meinung und Stimme eines weisen Magiers aus, der dem Bewusstsein des Träumers in jeder Hinsicht weit überlegen ist. Der Magier ist synonym mit dem alten Weisen, der in gerader Linie auf die Gestalt des Medizinmannes in der primitiven Gesellschaft zurückgeht. Er ist, wie die Anima, ein unsterblicher Dämon, welcher die chaotischen Dunkelheiten des bloßen Lebens mit dem Lichte des Sinnes durchdringt. Er ist der Erleuchtende, der Lehrer und Meister, ein Psychopompos (Führer der Seelen), dessen Personifikation selbst der »Zertrümmerer der Tafeln«, Nietzsche, nicht entgehen konnte, hat er doch dessen Inkarnation in Zarathustra, dem überlegenen Geiste eines beinahe homerischen Zeitalters, zum Träger und Verkünder seiner eigenen »dionysischen« Erleuchtung und Entzückung aufgerufen. Gott war ihm zwar tot, aber der Dämon der Weisheit wurde ihm zum sozusagen leibhaftigen Zweiten, wie er sagt:

> Da, plötzlich, Freundin! wurde Eins zu Zwei –
> – Und Zarathustra gieng an mir vorbei ...[45]

Zarathustra ist für Nietzsche mehr als poetische Figur, er ist ein unwillkürliches Bekenntnis. Auch er hatte sich in den Dunkelheiten eines gottabgewandten, entchristlichten Lebens verirrt, und darum trat zu ihm der Offenbarende und Erleuchtende, als redender Quell seiner Seele. Daher stammt die hieratische Sprache des ›Zarathustra‹, denn das ist der Stil dieses Archetypus.

Im Erlebnis dieses Archetypus erfährt der Moderne die urälteste Art des Denkens als eine autonome Tätigkeit, deren Objekt man ist. Hermes

[45] Nietzsche: Also sprach Zarathustra, in: Werke, Bd. 6, 1901, S. 360.

Trismegistos oder der Thoth der hermetischen Literatur, Orpheus, der Poimandres und diesem verwandt der Poimēn des Hermas[46] sind weitere Formulierungen der gleichen Erfahrung. Wäre der Name »Lucifer« nicht schon präjudiziert, so wäre er wohl passend für diesen Archetypus. Ich habe mich deshalb begnügt, ihn als den *Archetypus des alten Weisen* beziehungsweise des *Sinnes* zu bezeichnen. Wie alle Archetypen, so hat auch dieser einen positiven und einen negativen Aspekt, worauf ich hier nicht näher eintreten möchte. Der Leser findet eine ausführliche Darstellung der Doppelgesichtigkeit des »alten Weisen« in meinem Aufsatz über die ›Phänomenologie des Geistes im Märchen‹.[47]

Die drei bisher besprochenen Archetypen, der Schatten, die Anima und der alte Weise, sind solche, die in der unmittelbaren Erfahrung personifiziert auftreten. Aus welchen allgemeinen psychologischen Vorbedingungen ihre Erfahrung hervorgeht, versuchte ich im Vorangegangenen anzudeuten. Was ich aber mitteilte, waren lauter abstrakte Rationalisierungen. Man könnte, oder besser, man sollte eigentlich eine Schilderung des Prozesses geben, wie er sich der unmittelbaren Erfahrung darstellt. Im Verlaufe dieses Prozesses nämlich treten die Archetypen als handelnde Persönlichkeiten in Träumen und Phantasien auf. Der Prozess selber stellt sich in einer anderen Art von Archetypen dar, die man allgemein als solche der *Wandlung* bezeichnen könnte. Diese sind keine Persönlichkeiten, sondern vielmehr typische Situationen, Örter, Mittel, Wege und so weiter, welche die jeweilige Art der Wandlung symbolisieren. Wie die Persönlichkeiten, so sind auch diese Archetypen echte und rechte Symbole, die weder als sēmeia (Zeichen) noch als Allegorien erschöpfend gedeutet werden können. Sie sind vielmehr insofern echte Symbole, als sie vieldeutig, ahnungsreich und im letzten Grund unausschöpfbar sind. Die Grundprinzipien, die archai, des Unbewussten sind wegen ihres Beziehungsreichtums unbeschreibbar, trotz ihrer Er-

[46] Reitzenstein fasst den ›Hirten des Hermas‹ als christliche Konkurrenzschrift zum ›Poimandres‹ auf.

[47] Phänomenologie des Geistes im Märchen, GW 9/I.

kennbarkeit. Das intellektuelle Urteil sucht natürlich immer ihre Eindeutigkeit festzustellen und gerät damit am Wesentlichen vorbei, denn, was vor allem als das Einzige ihrer Natur Entsprechende festzustellen ist, das ist ihre Vieldeutigkeit, ihre fast unabsehbare Beziehungsfülle, welche jede eindeutige Formulierung verunmöglicht. Außerdem sind sie prinzipiell paradox, wie der Geist bei den Alchemisten als »senex et iuvenis simul«[48] gilt.

Wenn man sich vom symbolischen Prozess ein Bild machen will, so sind dafür die alchemistischen Bilderserien gute Beispiele, obschon ihre Symbole in der Hauptsache traditionell, wenn auch oft dunkler Herkunft und Bedeutung sind. Treffliche östliche Beispiele sind das tantrische Chakrensystem[49] oder das mystische Nervensystem des chinesischen Yoga.[50] Es hat auch allen Anschein, als ob die Bildserien des Tarot Abkömmlinge der Wandlungsarchetypen wären, welche Ansicht mir ein einleuchtender Vortrag von Herrn Professor R. Bernoulli bekräftigt hat.[51]

Der symbolische Prozess ist ein *Erleben im Bild und des Bildes.* Sein Fortgang zeigt in der Regel enantiodromische Struktur, wie der Text des ›I Ging‹, und stellt darum einen Rhythmus dar von Negation und Position, von Verlust und Gewinn, von Hell und Dunkel. Sein Anfang ist fast stets charakterisiert durch eine Sackgasse oder sonstige unmögliche Situation; sein Ziel ist, allgemein ausgedrückt, Erleuchtung oder höhere Bewusstheit, womit die Ausgangssituation auf einer höheren Ebene überwunden wird. Der Prozess kann sich, zeitlich zusammengedrängt, in einem einzigen Traum oder in einem kurzen Erlebnismoment darstellen, oder aber sich über Monate und Jahre erstrecken, je nach der Art der Ausgangssituation, des Individuums, das im Prozess begriffen ist, und des zu erreichenden Zieles. Selbstverständlich schwankt der Symbol-

[48] »Greis und Jüngling zugleich«.

[49] Avalon (Hrsg.): The Serpent Power, 1919.

[50] Rousselle: Seelische Führung im lebenden Taoismus, 1934.

[51] Bernoulli: Zur Symbolik geometrischer Figuren und Zahlen, 1934.

reichtum außerordentlich. Obschon zunächst alles im Bilde, das heißt symbolisch, erlebt wird, handelt es sich doch keineswegs um Pappdeckelgefahren, sondern um sehr wirkliche Risiken, an denen unter Umständen ein Schicksal hängen kann. Die Hauptgefahr besteht in einem Unterliegen unter dem faszinierenden Einfluss der Archetypen, was dann am ehesten eintreten kann, wenn man sich die archetypischen Bilder *nicht bewusstmacht*. Besteht eine psychotische Prädisposition, so kann es unter diesen Umständen geschehen, dass die archetypischen Figuren, denen sowieso kraft ihrer natürlichen Numinosität eine gewisse Autonomie eignet, sich von der Bewusstseinskontrolle überhaupt befreien und völlige Selbständigkeit erlangen, das heißt Besessenheitsphänomene erzeugen. Bei einer Animabesessenheit will sich zum Beispiel der Kranke durch Selbstkastration in eine Frau, namens Maria, verwandeln oder fürchtet, es werde ihm etwas Derartiges gewalttätigerweise angetan. Ein Beispiel hiefür ist der bekannte Schreber.[52] Die Kranken entdecken oft eine ganze Animamythologie mit zahlreichen archaischen Motiven. Ein Fall dieser Art wurde seinerzeit von Nelken publiziert.[53] Ein anderer Patient hat seine Erlebnisse selber in einem Buche beschrieben und kommentiert.[54] Ich erwähne diese Fälle, weil es immer noch Leute gibt, welche meinen, die Archetypen seien meine subjektiven Hirngespinste.

Was in der Geisteskrankheit brutal zutage tritt, bleibt in der Neurose noch verhüllt im Hintergrund, beeinflusst aber von da aus nichtsdestoweniger das Bewusstsein. Wenn die Analyse dann in den Hintergrund der Bewusstseinsphänomene eindringt, so entdeckt sie jene selben archetypischen Figuren, welche die Delirien des Psychotischen beleben. Last not least beweisen zahlreiche literar-historische Dokumente, dass es sich bei diesen Archetypen um praktisch überall vorkommende normale Typen der Phantasie handelt und nicht um Ausgeburten der Geis-

[52] Schreber: Denkwürdigkeiten eines Nervenkranken, 1903.

[53] Nelken: Analytische Beobachtungen über Phantasien eines Schizophrenen, 1912.

[54] Custance: Wisdom, Madness and Folly, 1952.

teskrankheit. Das pathologische Element liegt nicht in der Existenz dieser Vorstellungen, sondern in der Dissoziation des Bewusstseins, welches das Unbewusste nicht mehr beherrschen kann. In allen Fällen von Dissoziation erhebt sich deshalb die Notwendigkeit der Integration des Unbewussten ins Bewusstsein. Es handelt sich um einen synthetischen Vorgang, den ich als »Individuationsprozess« bezeichnet habe.

Dieser Prozess entspricht eigentlich dem natürlichen Ablauf eines Lebens, in welchem das Individuum zu dem wird, was es immer schon war. Weil der Mensch Bewusstsein hat, so verläuft eine derartige Entwicklung nicht so glatt, sondern wird vielfach variiert und gestört, indem das Bewusstsein immer wieder einmal von der archetypischen Instinktgrundlage abirrt und zu ihr in Gegensatz gerät. Daraus ergibt sich dann die Notwendigkeit einer Synthese der beiden Positionen. Dies bedeutet Psychotherapie schon auf primitiver Stufe, wo sie in Form von Wiederherstellungsriten geschieht. Beispiele sind die australischen Rückidentifikationen mit den Ahnen der Alcherringazeit, Identifikation mit den Sonnensöhnen bei den Taospueblos, die Heliosapotheose im Isismysterium bei Apuleius und so weiter. Die therapeutische Methode der Komplexen Psychologie besteht dementsprechend einerseits in einer möglichst vollständigen Bewusstmachung der konstellierten unbewussten Inhalte und andererseits in einer Synthese derselben mit dem Bewusstsein durch den Erkenntnisakt. Da nun der Kulturmensch eine sehr große Dissoziabilität besitzt und von ihr beständig Gebrauch macht, um sich allen möglichen Risiken zu entziehen, so steht ganz und gar nicht von vornherein fest, dass eine Erkenntnis etwa von entsprechendem Tun gefolgt wäre. Man muss im Gegenteil mit einer ausgesprochenen Wirkungslosigkeit der Erkenntnis rechnen und daher auf sinngemäße Anwendung derselben dringen. Erkenntnis allein tut es in der Regel nicht, auch bedeutet sie keine sittliche Macht an sich. In solchen Fällen wird es dann klar, wie sehr die Neurosenheilung ein moralisches Problem ist.

Da die Archetypen relativ autonom sind, wie alle numinosen Inhalte, so können sie nicht einfach rational integriert werden, sondern verlangen ein dialektisches Verfahren, das heißt eine eigentliche Auseinandersetzung, die von dem Patienten häufig in Dialogform durchgeführt wird, womit er, ohne es zu wissen, die alchemistische Definition der Meditation verwirklicht: nämlich als »colloquium cum suo angelo bono«, als inneres Zwiegespräch mit seinem guten Engel.[55] Dieser Prozess hat in der Regel einen dramatischen Verlauf mit vielen Peripetien. Er drückt sich aus in, oder ist begleitet von, Traumsymbolen, welche verwandt sind mit jenen »représentations collectives«, welche in Form mythologischer Motive seelische Wandlungsvorgänge von jeher dargestellt haben.[56]

Im Rahmen einer Vorlesung muss ich mich damit begnügen, bloß einige Beispiele von Archetypen zu behandeln. Ich habe diejenigen gewählt, welche in der Analyse eines männlichen Unbewussten die Hauptrolle spielen, und habe auch versucht, den psychischen Wandlungsprozess, in welchem sie erscheinen, einigermaßen zu skizzieren. Die hier besprochenen Figuren des Schattens, der Anima und des alten Weisen haben seit dem ersten Erscheinen dieser Vorlesung mit den entsprechenden Figuren des weiblichen Unbewussten zusammen eine ausführliche Darstellung gefunden in meinen Beiträgen zur Symbolik des Selbst,[57] und der Individuationsprozess wurde von mir in seiner Beziehung zur alchemistischen Symbolik einer näheren Untersuchung unterworfen.[58]

[55] Rulandus: Lexicon alchemiae, 1612, siehe »meditatio«.

[56] Ich verweise auf meine Ausführungen in: Symbole der Wandlung, GW 5.

[57] Aion. Untersuchungen zur Symbolgeschichte, GW 9/II.

[58] Psychologie und Alchemie, GW 12.

DER BEGRIFF DES KOLLEKTIVEN UNBEWUSSTEN (1936)

Wohl keiner meiner Begriffe ist auf so viel Missverständnis gestoßen wie die Idee des kollektiven Unbewussten. Im Folgenden werde ich versuchen, 1. eine Definition des Begriffes zu geben, 2. eine Darstellung seiner Bedeutung für die Psychologie, 3. eine Erläuterung der Beweismethode und 4. ein paar Beispiele.

1. Definition

Das kollektive Unbewusste ist ein Teil der Psyche, der von einem persönlichen Unbewussten dadurch negativ unterschieden werden kann, dass er seine Existenz nicht persönlicher Erfahrung verdankt und daher keine persönliche Erwerbung ist. Während das persönliche Unbewusste wesentlich aus Inhalten besteht, die zu einer Zeit bewusst waren, aus dem Bewusstsein jedoch entschwunden sind, indem sie entweder vergessen oder verdrängt wurden, waren die Inhalte des kollektiven Unbewussten nie im Bewusstsein und wurden somit nie individuell erworben, sondern verdanken ihr Dasein ausschließlich der Vererbung.

Der *Begriff des Archetypus*, der ein unumgängliches Korrelat zur Idee des kollektiven Unbewussten bildet, deutet das Vorhandensein bestimmter Formen in der Psyche an, die allgegenwärtig oder überall verbreitet sind. Die mythologische Forschung nennt sie »Motive«; in der Psychologie Primitiver entsprechen sie Lévy-Bruhls Begriff der »représentations collectives«, und auf dem Gebiete vergleichbarer Religionswissenschaft wurden sie von Hubert und Mauss als »Kategorien der Imagination« definiert. Adolf Bastian hat sie vor längerer Zeit als »Elementar-« oder »Urgedanken« bezeichnet. Aus diesen Hinweisen sollte deutlich genug hervorgehen, dass meine Vorstellung vom Archetypus – wörtlich einer präexistenten Form – nicht ausschließlich mein Begriff, sondern auch in anderen Wissensbereichen anerkannt und benannt ist.

Meine These lautet also wie folgt: Im Unterschied zur persönlichen Natur der bewussten Psyche gibt es ein zweites psychisches System, von kollektivem, nicht-persönlichem Charakter, neben unserem Bewusstsein, das seinerseits durchaus persönlicher Natur ist und das wir – selbst wenn wir das persönliche Unbewusste als Anhängsel hinzufügen – für die einzig erfahrbare Psyche halten. Das kollektive Unbewusste entwickelt sich nicht individuell, sondern wird ererbt. Es besteht aus präexistenten Formen, Archetypen, die erst sekundär bewusstwerden können und den Inhalten des Bewusstseins festumrissene Form verleihen.

2. Die psychologische Bedeutung des kollektiven Unbewussten

Unsere *medizinische Psychologie*, die aus beruflicher Praxis erwachsen ist, betont die persönliche Natur der Psyche. Ich meine in erster Linie die Ansichten Freuds und Adlers. Es ist eine *Psychologie der Person*, und ihre ätiologischen oder kausalen Faktoren werden fast ganz als ihrer Natur nach persönlich angesehen. Immerhin stützt sich selbst diese Psychologie auf gewisse allgemeine biologische Faktoren, zum Beispiel den sexuellen Instinkt oder den Drang zur Selbstbehauptung, keinesfalls bloß auf persönliche Eigenheiten. Sie ist insofern dazu genötigt, als sie Anspruch erhebt, eine erklärende Wissenschaft zu sein. Keine dieser Anschauungen bestreitet Instinkte, die Tiere und Menschen miteinander gemein haben, noch deren Einfluss auf die persönliche Psychologie. Instinkte sind indessen nicht-persönliche, allgemein verbreitete und hereditäre Faktoren von motivierendem Charakter, die häufig so weit vom Rande des Bewusstseins entfernt sind, dass die moderne Psychotherapie sich vor die Aufgabe gestellt sieht, dem Patienten zu deren Bewusstmachung zu verhelfen. Überdies sind die Instinkte ihrem Wesen nach nicht unklar und unbestimmt, sondern es sind spezifisch geformte Triebkräfte, die, lange vor jeder Bewusstwerdung und ungeachtet jeden Grades von Bewusstheit, ihre inhärenten Ziele verfolgen. Daher bilden sie ganz genaue Analogien zu den Archetypen, ja so genau, dass Grund zur Annahme besteht, dass die Archetypen die unbewussten Abbilder der Instinkte selbst sind; mit anderen Worten: Sie stellen das *Grundmuster instinkthaften Verhaltens* dar.

Die Hpyothese eines kollektiven Unbewussten ist daher gerade etwa so gewagt wie die Annahme, dass es Instinkte gibt. Man kann ohne weiteres zugeben, dass menschliche Aktivität in hohem Maße von Instinkten beeinflusst ist – abgesehen von den rationalen Motivationen des bewussten Verstandes. Wenn nun behauptet wird, dass unsere Phantasie, unsere Wahrnehmung und unser Denken in gleicher Weise von angeborenen und allgemein vorhandenen Formprinzipien beeinflusst seien, so scheint mir, dass ein normal funktionierendes Verständnis in dieser Vorstellung gerade so viel oder gerade so wenig Mystizismus entdecken kann wie in der Instinkttheorie. Obschon dieser Vorwurf des Mystizismus oft gegen meine Auffassung erhoben wurde, muss ich einmal mehr betonen, dass der Begriff des kollektiven Unbewussten weder eine spekulative noch eine philosophische, sondern eine empirische Angelegenheit ist. Die Frage lautet einfach, gibt es solche universalen Formen, oder gibt es sie nicht? Wenn es sie gibt, dann besteht ein Bereich der Psyche, den man das kollektive Unbewusste nennen kann. Die Diagnose des kollektiven Unbewussten ist nicht immer eine einfache Aufgabe. Es genügt nicht, die häufig offensichtlich archetypische Natur unbewusster Produkte hervorzuheben, denn diese kann genauso gut von Erwerbungen mittels Sprache und Erziehung hergeleitet werden. Kryptomnesie sollte ebenfalls ausgeschlossen werden, was in manchen Fällen nahezu unmöglich ist. Trotz allen diesen Schwierigkeiten bleiben genügend individuelle Fälle übrig, die über jeden vernünftigen Zweifel hinaus autochthon wiedererstandene mythologische Motive aufweisen. Wenn ein solches Unbewusstes überhaupt existiert, muss psychologische Erklärung davon Kenntnis nehmen und gewisse angeblich persönliche Ätiologien einer schärferen Kritik unterziehen.

Was ich meine, kann vielleicht an einem konkreten Beispiel erläutert werden. Sie haben vermutlich Freuds Diskussion eines bestimmten Gemäldes von Leonardo da Vinci[59] gelesen: Sankt Anna mit Maria und dem Christuskind. Freud erklärt das bemerkenswerte Bild von der Tatsache her, dass Leonardo selbst zwei Mütter gehabt hat. Diese Kausalität ist persönlich. Wir wollen uns nicht über die Tatsache aufhalten, dass solche Bilder alles andere als einzigartig sind, noch über die kleine Unstimmigkeit, dass Sankt Anna ja die *Großmutter* Christi ist, sondern wollen hervorheben, dass mit der anscheinend persönlichen Psychologie ein nicht-persönliches Motiv verflochten ist, das wir von anderswoher gut kennen. Es ist das Motiv von den zwei Müttern, ein Archetypus, der im Bereiche der Mythologie und Religion in mannigfachen Varianten anzutreffen ist und die Grundlage zahlreicher représentations collectives bildet. Ich könnte beispielsweise das Motiv der zweifachen Abstammung erwähnen, das heißt der Abstammung von menschlichen und von göttlichen Eltern, wie bei Herakles, der, von Hera unwissentlich adoptiert, Unsterblichkeit erlangte. Was in Griechenland Mythos, ist in Ägypten sogar ein Ritual. Dort ist der Pharao von Natur aus sowohl menschlicher wie göttlicher Wesensart. In den Geburtskammern der ägyptischen Tempel ist des Pharaos zweite, göttliche Empfängnis und Geburt an den Wänden dargestellt – er ist »zweimal geboren«. Dies ist eine Vorstellung, welche die Grundlage aller Wiedergeburtsmysterien darstellt, einschließlich derjenigen des Christentums. Christus selbst ist zweimal geboren: durch die Taufe im Jordan erlangte er seine Wieder-

[59] Freud: Eine Kindheitserinnerung des Leonardo da Vinci, 1910.

geburt aus dem Wasser und dem Geiste. Folgerichtig wird in der römischen Liturgie der Taufbrunnen als »uterus ecclesiae« bezeichnet; und wie man es im ›Römischen Missale‹ lesen kann, heißt er heute noch so, in der Weihe des Taufwassers am sabbatum sanctum, dem Samstag vor Ostern. Wie dem auch sei, in der frühen Gnosis stellte man sich den Geist, der in Gestalt einer Taube erschien, als Sophia, Sapientia, Weisheit, vor und als die Mutter Christi. Auf Grund dieser Motive doppelter Elternschaft werden heute den Kindern, statt dass sie gute und böse Feen haben, die eine »magische Adoption« mit Fluch oder Segen ausführen, Taufpaten beigegeben, nämlich (schweizerdeutsch) »Götti« und »Gotte«, (englisch) »godfather« und »godmother«.

Die Vorstellung einer zweiten Geburt ist zeitlich und räumlich weit verbreitet. In den ersten Anfängen der Medizin kommt sie als ein magisches Heilmittel vor; in vielen Religionen ist sie die mystische Erfahrung; sie bildet die Zentralidee der mittelalterlichen Naturphilosophie und, last not least, die infantile Phantasie vieler kleiner und »erwachsener« Kinder, die glauben, dass ihre Eltern nicht ihre wirklichen, sondern nur Adoptiveltern sind, denen sie übergeben worden seien. Benvenuto Cellini, zum Beispiel, hatte diese Vorstellung ebenfalls, wie er in seiner Autobiographie[60] berichtet.

Nun ist es völlig ausgeschlossen, dass alle Menschen, die an eine zweifache Abstammung glauben, in Wirklichkeit immer zwei Mütter hatten, oder umgekehrt, dass die wenigen, die Leonardos Schicksal teilen, die restliche Menschheit mit ihrem Komplex angesteckt hätten. Tatsache ist, dass man nicht umhinkann anzunehmen, das universale Vorkommen der Phantasie von der doppelten Geburt und gleichzeitig mit dieser die Phantasie von den zwei Müttern entspreche einem überall vorhandenen menschlichen Bedürfnis, das sich in diesem Thema abbildet. Wenn nun Leonardo da Vinci wirklich seine beiden Mütter in Sankt Anna und Maria porträtiert hat – was ich bezweifle –, so brachte er doch

[60] Cellini: Leben des B'C', übersetzt und hrsg. von Goethe, 1803.

nur etwas zum Ausdruck, was ungezählte Millionen Menschen vor und nach ihm glaubten. Ebenso macht das Geiersymbol, das Freud in dem genannten Aufsatz behandelt hat, diese Ansicht nur noch plausibler. Er zitiert mit Recht als Quelle des Symbols die ›Hieroglyphica‹ des Horapollo,[61] ein Buch, das in der damaligen Zeit sehr verbreitet war. Darin liest man, dass Geier nur weiblich seien und symbolisch die Mutter bedeuteten; sie empfingen durch den Wind (griechisch: pneuma). Dieses Wort pneuma nahm, vor allem unter dem Einfluss des Christentums, die Bedeutung »Geist« an. Sogar im Bericht über die Pfingstwunder hat »pneuma« noch immer die Doppelbedeutung von Wind und Geist. Meiner Meinung nach weist diese Tatsache zweifellos auf Maria hin, die, ihrem Wesen nach Jungfrau, vom Pneuma empfing, das heißt wie ein Geier. Daneben ist der Geier nach Horapollo auch das Symbol Athenes, die unmittelbar der Stirn des höchsten Gottes entsprungen, eine Jungfrau war und offenbar nur geistige Mutterschaft kannte. All das deutet klar auf Maria und das Wiedergeburtsmotiv. Es gibt keine Spur eines Beweises, dass Leonardo mit diesem Bild etwas anderes gemeint haben könnte. Wenn es richtig ist anzunehmen, dass er sich selbst mit dem Christuskind identifiziert, stellte er aller Wahrscheinlichkeit nach die doppelte mythische Mutterschaft, auf keinen Fall jedoch seine eigene persönliche Geschichte dar. Und was ist mit all den anderen Künstlern, die das gleiche Motiv dargestellt haben? Bestimmt hatten sie doch nicht alle zwei Mütter?

Übertragen wir nun Leonardos Fall auf das Gebiet der Neurosen, nehmen wir an, dass es sich um einen Patienten mit einem Mutterkomplex handelt und dass er unter dem Wahn leidet, die Ursache seiner Neurose bestehe darin, dass er wirklich zwei Mütter gehabt habe. Die persönliche Deutung hätte zuzugeben, dass er recht habe, und doch wäre diese in Wirklichkeit völlig falsch. Denn im Grunde genommen läge

61 Horus Apollo: Selecta hieroglyphica, sive ..., 1597; vgl. Freud: Eine Kindheitserinnerung des Leonardo da Vinci, 1910, S. 24 ff.

die Ursache seiner Neurose im Wiedererwachen des Archetypus der doppelten Mutter, völlig unabhängig davon, ob er eine oder zwei Mütter hatte; denn wie wir gesehen haben, funktioniert dieser Archetypus individuell und historisch ohne irgendeinen Zusammenhang mit dem verhältnismäßig seltenen Vorkommnis doppelter Mutterschaft.

Es ist natürlich verlockend, eine so einfache und persönliche Ursache vorauszusetzen, doch ist die Hypothese nicht nur ungenau, sondern durchaus falsch. Freilich ist es schwierig zu verstehen, wie ein Doppelmuttermotiv – einem nur in Medizin ausgebildeten Arzt unbekannt – so große bestimmende Kraft haben konnte, dass es sich wie ein traumatischer Zustand auswirkte. Wenn wir aber die enormen Kräfte in Erwägung ziehen, die in der mythischen Sphäre des Menschen verborgen liegen, nimmt sich die kausale Bedeutung der Archetypen weniger phantastisch aus. Tatsächlich gibt es zahlreiche Neurosen, die Störungen anzeigen, welche geradezu von dem Umstand abzuleiten sind, dass das psychische Leben des Patienten der Mitwirkung dieser treibenden Kräfte ermangelt. Nichtsdestoweniger versucht die rein personale Psychologie durch Reduktion auf persönliche Ursachen ihr Möglichstes, um die Existenz der archetypischen Motive zu leugnen, und sucht sie in persönlicher Analyse sogar zu zerstören. Ich halte dies für ein recht gefährliches Unterfangen. Heute lässt sich die Natur der beteiligten Kräfte besser beurteilen als vor zwanzig Jahren. Erleben wir nicht eben mit, wie eine ganze, große Nation ein archaisches Symbol wiederbelebt, ja sogar archaische Religionsformen – und wie diese neue Emotion den Einzelnen in einer revolutionären und umwandelnden Weise beeinflusst? Der Mensch der Vergangenheit ist in uns in einem Maße lebendig, das wir uns vor dem Krieg nicht hätten träumen lassen, und was ist das Schicksal großer Völker letztlich anderes als die Summierung der psychischen Veränderung von Individuen?

Insofern als eine Neurose eigentlich nur Privatsache ist, nämlich ihre Wurzeln einzig in persönlichen Ursachen hat, spielen Archetypen überhaupt keine Rolle. Wenn sie aber eine Angelegenheit allgemeiner Inkompatibilität ist oder ein sonst wie schädlicher Zustand, der in einer relativ großen Anzahl Individuen Neurosen verursacht, müssen wir die Anwesenheit von Archetypen annehmen. Da Neurosen in den meisten Fällen nicht nur Privatangelegenheiten sind, sondern *soziale* Erscheinungen, müssen wir auch das Vorhandensein von Archetypen in den meisten Fällen annehmen: Die Art Archetypus, die der Situation entspricht, ist wiederbelebt, und als Ergebnis treten jene explosiven und daher so gefährlichen Triebkräfte, die im Archetypus verborgen sind, in Aktion, was oft unabsehbare Ergebnisse zeitigt. Ja, es gibt nichts Böses, dem Menschen unter der Herrschaft eines Archetypus nicht anheimfallen können. Wenn vor dreißig Jahren jemand vorauszusagen gewagt hätte, dass die psychologische Entwicklung in Richtung eines Wiedererwachens mittelalterlicher Judenverfolgung gehen, dass Europa erneut vor den römischen Liktorenbündeln und unter dem Marschtritt der Legionen erzittern würde, dass man den römischen Gruß wiedereinführen könnte wie vor zweitausend Jahren, und dass statt des christlichen Kreuzes eine archaische Swastika Millionen von Kriegern zu Todesbereitschaft anködern würde – man hätte diesen Mann als einen mystischen Narren verschrien. Und heute? So bestürzend es erscheinen mag, dieser ganze Wahnwitz ist grässliche Wirklichkeit. Privatleben, private Motive und Ursachen und private Neurosen sind in der heutigen Welt fast zur Fiktion geworden. Der Mensch der Vergangenheit, der in einer Welt archaischer représentations collectives lebte, ist wieder zu einem sehr sichtbaren und peinlich realen Leben erstanden, und dies nicht nur in ein paar unausgeglichenen Individuen, sondern in vielen Millionen Menschen.

Es gibt so viele Archetypen, als es typische Situationen im Leben gibt. Endlose Wiederholung hat diese Erfahrungen in die psychische Konstitution eingeprägt, nicht in Form von Bildern, die von einem Inhalt erfüllt wären, sondern zunächst beinahe nur als *Formen ohne Inhalt*, welche bloß die Möglichkeit eines bestimmten Typus der Auffassung und des Handelns darstellen. Wenn sich im Leben etwas ereignet, was einem Archetypus entspricht, wird dieser aktiviert, und es tritt eine Zwanghaftigkeit auf, die, wie eine Instinktreaktion, sich wider Vernunft und Willen durchsetzt oder einen Konflikt hervorruft, der bis zum Pathologischen, das heißt zur Neurose, anwächst.

3. Beweismethode

Wir müssen uns nun der Frage zuwenden, wie die Existenz von Archetypen bewiesen werden kann. Da Archetypen gewisse geistige Formen hervorbringen sollen, müssen wir erklären, wo und wie man das Material, das diese Formen anschaulich macht, erfassen kann. Die Hauptquelle liegt in Träumen, die den Vorteil haben, vom Willen unabhängige, spontane Erzeugungen der unbewussten Psyche zu sein, und die daher reine, von jeder bewussten Absicht unbeeinflusste Naturprodukte sind. Wenn man das Individuum befragt, kann man ermitteln, welche Motive, die in den Träumen auftauchen, ihm bekannt sind. Unter denen, die ihm unbekannt sind, müssen wir natürlich alle Motive ausschließen, die ihm bekannt sein *könnten*, so etwa – um auf den Fall Leonardo zurückzukommen – das Geiersymbol. Wir sind nicht sicher, ob Leonardo dieses Symbol aus Horapollo bezogen hat, wenn dies auch für einen Gebildeten seiner Zeit ohne weiteres denkbar gewesen wäre, denn Künstler zeichneten sich besonders dazumal durch ein beträchtliches humanistisches Wissen aus. Daher würde – obwohl das Vogelmotiv ein Archetypus par excellence ist – sein Vorkommen in Leonardos Phantasie nichts beweisen; weshalb wir nach Motiven suchen müssen, die dem Träumer einfach nicht bekannt sein konnten und dennoch in seinem Traum sich funktionell so verhalten, wie wir es vom Funktionieren der Archetypen von historischen Quellen her kennen.

Eine weitere Quelle für das benötigte Material ist die sogenannte *aktive Imagination*. Darunter verstehe ich jene Serie von Phantasien, die absichtliche Konzentration ins Dasein bringt. Ich habe die Erfahrung gemacht, dass die Intensität und Häufigkeit von Träumen verstärkt wird durch das Vorhandensein unerfassbarer und unbewusster Phantasien und dass, wenn diese Phantasien ins Bewusstsein gehoben werden, die Träume ihren Charakter ändern, schwächer und seltener werden. Daraus habe ich den Schluss gezogen, dass Träume oft Phantasien enthalten, welche auf Bewusstwerdung tendieren – Traumquellen sind häufig unterdrückte Instinkte, die eine natürliche Neigung haben, den bewussten Verstand zu beeinflussen. In Fällen dieser Art geben wir dem Patienten den Auftrag, jedes einzelne Bruchstück seiner Phantasie, das ihm wichtig erscheint, auf seinen sogenannten *Kontext* hin zu betrachten, das heißt auf das dazugehörige assoziative Material, in das es eingebettet ist, so lange bis er es versteht. Es ist hier nicht eine Frage freier Assoziation, wie Freud sie zum Zwecke der Traumanalyse empfohlen hat, sondern es geht um die Bearbeitung der Phantasie durch Beobachtung weiteren Phantasiematerials, so wie es dem Fragment auf natürliche Weise beigegeben ist.

Es ist hier nicht der Ort, auf technische Erläuterungen der Methode einzugehen. Es möge genügen, dass die zutage gebrachte Phantasieserie das Unbewusste erleichtert und ein an archetypischen Formen reiches Material darstellt. Selbstverständlich darf diese Methode nur in bestimmten, sorgfältig ausgewählten Fällen angewendet werden. Sie ist nicht ganz ungefährlich, da sie den Patienten zu weit von der Wirklichkeit wegführen kann. Eine Warnung vor gedankenloser Anwendung ist jedenfalls am Platz.

Schließlich und nicht zuletzt stehen als interessante Quellen archetypischen Materials die Wahnideen Geisteskranker, die Phantasien in Trancezuständen und die Träume aus der frühen Kindheit (vom dritten bis zum fünften Lebensjahr) zur Verfügung. Beliebige Mengen solchen Materials sind erhältlich, aber es ist wertlos, wenn es einem nicht gelingt, überzeugende historische Parallelen aufzuspüren. Es genügt natürlich nicht, einen Traum über eine Schlange mit dem mythischen Vorkommen der Schlange in Verbindung zu bringen; denn wer könnte garantieren, dass die funktionelle Bedeutung der Schlange in dem

Traum die gleiche ist wie in ihrem mythologischen Rahmen? Um die gültige Parallele zu ziehen, ist es daher notwendig, die funktionelle Bedeutung eines individuellen Symbols zu kennen und dann herauszufinden, ob das angeblich parallele mythologische Symbol zu der gleichen Art von Umständen gehört und infolgedessen dieselbe funktionelle Bedeutung hat. Die Aufstellung solcher Fakten ist nicht nur eine Angelegenheit langwieriger und mühsamer Forschung, sondern auch ein undankbares Objekt zur Demonstration. Da die Symbole nicht aus ihrem Zusammenhang gerissen werden dürfen, muss man sowohl erschöpfende persönliche wie symbolwissenschaftliche Darstellungen vorlegen, praktisch ein Ding der Unmöglichkeit im Rahmen eines einzigen Vortrags. Ich habe es wiederholt versucht, auf die Gefahr hin, die Hälfte meiner Zuhörerschaft zum Schlafen zu bringen.

4. Ein Beispiel

Ich wähle als Beispiel einen praktischen Fall, den ich, obschon er bereits publiziert ist, erneut verwende, da seine Kürze ihn zur Illustration besonders geeignet macht. Überdies kann ich ein paar Bemerkungen anschließen, die in der früheren Publikation[62] weggelassen worden sind.

Um 1906 begegnete ich einer merkwürdigen Phantasie eines Paranoikers, der seit vielen Jahren interniert war. Der Patient hatte seit seiner Jugend an unheilbarer Schizophrenie gelitten. Er hatte die Volksschulen besucht und war als Angestellter in einem Büro tätig gewesen. Er war mit keinerlei besonderen Gaben ausgestattet, und ich selbst wusste damals nichts von Mythologie oder Archäologie; so war die Situation in keiner Weise verdächtig. Eines Tages traf ich ihn an, wie er am Fenster stand, seinen Kopf hin und her bewegte und in die Sonne blinzelte. Er bat mich, dasselbe zu tun, und versprach mir, ich würde dann

[62] Symbole der Wandlung, GW 5, §§ 149 ff. und § 223, und Die Struktur der Seele, GW 8, § 317.

etwas sehr Interessantes sehen. Als ich ihn fragte, was er sähe, war er überrascht, dass ich selbst nichts sehen konnte, und sagte: »Sie sehen doch den Sonnenpenis – wenn ich meinen Kopf hin und her bewege, so bewegt er sich ebenfalls, und das ist der Ursprung des Windes.« Natürlich begriff ich die sonderbare Idee ganz und gar nicht, aber ich hielt sie in einer Notiz fest. Ungefähr vier Jahre später, während meiner mythologischen Studien, entdeckte ich ein Buch von Albrecht Dieterich, dem bekannten Philologen, welches Licht auf jene Phantasie warf. Dieses Werk, 1910 veröffentlicht, behandelt einen griechischen Papyrus der Bibliothèque Nationale in Paris. Dieterich glaubte in einem Teil des Textes eine Mithrasliturgie entdeckt zu haben. Der Text ist zweifellos eine religiöse Anweisung für die Durchführung bestimmter Anrufungen, in denen Mithras genannt wird. Er stammt aus der alexandrinischen Mystikerschule und stimmt in der Bedeutung mit dem ›Corpus Hermeticum‹ überein. In Dieterichs Text lesen wir die folgenden Weisungen:

»Hole von den Strahlen Atem, dreimal einziehend, so stark du kannst, und du wirst dich sehen aufgehoben und hinüberschreitend zur Höhe, so daß du glaubst mitten in der Luftregion zu sein … der Weg der sichtbaren Götter wird durch die Sonne erscheinen, den Gott, meinen Vater; ähnlicher Weise wird sichtbar sein auch die sogenannte Röhre, der Ursprung des diensttuenden Windes. Denn du wirst von der Sonnenscheibe wie eine herabhängende Röhre sehen: und zwar nach den Gegenden gen Westen unendlich als Ostwind; wenn die Bestimmung nach den Gegenden des Ostens der andere hat, so wirst du in ähnlicher Weise nach den Gegenden jenes die Umdrehung (Fortbewegung) des Gesichts sehen.«[63]

Der Text zeigt die Absicht des Autors, den Leser selbst in die Lage zu versetzen, diese Vision zu erleben, die der Verfasser gehabt hat oder

[63] Dieterich: Eine Mithrasliturgie, 1910, S. 6 f. (Wie Jung später erfuhr, handelt es sich bei der Ausgabe von 1910 eigentlich um die zweite Auflage. Das Buch ist 1903 erschienen. Der Patient war indessen einige Jahre vor 1903 hospitalisiert worden.)

an die er zum mindesten glaubt. Der Leser soll in die innere Erfahrung des Autors eingeführt werden oder – was wahrscheinlicher ist – in eine jener damals bestehenden mystischen Gemeinschaften, von denen Philo Iudaeus als Zeitgenosse Zeugnis gibt. Denn der hier angerufene Feuer- und Sonnengott ist eine Figur, für die historische Parallelen nachgewiesen werden können, beispielsweise in engem Zusammenhang mit der Christusgestalt der *Offenbarung*. Es handelt sich daher um eine kollektive Vorstellung, wie es die beschriebenen rituellen Handlungen sind, so etwa die Nachahmung von Tierstimmen und so weiter. Diese Vision ist somit in einen religiösen Zusammenhang von eindeutig ekstatischer Natur gebettet und beschreibt eine Art Initiation in die mystische Erfahrung der Gottheit.

Unser Patient war ungefähr zehn Jahre älter als ich. Er war größenwahnsinnig, nämlich Gott und Christus in einem. Seine Einstellung mir gegenüber war wohlwollend – er mochte mich gern, als die einzige Person, die seinen abstrusen Vorstellungen überhaupt Interesse entgegenbrachte. Seine Wahnideen waren vorwiegend religiöser Natur, und als er mich aufforderte, in die Sonne zu blinzeln wie er und meinen Kopf hin und her zu wiegen, hatte er offenbar die Absicht, mich an seiner Vision teilnehmen zu lassen. Er spielte die Rolle des mystischen Weisen, und ich war sein Schüler. Er war sogar der Sonnengott selbst, indem er durch sein Kopfwackeln den Wind erschuf. Die rituelle Umwandlung in die Gottheit ist durch Apuleius in den Isismysterien bezeugt, und zwar in der Form einer Sonnenapotheose. Die Bedeutung des diensttuenden Windes ist aller Wahrscheinlichkeit nach die des zeugenden Geistes (pneuma ist Wind), der vom Sonnengott in die Seele strömt und sie befruchtet. Die Verbindung von Sonne und Wind kommt in der antiken Symbolik häufig vor.

Jetzt muss der Beweis erbracht werden, dass es sich bei den zwei einzelnen Fällen nicht um eine bloß zufällige Übereinstimmung handelt. Wir müssen daher zeigen, dass die Vorstellung einer Windröhre in Verbindung mit Gott oder der Sonne ein kollektives Dasein unabhängig von diesen beiden Aussagen hat oder, um es anders auszudrücken, dass sie auch zu anderen Zeiten und an anderen Orten vorkommt. Gewisse mittelalterliche Gemälde stellen die Verkündigung mit einer röhrenartigen Vorrichtung dar, die vom Throne Gottes zum Leib der Maria reicht. Entweder die Taube oder das Christuskind lassen sich darin herab. Die Taube bedeutet den Befruchter, den Heiligen Geist-Wind.

Es fällt nun völlig außer Betracht, dass der Patient irgendwelche Kenntnis von einem Papyrus gehabt haben könnte, der vier Jahre später veröffentlicht wurde, und es ist im höchsten Grade unwahrscheinlich, dass seine Vision irgendetwas mit der seltsamen mittelalterlichen Darstellung der Verkündigung zu tun haben möchte, selbst wenn er durch irgendeinen unvorstellbaren Zufall eine Reproduktion solch eines Gemäldes je zu Gesicht bekommen haben sollte. Der Patient war zu Beginn seiner Zwanzigerjahre für geisteskrank erklärt worden. Er war nie gereist. In keiner öffentlichen Kunstgalerie seiner Heimatstadt Zürich hängt ein solches Bild.

Ich erwähne diesen Fall nicht, um die Vision eines Archetypus zu beweisen, sondern um Ihnen das Vorgehen der Untersuchung in der denkbar schlichtesten Form vorzuführen. Wenn wir nur solche Fälle hätten, wären unsere Erhebungen relativ einfach, aber das Vorlegen von Beweismaterial ist in Wirklichkeit komplizierter. Zunächst müssen gewisse Symbole eindeutig genug isoliert werden, um als typische Phänomene, und nicht bloß als zufällige Angelegenheiten, erkennbar zu sein. Dies geschieht durch Untersuchung einer Reihe von Träumen, sagen wir von ein paar hundert, auf typische Figuren hin sowie durch Beobachten ihrer Entwicklung innerhalb der Serie. Durch diese Methode ist es möglich, gewisse Kontinuitäten und Abweichungen bei einer und derselben Gestalt festzustellen. Man kann jede beliebige Figur auswählen, die durch ihr Verhalten im Traum oder in Träumen den Eindruck erweckt, ein Archetypus zu sein. Wenn das Material, das einem zur Verfügung steht, gut beobachtet worden und reichhaltig genug ist, lassen sich interessante Tatsachen über die Veränderung, die der Typus erfahren hat, ermitteln. Nicht nur der Typus selbst, sondern auch seine Varianten können durch Belege aus vergleichbarem mythologischem Material verdeutlicht werden. Ich habe diese Untersuchungsmethode in einer 1935 veröffentlichten Arbeit[64] beschrieben und habe darin auch das nötige Fallmaterial vorgelegt.

[64] Grundsätzliches zur praktischen Psychotherapie, GW 16; vgl. auch Psychologie und Alchemie, 2. Teil, GW 12.

ÜBER DEN ARCHETYPUS MIT BESONDERER BERÜCKSICHTIGUNG DES ANIMABEGRIFFES (1936)

Obwohl das Gegenwartsbewusstsein schon vergessen zu haben scheint, dass es einmal eine Psychologie gab, welche nicht empirisch war, so ist doch die allgemeine Grundhaltung immer noch ähnlich jener früheren, welche Psychologie mit einer Theorie über das Psychische identisch setzte. Es bedurfte in der akademischen Welt schon jener drastischen, von Fechner[65] und Wundt[66] ausgehenden Revolution in der Methodik, um es der wissenschaftlichen Welt klarzumachen, dass Psychologie ein Erfahrungsgebiet ist und nicht eine philosophische Theorie. Dem zunehmenden Materialismus des ausgehenden 19. Jahrhunderts bedeutete es allerdings nichts mehr, dass es einmal eine »Erfahrungsseelenkunde« gegeben hatte,[67] welcher wir heute noch wertvolle Beschreibungen verdanken. Ich erinnere nur an Dr. Justinus Kerners ›Seherin von Prevorst‹ (1846). Der neuaufgekommenen Richtung einer naturwissenschaftlichen Methodik war alle »romantisch« beschreibende Psychologie anathema. Die übertriebene Erwartung dieser experimentellen Laboratoriumswissenschaft spiegelt sich schon in Fechners ›Psychophysik‹. Ihre heutigen Resultate sind die Psychotechnik und eine allgemeine Änderung des wissenschaftlichen Standpunktes zugunsten der Phänomenologie.

Man könnte aber noch nicht behaupten, dass der phänomenologische Gesichtspunkt in allen Köpfen durchgedrungen sei. Die Theorie

[65] Fechner: Elemente der Psychophysik, 1889.

[66] Wundt: Grundzüge der physiologischen Psychologie, 1902/1903.

[67] Z. B. die Sammlung von Dr. G. H. Schubert: Altes und Neues aus dem Gebiet der inneren Seelenkunde, 1825–1844.

spielt überall noch eine viel zu große Rolle, statt dass sie, wie es eigentlich sein sollte, mit in die Phänomenologie einbezogen würde. Selbst Freud, dessen empirische Einstellung außer Zweifel steht, hat seine Theorie als Conditio sine qua non mit der Methode zusammengekoppelt, wie wenn es unerlässlich wäre, dass psychische Phänomene in einem gewissen Licht gesehen werden müssten, um etwas zu sein. Trotzdem war es Freud, der wenigstens im Gebiete der Neurosen der Untersuchung komplexer Phänomene die Bahn freimachte. Das befreite Gebiet erstreckte sich aber nur so weit, als es gewisse physiologische Grundbegriffe erlaubte, so dass fast der Anschein entstand, als ob Psychologie eine Angelegenheit der Triebphysiologie wäre. Der materialistischen Weltanschauung jener Zeit vor bald fünfzig Jahren war diese Beschränkung der Psychologie willkommen, und so ist es, trotz einem geänderten Weltbild, in hohem Maße auch heute noch. Man hat nicht nur den Vorteil eines »abgegrenzten Arbeitsgebietes«, sondern auch einen trefflichen Vorwand, sich um das, was in einer weiteren Welt vorgeht, nicht kümmern zu müssen.

So wurde von der gesamten ärztlichen Psychologie übersehen, dass eine Neurosenpsychologie, wie zum Beispiel die Freud'sche, ohne Kenntnis einer allgemeinen Phänomenologie völlig in der Luft hängt. Ebenso wurde übersehen, dass im Gebiete der Neurosen Pierre Janet[68] schon vor Freud angefangen hatte, eine beschreibende Methodik aufzubauen, und zwar ohne diese mit allzu viel theoretischer und weltanschaulicher Voraussetzung zu belasten. Über das streng ärztliche Gebiet hinaus griff die biographische Beschreibung der seelischen Erscheinung, vertreten durch das Hauptwerk des Genfer Philosophen Théodore Flournoy, nämlich seine Darstellung der Psychologie einer außergewöhnlichen Persönlichkeit.[69] Diesem folgte, als erster umfassender Ver-

[68] Janet: L'Automatisme psychologique, 1889; ders.: L'Etat mental des hystériques, 1893; ders.: Névroses et idées fixes, 1898.

[69] Flournoy: Des Indes à la planète Mars, 1900, und ders.: Nouvelles observations sur un cas de somnambulisme avec glossolalie, 1902.

such, das Hauptwerk William James', ›Varieties of Religious Experience‹ (1902). Ich verdanke es hauptsächlich diesen beiden Forschern, dass ich das Wesen der psychischen Störung im Rahmen des Ganzen der menschlichen Seele begreifen lernte. Ich habe selber mehrere Jahre lang experimentelle Arbeit geleistet; durch meine intensive Beschäftigung mit Neurosen und Psychosen musste ich aber einsehen, dass – so wünschenswert quantitative Bestimmung ist – es ohne die qualitativ beschreibende Methode nicht geht. Die medizinische Psychologie hat erkannt, dass die entscheidenden Tatbestände außerordentlich kompliziert sind und nur durch kasuistische Beschreibung erfasst werden können. Diese Methode aber setzt Freiheit von theoretischer Voreingenommenheit voraus. Jede Naturwissenschaft ist da, wo sie nicht mehr experimentell vorgehen kann, beschreibend, ohne damit aufzuhören, wissenschaftlich zu sein. Eine Erfahrungswissenschaft aber macht sich selbst unmöglich, wenn sie ihr Arbeitsgebiet nach theoretischen Begriffen absteckt. Die Seele kommt nicht da zum Ende, wo die Reichweite einer physiologischen oder sonstigen Voraussetzung aufhört, das heißt wir haben in jedem einzelnen Falle, den wir wissenschaftlich betrachten, die Gesamterscheinung der Seele in Erwägung zu ziehen.

Diese Überlegungen sind unerlässlich in der Erörterung eines empirischen Begriffes wie desjenigen der »Anima«. Entgegen dem oft geäußerten Vorurteil, dass es sich dabei um eine theoretische Erfindung, oder – schlimmer noch – um reine Mythologie handle, muss ich hervorheben, dass der Begriff der »Anima« ein reiner Erfahrungsbegriff ist, der nicht mehr bezweckt, als einer Gruppe von verwandten oder analogen Erscheinungen einen Namen zu geben. Der Begriff leistet nicht mehr und bedeutet auch nicht mehr, als zum Beispiel der Begriff »Arthropoden«, der alle Gliederfüßler in sich begreift und damit dieser phänomenologischen Gruppe einen Namen gibt. Die erwähnten Vorurteile stammen, so bedauerlich dies auch ist, aus der Unwissenheit. Die Kritiker kennen die in Frage stehenden Phänomene nicht, denn diese liegen zum größten Teil außerhalb der Grenzpfähle eines bloß medizinischen

Wissens in einem Gebiet allgemeinmenschlicher Erfahrung. Die Seele aber, mit der es der Arzt zu tun hat, kümmert sich nicht um die Beschränktheit seines Wissens, sondern offenbart ihre Lebensäußerungen und reagiert auf Einflüsse aus allen Gebieten menschlicher Erfahrung. Ihr Wesen zeigt sich nicht bloß im Persönlichen oder in Instinkten oder im Sozialen, sondern im Phänomen der Welt überhaupt, das heißt wenn wir »Seele« verstehen wollen, so müssen wir die Welt einbeziehen. Man kann zwar nicht nur, sondern muss sogar aus praktischen Gründen Arbeitsgebiete abstecken, aber dies kann nur geschehen mit der bewussten Voraussetzung der Beschränkung. Je komplexer aber die Erscheinungen sind, mit denen die praktische Behandlung sich auseinandersetzen muss, desto weiter müssen die Voraussetzung und die entsprechende Kenntnis sein.

Jemand also, der die universale Ausbreitung und Bedeutung des *Syzygienmotivs* (Paarungsmotiv) in der Psychologie der Primitiven,[70] der Mythologie, der vergleichenden Religionswissenschaft und der Literaturgeschichte nicht kennt, der kann in der Angelegenheit des Animabegriffes schwerlich mitreden. Sein Wissen um Neurosenpsychologie könnte ihm zwar eine gewisse Kenntnis desselben vermitteln, aber es ist erst das Wissen um dessen allgemeine Phänomenologie, welches ihm die Augen für die eigentliche Bedeutung dessen öffnen könnte, was ihm im individuellen Fall und oft in pathologischer Verzerrung entgegentritt.

Obschon das allgemeine Vorurteil noch immer glaubt, dass die allein wesentliche Grundlage unserer Erkenntnis ausschließlich von außen gegeben sei, und dass »nihil esse in intellectu, quod non antea fuerit in sensu«,[71] so ist es doch wahr, dass die durchaus ansehnliche Atomtheorie der alten Leukippos und Demokritos keineswegs auf der Beobachtung von Atomzertrümmerungen beruhte, sondern auf einer »mythologi-

[70] Ich hebe insbesondere den Schamanismus hervor mit seiner Vorstellung der »épouse céleste«. Vgl. Eliade: Le Chamanisme, 1951, S. 80 ff.

[71] »... nichts im Intellekt sei, was nicht zuvor in den Sinnen gewesen wäre.«

schen« Vorstellung kleinster Teilchen, die als Seelenatome, als belebte kleinste Teilchen, schon den noch paläolithischen Zentralaustraliern bekannt sind.[72] Wie viel Gegebenheit der Seele in das Unbekannte der äußeren Erscheinung projiziert wird, das ist jedem Kenner der alten Naturwissenschaft und Naturphilosophie bekannt. Es ist in der Tat so viel, dass wir überhaupt nicht imstande sind, jemals anzugeben, wie die Welt an sich überhaupt beschaffen ist, da wir ja gezwungen sind, das physische Geschehen in einen psychischen Prozess umzusetzen, wenn wir überhaupt von Erkenntnis reden wollen. Wer garantiert aber, dass bei dieser Umsetzung ein irgendwie zulängliches »objektives« Weltbild herauskomme? Es müsste denn sein, dass das physische Geschehen ebenfalls ein psychisches sei. Von dieser Feststellung scheint uns aber noch eine große Distanz zu trennen. Bis dahin muss man sich wohl oder übel mit der Annahme begnügen, dass die Seele jene Bilder und Formen liefert, welche die Erkenntnis des Objektes überhaupt erst ermöglichen.

Man nimmt von diesen Formen allgemein an, dass sie durch Tradition übermittelt seien, dass wir mithin heute noch immer von »Atomen« reden, weil wir direkt oder indirekt von Demokrits Atomlehre gehört hätten. Wo hat aber Demokrit, oder wer immer zuerst von kleinsten konstitutiven Elementen sprach, von Atomen gehört? Diese Idee hat ihren Anfang genommen in sogenannten archetypischen Vorstellungen, das heißt in Urbildern, welche nie Abbildungen physikalischer Ereignisse, sondern Eigenprodukte des seelischen Faktors sind. Trotz der materialistischen Tendenz, die »Seele« wesentlich als einen bloßen Abklatsch physikalischer und chemischer Vorgänge zu begreifen, liegt doch nicht ein einziger Beweis für diese Hypothese vor. Ganz im Gegenteil sogar beweisen unzählige Tatsachen, dass die Seele den physikalischen Vorgang in Bilderfolgen übersetzt, die häufig mit dem objektiven Vorgang einen kaum noch erkennbaren Zusammenhang haben. Die materialisti-

[72] Spencer/Gillen: The Northern Tribes of Central Australia, 1904, S. 331; ebenso Crawley: The Idea of the Soul, 1909, S. 87 f.

sche Hypothese ist allzu kühn und greift über das Erfahrbare mit »metaphysischer« Anmaßlichkeit hinaus. Was wir beim gegenwärtigen Standpunkt unseres Wissens mit Sicherheit feststellen können, ist unsere Unwissenheit um das Wesen des Seelischen. Es besteht daher gar kein Anlass, die Psyche als etwas Sekundäres oder als ein Epiphänomen zu betrachten, sondern es gibt genügend Gründe dafür, sie – wenigstens hypothetisch – als einen factor sui generis aufzufassen, und zwar so lange, bis es hinlänglich erwiesen ist, dass der seelische Prozess auch in der Retorte fabriziert werden kann. Man hat den Anspruch der Alchemie, einen lapis philosophorum, der aus corpus et anima et spiritus besteht, als unmöglich verlacht; infolgedessen soll auch die logische Konsequenz der mittelalterlichen Voraussetzung, nämlich das materialistische Präjudiz hinsichtlich der Seele, nicht weitergeschleppt werden, wie wenn dessen Prämisse eine bewiesene Tatsache wäre.

Es wird so bald nicht gelingen, komplexe seelische Tatbestände auf eine chemische Formel zu bringen; der seelische Faktor muss daher ex hypothesi vorderhand als eine autonome Wirklichkeit rätselhaften Charakters gelten, und zwar darum in erster Linie, weil er aller tatsächlichen Erfahrung nach als von physico-chemischen Vorgängen *wesensverschieden* erscheint. Wenn wir letztlich schon nicht wissen, was seine Substanzialität ist, so gilt dies aber auch vom physischen Gegenstande, nämlich der Materie. Wenn wir daher das Seelische als selbständigen Faktor betrachten, so ergibt sich daraus die Folgerung, dass es seelische Existenz gibt, welche der Willkür bewusster Erfindung und Handhabung entzogen ist. Wenn also jener Charakter von Flüchtigkeit, Oberflächlichkeit, Schattenhaftigkeit, ja von Futilität irgendeinem Seelischen anhaftet, so gilt dies zu allermeist vom Subjektiv-Psychischen, nämlich von den Bewusstseinsinhalten, nicht aber vom Objektiv-Psychischen, dem Unbewussten, welches eine a priori bestehende Bedingung des Bewusstseins und seiner Inhalte darstellt. Vom Unbewussten gehen determinierende Wirkungen aus, welche, unabhängig von Übermittlung, in jedem einzelnen Individuum Ähnlichkeit, ja sogar Gleichheit der Erfahrung sowohl wie der imaginativen Gestaltung gewährleisten. Einer der Hauptbeweise hierfür ist der sozusagen universale Parallelismus mythologischer Motive, die ich wegen ihrer urbildlichen Natur *Archetypen* genannt habe.

Einen dieser Archetypen, der von besonderer praktischer Bedeutung für den Psychotherapeuten ist, habe ich als Anima bezeichnet. Mit diesem lateinischen Ausdruck soll etwas gekennzeichnet sein, das man mit keinem christlich-dogmatischen und auch mit keinem der bisherigen philosophischen Seelenbegriffe verwechseln möge. Wenn man sich vom Wesen dessen, was dieser Begriff formuliert, schon eine halbwegs konkrete Vorstellung machen will, so greife man besser auf einen antiken Schriftsteller, wie Macrobius,[73] oder auf die klassisch-chinesische Philosophie[74] zurück, wo anima (chinesisch po und gui) als ein weiblicher und chthonischer Seelenteil aufgefasst ist. Ein solcher Rückgriff ist allerdings stets mit der Gefahr des metaphysischen Konkretismus verknüpft, den ich zwar tunlichst zu vermeiden suche, dem aber jeder Versuch einer anschaulichen Darstellung bis zu einem gewissen Grade verfallen muss. Es handelt sich eben nicht um einen abstrakten, sondern um einen Erfahrungsbegriff, dem die Gestalt, in der er erscheint, notwendigerweise anhaftet, und den man auch gar nicht anders beschreiben könnte als eben durch dessen spezifische Phänomenologie.

Unbekümmert um zeitbedingtes, weltanschauliches Dafür und Dawider muss eine wissenschaftliche Psychologie jene transzendentalen Anschauungen, die dem menschlichen Geist zu allen Zeiten entsprangen, als Projektionen auffassen, das heißt als psychische Inhalte, die in einen metaphysischen Raum hinausgesetzt und hypostasiert wurden.[75] Die Anima begegnet uns historisch vor allem in den göttlichen Syzygien,[76]

[73] Macrobius: In somnium Scipionis, 1556.

[74] Wilhelm und Jung: Das Geheimnis der Goldenen Blüte, 1929, S. 49 ff.; vgl. auch: Lehrbuch der Religionsgeschichte, 1925, 1. Bd., S. 193 ff.

[75] Dieser Standpunkt beruht auf Kants Erkenntniskritik und hat mit Materialismus nichts zu tun.

[76] Syzygos: gepaart, vereinigt; syzygia: coniugatio.

den mannweiblichen Götterpaaren. Diese reichen einerseits in die Dunkelheiten primitiver Mythologie hinunter,[77] andererseits hinauf in die philosophischen Spekulationen des Gnostizismus[78] und der klassischen chinesischen Philosophie, wo das kosmogonische Begriffspaar als yang (männlich) und als yin (weiblich) bezeichnet ist.[79] Man kann von diesen Syzygien ruhig behaupten, dass sie ebenso universal seien wie das Vorkommen von Mann und Frau. Aus dieser Tatsache ergibt sich zwanglos der Schluss, dass die Imagination durch dieses Motiv gebunden sei, so dass sie an allen Orten und zu allen Zeiten in hohem Maße veranlasst ist, immer wieder dasselbe zu projizieren.[80]

Die Projektion ist nun, wie wir aus der ärztlichen Erfahrung wissen, ein unbewusster, automatischer Vorgang, durch welchen sich ein dem Subjekt unbewusster Inhalt auf ein Objekt überträgt, wodurch dieser erscheint, als ob er dem Objekt zugehöre. Die Projektion hört dagegen in dem Augenblick auf, in welchem sie bewusst wird, das heißt wenn der Inhalt als dem Subjekt zugehörig gesehen wird.[81] Der polytheistische Götterhimmel der Antike hat darum seine Entkräftung nicht zum geringsten Teil jener erstmals durch Euhemeros[82] veranlassten Ansicht zu verdanken, dass dessen Gestalten nur Spiegelungen menschlicher Charaktere seien. Es ist ja ein Leichtes, darzutun, dass das Götterpaar nichts sei als das idealisierte Elternpaar oder sonst ein menschliches (Liebes-)Paar, das aus irgendeinem Grunde am Himmel erschien. Diese Annahme wäre äußerst einfach, wenn die Projektion kein unbewusster Vorgang, sondern eine bewusste Absicht wäre. Man kann im Allgemei-

77 Winthuis: Das Zweigeschlechterwesen bei den Zentralaustraliern und anderen Völkern, 1928.

78 Besonders im System der Valentinianer. Vgl. Irenaeus: Irenaei episcopi ..., 1702.

79 I Ging, hrsg. von R. Wilhelm, 1924.

80 Instruktive Beispiele liefert in Fülle die sogenannte hermetisch-alchemistische Philosophie vom 14. bis 17. Jh. Einen relativ genügenden Einblick ermöglicht Michael Maier: Symbola aureae mensae, 1617.

81 Es gibt allerdings Fälle, wo trotz scheinbar genügender Einsicht die Rückwirkung der Projektion auf das Subjekt nicht aufhört, d. h. die erwartete Befreiung nicht eintritt. In diesem Fall sind, wie ich öfters gesehen habe, noch bedeutungsvolle, aber unbewusste Inhalte mit dem Projektionsträger verbunden. Diese sind es, welche die Wirksamkeit der anscheinend eingesehenen Projektion unterhalten.

82 Lebte um 300 v. Chr.; vgl. Block: Euhémère. Son livre et sa doctrine, 1876.

nen voraussetzen, dass die eigenen Eltern die allerbekanntesten, das heißt die dem Subjekt am meisten bewussten Individuen wären. Aber eben gerade aus diesem Grunde könnten sie nicht projiziert werden, denn die Projektion betrifft einen dem Subjekt unbewussten, das heißt ihm anscheinend nicht zugehörigen Inhalt. Das Bild der Eltern ist also ausgerechnet dasjenige, das am wenigsten projiziert werden könnte, weil es zu bewusst ist.

In Wirklichkeit werden nun aber gerade die Elternimagines, wie es scheint, am allerhäufigsten projiziert, welche Tatsache so einleuchtend ist, dass man daraus beinahe den Schluss ziehen könnte, es seien geradezu bewusste Inhalte, welche sich projizieren. Man sieht dies wohl am deutlichsten in Übertragungsfällen, wo der Patient sich völlig klar darüber ist, die Vaterimago (oder selbst die der Mutter) auf den Arzt zu projizieren und sogar die damit verbundenen Inzestphantasien in weitestem Umfang einsieht, ohne deshalb von der Rückwirkung seiner Projektion, von dem Übertragungseffekt, befreit zu sein, das heißt er benimmt sich so, wie wenn er seine Projektion überhaupt nicht eingesehen hätte. Die Erfahrung zeigt aber, dass nie bewusst projiziert wird, sondern Projektionen finden sich immer vor und werden erst nachträglich erkannt. Man muss daher annehmen, dass über die Inzestphantasie hinaus noch hochemotionale Inhalte mit den Elternimagines verknüpft sind, welche eine entsprechende Bewusstmachung erheischen. Sie sind offenbar noch schwerer bewusstzumachen als die Inzestphantasien, von denen angenommen wird, dass sie durch einen heftigen Widerstand verdrängt und deshalb unbewusst seien. Wenn wir annehmen, dass diese Ansicht richtig ist, so sind wir zum Schlusse gezwungen, dass es über die Inzestphantasie hinaus Inhalte gibt, die durch einen noch größeren Widerstand verdrängt sind. Da man sich nun nicht leicht etwas Anstößigeres als den Inzest vorstellen kann, so ist man in einiger Verlegenheit, wenn man diese Frage beantworten möchte.

Lassen wir der praktischen Erfahrung das Wort, so sagt sie uns, dass neben der Inzestphantasie auch religiöse Vorstellungen mit den Elternimagines assoziiert sind. Ich brauche hiefür keine historischen Beweise anzuführen. Sie sind allbekannt. Wie steht es aber mit der Anstößigkeit religiöser Assoziationen?

Es hat einmal jemand bemerkt, dass es in der durchschnittlichen Gesellschaft nach Tisch peinlicher sei, von Gott zu reden, als einen etwas riskierten Witz zu erzählen. Es ist in der Tat für viele erträglicher, sexuelle Phantasien zuzugeben, als gestehen zu müssen, dass ihr Arzt der Heiland sei, denn der erste Fall ist schließlich biologisch legal, der zweite aber definitiv pathologisch, und davor hat man größte Scheu. Es scheint mir aber, dass man zu viel aus dem »Widerstand« macht. Man kann nämlich die in Frage stehenden Phänomene ebenso gut mit einem Mangel an Einbildungskraft und Nachdenklichkeit, welcher dem Patienten den Bewusstwerdungsakt so schwerfallen lässt, erklären. Er hat vielleicht gar keinen besonderen Widerstand gegen religiöse Vorstellungen, nur kommt er nicht auf den Gedanken, dass er seinen Arzt ernstlich als seinen Gott oder Heiland betrachten könnte. Schon seine bloße Vernunft schützt ihn vor dergleichen Illusionen. Aber er zögert weniger mit der Annahme, dass der Arzt sich solches einbilde. Wenn man selber ein Dogmatiker ist, so fällt es einem bekanntlich leicht, den anderen für einen Propheten und Religionsstifter zu halten.

Religiöse Vorstellungen sind nun, wie die Geschichte ausweist, von höchster suggestiver und emotionaler Kraft. Ich rechne dazu selbstverständlich alle »représentations collectives«: das, was die Religionsgeschichte berichtet, sowohl wie alles, was sich auf -is- mus reimt. Dieses ist nur eine moderne Abart der historischen Konfessionen. Es kann einer in guten Treuen der Überzeugung sein, dass er keine religiösen Ideen habe. Aber niemand kann dermaßen aus der Menschheit herausfallen, dass er keine dominierende représentation collective mehr hätte. Gerade sein Materialismus, Atheismus, Kommunismus, Sozialismus, Liberalismus, Intellektualismus, Existenzialismus und so weiter zeugt gegen seine Harmlosigkeit. Er ist irgendwo, so oder so, laut oder leise, von einer übergeordneten Idee besessen.

Die Psychologie weiß, wie viel religiöse Ideen mit den Elternimagines zu tun haben. Dafür hat die Geschichte überwältigende Zeugnisse aufbewahrt, ganz abgesehen von den modernen ärztlichen Befunden, welche sogar den Gedanken nahegelegt haben, die Beziehung zu den Eltern als die eigentliche Ursache für die Entstehung religiöser Ideen überhaupt anzusehen. Diese Hypothese beruht allerdings auf geringer Sachkenntnis. Man darf erstens einmal die moderne Familienpsychologie nicht ohne weiteres auf primitive Verhältnisse, wo die Dinge so ganz anders liegen, übersetzen; zweitens muss man sich hüten vor unbedachten Urvater- und Urhordenphantasien, und drittens und vor allen Dingen muss man die Phänomenologie der religiösen Erlebnisse, die eine Angelegenheit sui generis ist, aufs genaueste kennen. Bisherige psychologische Versuche auf dieser Linie erfüllen keine der drei Bedingungen.

Wir wissen aus der psychologischen Erfahrung positiv nur, dass mit den Elternimagines theistische Vorstellungen assoziiert sind, und zwar (bei unserem Patientenmaterial) meist unbewusst. Wenn sich entsprechende Projektionen durch Einsicht nicht rückgängig machen lassen, so haben wir allen Anlass, an das Vorhandensein emotionaler Inhalte religiöser Natur zu denken, unbekümmert um den rationalistischen Widerstand des Patienten.

Soweit wir überhaupt Kunde vom Menschen haben, wissen wir, dass er immer und überall unter dem Einfluss dominierender Vorstellungen steht. Wer dies angeblich nicht tut, ist ohne weiteres darauf verdächtig, dass er eine zu erwartende bekannte Glaubensform mit einer ihm und den anderen unbekannteren Variante vertauscht hat. Anstatt dem Theismus huldigt er dem Atheismus, an Stelle des Dionysos zieht er den moderneren Mithras vor, und statt im Himmel sucht er das Paradies auf Erden.

Ein Mensch ohne dominierende représentation collective wäre eine durchaus abnorme Erscheinung. Eine solche kommt aber nur in der Phantasie einzelner Individuen vor, welche sich über sich selbst täuschen. Sie irren nicht nur in Bezug auf das Vorhandensein religiöser

Ideen, sondern auch, und dies in besonderem Maße, in Bezug auf deren Intensität. Der Archetypus der religiösen Vorstellungen hat, wie jeder Instinkt, seine spezifische Energie, die er nicht verliert, auch wenn das Bewusstsein sie ignoriert. Wie man mit größter Wahrscheinlichkeit annehmen kann, dass jeder Mensch alle durchschnittlichen menschlichen Funktionen und Qualitäten besitzt, so darf man auch das Vorhandensein der normalen religiösen Faktoren beziehungsweise Archetypen erwarten, und diese Erwartung trügt nicht, wie leicht ersichtlich. Wem es gelingt, eine Glaubenshülle abzulegen, der kann es nur tun vermöge des Umstandes, dass ihm eine andere zur Hand liegt – »plus ça change, plus ça reste la même chose!«[83] Dem Präjudiz des Menschseins entgeht keiner.

Die représentations collectives haben dominierende Kraft, kein Wunder daher, wenn sie mit intensivstem Widerstand unterdrückt werden. Im Zustande ihres Verdrängtseins verbergen sie sich nun nicht hinter irgendeiner Unscheinbarkeit, sondern hinter jenen Vorstellungen und Gestalten, die aus anderen Gründen bereits problematisch sind, und erhöhen und komplizieren deren Fragwürdigkeit. Alles, was man zum Beispiel infantilerweise den Eltern zutraut oder zuschreiben möchte, wird durch diesen heimlichen Zuschuss ins Phantastische übertrieben, und darum bleibt es eine offene Frage, wie viel von der berüchtigten Inzestphantasie ernst zu nehmen ist. Hinter dem Eltern- oder Liebespaar liegen Inhalte höchster Spannung, die im Bewusstsein nicht apperzipiert werden und daher nur durch Projektion sich bemerkbar machen können. Dass solche Projektionen eigentliche Vorkommnisse und nicht bloß traditionelle Meinungen sind, ist durch historische Dokumente erwiesen. Diese zeigen nämlich, dass solche Syzygien ganz im Gegensatz zur traditionellen Glaubenseinstellung projiziert werden, und zwar in visionärer, erlebnismäßiger Form.[84]

[83] »Je mehr es sich ändert, desto mehr bleibt es sich gleich.«

[84] Daneben ist selbstverständlich nicht zu übersehen, dass es eine vermutlich weit größere Anzahl von Visionen gibt, die dem Dogma entsprechen. Es sind dies jedoch keine spontanen und autonomen

Einer der instruktivsten Fälle in dieser Hinsicht ist derjenige des kürzlich kanonisierten Niklaus von Flüe, eines schweizerischen Mystikers des 15. Jahrhunderts, von dessen Visionen wir zeitgenössische Berichte haben.[85] In den Visionen, welche seine Initiation zur Gotteskindschaft zum Gegenstand haben, erscheint die Gottheit doppelt, nämlich das eine Mal als königlicher *Vater*, das andere Mal als königliche *Mutter*. Diese Darstellung ist so unorthodox wie möglich, indem die Kirche damals schon seit tausend Jahren das weibliche Element als häretisch aus der Trinität ausgeschieden hatte. Bruder Klaus war ein einfacher analphabetischer Bauer, der gewiss keine andere als die approbierte Kirchenlehre empfangen hatte und auf alle Fälle mit der gnostischen Deutung des heiligen Geistes als weiblicher und mütterlicher Sophia[86] unbekannt war. Die sogenannte Dreifaltigkeitsvision dieses Mystikers ist zugleich ein deutliches Beispiel für die Intensität des projizierten Inhaltes. Die psychologische Situation des Niklaus ist für eine derartige Projektion durchaus geeignet, denn seine bewusste Vorstellung stimmt mit dem unbewussten Inhalt so wenig überein, dass dieser in der Form eines fremdartigen Erlebnisses in Erscheinung tritt. Man muss aus dieser Tatsache den Schluss ziehen, dass es keineswegs die traditionelle Gottesvorstellung, sondern ganz im Gegenteil ein »häretisches« Bild[87] war, das sich visionär verdeutlichte, das heißt eine Deutung archetypischer Natur, die ohne Übermittlung spontan wieder erwachte. Es ist der Archetypus des Götterpaares, der Syzygie.

Einem ganz ähnlichen Fall begegnen wir in den Visionen des ›Pèleri-

Projektionen im strengen Sinne, sondern *Visualisierungen bewusster Inhalte*, hervorgerufen durch Andacht, Auto- und Heterosuggestion. In dieser Richtung wirken besonders die Exerzitien wie auch die vorgeschriebenen Meditationspraktiken des Ostens. Bei einer genaueren Untersuchung solcher Visionen müsste unter anderem auch festgestellt werden, was die eigentliche Vision war und wie viel die Verarbeitung im dogmatischen Sinne zur Gestaltung der Vision beigetragen hat.

85 Stöckli: Die Visionen des seligen Bruders Klaus, 1933; und Blanke: Bruder Klaus von der Flüe, 1948.

86 Die eigenartige Liebesgeschichte dieses jüngsten Äons ist bei Irenaeus: Irenaei episcopi ..., 1702, Bd. 1; 2, 2 ff. zu finden.

87 Jung: Bruder Klaus, GW 11.

nage de l'Âme‹ des Guillaume de Digulleville.[88] Er sieht Gott im höchsten Himmel als König auf einem strahlenden, runden Thron; neben ihm sitzt die Himmelskönigin auf einem ähnlichen Thron aus braunem Kristall. Für einen Mönch des Zisterzienserordens – welcher sich bekanntlich durch besondere Strenge auszeichnete – ist diese Vision reichlich häretisch. Die Bedingung für die Projektion ist also wiederum erfüllt.

Eine eindrucksvolle Schilderung des Erlebnischarakters der Syzygienvision findet sich in dem Werk von Edward Maitland, das die Biographie von Anna Kingsford darstellt. Maitland beschreibt dort ausführlich sein Gotteserlebnis, das in einer Lichtvision, ganz ähnlich derjenigen des Bruders Klaus, bestand. Er sagt wörtlich: »Es war … Gott als der Herr, der durch Seine Dualität beweist, daß Gott Substanz ist sowohl als auch Kraft, Liebe sowohl als Wille, weiblich sowohl als männlich, Mutter sowohl als Vater.«[89]

Diese wenigen Beispiele mögen genügen, um das Erlebnismäßige und von der Tradition Unabhängige der Projektion zu kennzeichnen. Man kommt wohl nicht um die Hypothese herum, dass im Unbewussten ein emotional gespannter Inhalt bereitliegt und in einem gewissen Moment zur Projektion gelangt. Der Inhalt ist das Syzygienmotiv, welches ausdrückt, dass mit einem Männlichen zugleich auch immer ein entsprechendes Weibliches gegeben sei. Die ungemeine Verbreitung und Emotionalität des Motivs beweisen, dass es sich um eine fundamentale und darum praktisch wichtige Tatsache handelt, unbekümmert darum, ob der einzelne Psychotherapeut oder Psychologe versteht, wo und in welcher Weise dieser seelische Faktor sein spezielles Arbeitsgebiet beein-

[88] Guillaume schrieb drei ›Pèlerinages‹ in der Art der ›Divina Commedia‹, aber unabhängig von Dante, zwischen 1330 und 1350. Er war Prior des Zisterzienserklosters von Châlis in der Normandie. Vgl. Delacotte, Guillaume de Digulleville … Trois romans-poèmes du XIVe siècle, 1906/1915. (Ferner Psychologie und Alchemie, GW 12, §§ 315 ff.)

[89] Maitland: Anna Kingsford: Her Life, Letters, Diary and Work, 1896, S. 130. Maitlands Vision entspricht in Form und Sinn derjenigen im ›Poimandres‹ (Hermetica, 1934–1936, Bd. 1, S. 114 ff.), wo das geistige Licht auch als »mannweiblich« bezeichnet wird. Ich weiß nicht, ob Maitland den ›Poimandres‹ gekannt hat, wahrscheinlich nicht.

flusst. Mikroben spielten bekanntlich ihre gefährliche Rolle längstens, bevor sie entdeckt waren.

Wie oben bemerkt, läge es nahe, in den Syzygien das Elternpaar zu vermuten. Der weibliche Teil, also die Mutter, entspricht der Anima. Da aber aus den oben besprochenen Gründen die Bewusstheit des Gegenstandes dessen Projektion verhindert, so bleibt gar nichts anderes übrig, als anzunehmen, dass die Eltern auch zugleich die allerunbekanntesten aller Menschen sind. Dass also ein unbewusstes Spiegelbild des Elternpaares bestünde, welches diesem unähnlich, ja sogar völlig fremd wäre, ebenso inkommensurabel wie ein Mensch verglichen mit einem Gott. Es wäre denkbar, und es ist bekanntlich auch ausgesprochen worden, dass das unbewusste Spiegelbild nichts anderes sei als jenes in früher Kindheit erworbene, überwertete und infolge der mitgegebenen Inzestphantasie später verdrängte Bild von Vater und Mutter. Diese Auffassung setzt allerdings voraus, dass dieses Bild einmal *bewusst* war, denn sonst könnte es ja gar nicht »verdrängt« werden. Zudem müsste auch noch vorausgesetzt werden, dass der Akt der moralischen Verdrängung selber unbewusst geworden sei, denn sonst bliebe der Verdrängungsakt im Bewusstsein erhalten und damit zum mindesten auch die Erinnerung an die verdrängende moralische Reaktion, aus deren Beschaffenheit dann leicht wieder die Natur des Verdrängten erkannt werden könnte. Ich will mich aber bei diesen Bedenken nicht aufhalten, sondern möchte hervorheben, dass nach allgemeinem Dafürhalten die Elternimago nicht etwa in der Epoche der Vorpubertät oder zu einer anderen Zeit eines mehr oder weniger entwickelten Bewusstseins zustande kommt, sondern vielmehr in den Anfangsstadien des Bewusstseins zwischen dem ersten und vierten Lebensjahre, das heißt zu einer Zeit, wo das Bewusstsein noch keine eigentliche Kontinuität und darum den Charakter von insulärer Diskontinuität aufweist. Die für ein kontinuierliches Bewusstsein unerlässliche Ichbezogenheit ist erst zum Teil vorhanden, daher verläuft ein großer Teil des psychischen Lebens auf jener Stufe in einem Zustand, den man nicht wohl anders denn als relativ unbewusst bezeichnen kann. Jedenfalls würde ein solcher Zustand bei einem Erwachsenen den Eindruck eines somnambulen, eines Traum- oder Dämmerzustandes machen. Diese Zustände aber sind immer, wie wir das ja auch aus der Beobachtung der kleinen Kinder wissen, durch eine phantasieerfüllte Apperzeption der Wirklichkeit gekennzeichnet. Die Phantasiebilder überwiegen den Einfluss der Sinnesreize und gestalten diese im Sinne eines *vorgängigen seelischen Bildes*.

Es ist nun meines Erachtens ein großer Irrtum, anzunehmen, die Seele des neugeborenen Kindes sei tabula rasa in dem Sinne, als ob überhaupt nichts drin sei. Insofern das Kind mit einem differenzierten, durch Heredität prädeterminierten und darum auch individualisierten Gehirn zur Welt kommt, setzt es auch den von außen kommenden Sinnesreizen nicht *irgendwelche* Bereitschaften, sondern *spezifische* gegenüber, was ohne weiteres eine eigentümliche (individuelle) Auswahl und Gestaltung der Apperzeption bedingt. Diese Bereitschaften sind nachweisbar vererbte Instinkte und Präformationen. Letztere sind die auf Instinkte gegründeten, apriorischen und formalen Bedingungen der Apperzeption. Ihr Vorhandensein drückt der Welt des Kindes und des Träumers den anthropomorphen Stempel auf. Sie sind die Archetypen, welche jeder Phantasietätigkeit ihre bestimmten Bahnen anweisen und auf diese Weise in den Phantasiegebilden kindlicher Träume sowohl wie in den Wahngespinsten der Schizophrenie erstaunliche mythologische Parallelen hervorbringen, wie man sie schließlich auch, aber in vermindertem Maße, in den Träumen Normaler und Neurotischer findet. Es handelt sich also nicht um vererbte *Vorstellungen*, sondern um vererbte *Möglichkeiten* von Vorstellungen. Auch sind es keine individuellen Vererbungen, sondern in der Hauptsache allgemeine, wie aus dem universalen Vorkommen der Archetypen ersehen werden kann.[90]

[90] Hubert/Mauss: Mélanges d'histoire des religions, 1909, S. XXIX, nennen diese apriorischen Anschauungsformen »Kategorien«, vermutlich in Anlehnung an Kant: »elles existent d'ordinaire plutôt sous la forme d'habitudes directrices de la conscience, elles-mêmes inconscientes« (sie bestehen für gewöhnlich eher in Form von Gewohnheiten, welche das Bewusstsein lenken, selbst aber unbewusst

Wie aber die Archetypen als Mythen völkergeschichtliches Vorkommen haben, so finden sie sich auch in jedem Individuum und wirken immer dort am stärksten, das heißt anthropomorphisieren die Wirklichkeit am meisten, wo das Bewusstsein am engsten oder schwächsten ist und wo daher die Phantasie die Gegebenheiten der Außenwelt überwuchern kann. Diese Bedingung ist beim Kind in den ersten Lebensjahren zweifellos gegeben. Es ist mir darum wahrscheinlicher, dass jene archetypische Form des Götterpaares das Bild der wirklichen Eltern zunächst überkleidet und assimiliert, bis dann schließlich mit wachsendem Bewusstsein die wirkliche Gestalt der Eltern – nicht selten zur Enttäuschung des Kindes – wahrgenommen wird. Niemand weiß besser als der Psychotherapeut, dass die Mythologisierung der Eltern oft bis weit in das erwachsene Alter fortgesetzt und nur mit größtem Widerstand aufgegeben wird.

Ich erinnere mich eines Falles, der sich mir vorstellte als das Opfer eines hochgradigen Mutter- und Kastrationskomplexes, der immer noch nicht überwunden sei, trotz einer »Psychoanalyse«. Er hatte, ohne mein Zutun, von sich aus einige Zeichnungen angefertigt, welche die Mutter zuerst als übermenschliches Wesen darstellen, dann aber als Jammerfigur mit blutigen Verstümmelungen. Insbesondere fiel auf, dass an der Mutter offenbar eine Kastration vollzogen worden war, denn vor ihrem blutigen Genitale lagen abgeschnittene männliche Schamteile. Die Zeichnungen stellten eine »climax a maiori ad minus«[91] dar: Zuerst war die Mutter ein göttlicher Hermaphroditus, der dann durch die enttäuschende und nicht mehr zu leugnende Erfahrung der Wirklichkeit seiner androgynen, Platonischen Vollkommenheit beraubt und in die Jammergestalt einer gewöhnlichen alten Frau verwandelt wurde. Die Mutter war

sind). Die Autoren nehmen an, dass die Urbilder durch die Sprache gegeben seien. Diese Annahme ist zwar in einzelnen Fällen richtig, im Allgemeinen aber ist sie widerlegt durch die Tatsache, dass durch die Traumpsychologie wie durch die Psychopathologie eine Menge archetypischer Bilder und Zusammenhänge zutage gefördert werden, welche durch historischen Sprachgebrauch nicht einmal mitteilbar wären.

91 »Steigerung vom Größeren zum Geringeren«.

also offenbar von Anfang an, das heißt seit der frühesten Kindheit von der archetypischen Idee der Syzygie oder coniunctio des Mann-Weiblichen assimiliert worden und erschien deshalb als vollkommen und übermenschlich.[92] Diese Eigenschaft haftet dem Archetypus nämlich stets an und bildet auch den Grund, warum er dem Bewusstsein fremd und unzugehörig erscheint, und warum, falls sich das Subjekt mit ihm identifiziert, er eine oft verheerende Persönlichkeitsveränderung bewirkt, meist in Form des Größen- oder Kleinheitswahnes.

Die Enttäuschung hat an der hermaphroditischen Mutter eine Kastration vollzogen: das war der sogenannte Kastrationskomplex des Patienten. Er war vom Kindheitsolymp heruntergefallen und war nicht mehr der Heldensohn einer göttlichen Mutter. Seine »Kastrationsfurcht« war die Furcht vor dem wirklichen Leben, das in keiner Weise der kindlichen Urerwartung entsprach und überall jenes mythologischen Sinnes entbehrte, dessen er sich doch von seiner frühesten Jugend her dunkel erinnerte. Sein Dasein war – in des Wortes eigentlichstem Sinne – »entgöttert«. Und das bedeutete für ihn, obschon er es nicht begriff, eine schwere Einbuße an Lebenshoffnung und Tatkraft. Er kam sich selber »kastriert« vor, was ein begreifliches neurotisches Missverständnis ist, so begreiflich, dass es sogar zur Neurosentheorie werden konnte.

Weil es eine allgemeine Befürchtung ist, dass man im Laufe des Lebens jenen Zusammenhang mit der instinktiven, archetypischen Vorstufe des Bewusstseins verlieren könnte, hat sich seit langem der Brauch eingebürgert, dem Neugeborenen zu seinen leiblichen Eltern noch zwei Taufpaten beizugeben, nämlich einen »godfather« und eine »godmother«, wie sie englisch heißen, einen »Götti« und eine »Gotte« im Schweizerdeutschen, denen hauptsächlich die geistliche Wohlfahrt des Täuflings angelegen sein sollte. Sie stellen das Götterpaar

[92] Entsprechend dem doppelgeschlechtigen Urmenschen Platons, Symposion (Platon: Gastmahl, 1906, Kap. 14) und den hermaphroditischen Urwesen überhaupt.

dar, das zur Geburt erscheint, das Motiv der »doppelten Geburt« anzeigend.[93]

Das Bild der Anima, das der Mutter in den Augen des Sohnes übermenschlichen Glanz verlieh, wird durch die Banalität des Alltags allmählich abgestreift und verfällt damit dem Unbewussten, ohne dadurch irgendwie seine ursprüngliche Spannung und Instinktfülle eingebüßt zu haben. Es ist von da an sozusagen sprungbereit und projiziert sich bei der ersten Gelegenheit, nämlich dann, wenn ein weibliches Wesen einen die Alltäglichkeit durchbrechenden Eindruck macht. Dann geschieht das, was Goethe an Frau von Stein[94] erlebte und was sich in der Gestalt der Mignon und des Gretchens wiederholte. Im letzten Fall hat uns ja Goethe bekanntlich auch noch die ganze dahinterliegende »Metaphysik« verraten. In den Erfahrungen des Liebeslebens des Mannes offenbart sich die Psychologie dieses Archetypus in der Form grenzenloser Faszination, Überschätzung und Verblendung oder in der Form der Miso-

[93] Die »doppelte Geburt« bedeutet jenes aus der Heldenmythologie bekannte Motiv, welches den Helden von göttlichen und menschlichen Eltern abstammen lässt. Das Motiv spielt eine bedeutende Rolle in Mysterien und Religionen als Tauf- oder Wiedergeburtsmotiv. Dieses Motiv hat auch Freud zu einem Missgriff verleitet in seiner Studie ›Eine Kindheitserinnerung des Leonardo da Vinci‹, 1910. Ohne sich darüber Rechenschaft zu geben, dass Leonardo keineswegs der Einzige ist, der das Motiv von St. Anna selbdritt gemalt, macht er den Versuch, Anna und Maria, nämlich Großmutter und Mutter, auf die Mutter und die Stiefmutter des Leonardo zu reduzieren, d. h. das Bild an seine Theorie zu assimilieren. Haben die anderen Maler auch alle Stiefmütter gehabt? Was Freud zu dieser Gewalttätigkeit veranlasst hat, war offenkundig die Phantasie der zweifachen Abstammung, welche durch Leonardos Biographie nahegelegt wurde. Die Phantasie übermalte die nichtpassende Wirklichkeit, dass St. Anna die Großmutter ist, und hinderte Freud selber, der Biographie anderer Künstler, die sich auch mit St. Anna selbdritt beschäftigten, nachzuforschen. Die auf S. 17 erwähnte »religiöse Denkhemmung« hat sich am Autor selbst bestätigt. Auch die so sehr betonte Inzesttheorie beruht auf einem Archetypus, dem wohlbekannten und im Heldenmythus häufig angetroffenen Inzestmotiv. Es leitet sich logisch ab aus dem ursprünglichen Hermaphroditustypus, der weit in primitive Vorzeit zu reichen scheint. Immer wenn eine psychologische Theorie etwas gewalttätig vorgeht, so besteht der begründete Verdacht, dass ein archetypisches Phantasiebild die Wirklichkeit zu entstellen versucht, was also dem Freud'schen Begriff der »religiösen Denkhemmung« entsprechen würde. Die Entstehung der Archetypen aber durch Inzesttheorie zu erklären, wäre genauso ergiebig, wie wenn man aus einem Kessel Wasser schöpfte, in ein danebenstehendes, anderes Gefäß, das aber mit dem Kessel durch eine Röhre verbunden ist. Man kann den einen Archetypus nicht durch einen anderen erklären, d. h. man kann überhaupt nicht erklären, woher der Archetypus kommt, weil es keinen Archimedischen Punkt außerhalb dieser apriorischen Bedingungen gibt.

[94] »Warum gabst du uns die tiefen Blicke«, April 1776 (an Frau von Stein).

gynie mit allen ihren Stufen und Abarten, die sich aus der wirklichen Natur der jeweiligen »Objekte« keineswegs erklären lassen, sondern nur durch eine Übertragung des Mutterkomplexes. Dieser aber entsteht einmal durch die an sich normale und überall vorhandene Assimilation der Mutter an den präexistenten, weiblichen Teil des Archetypus eines »mann-weiblichen« Gegensatzpaares und sodann durch eine abnorme Hinauszögerung der Abtrennung des Urbildes von der Mutter. Den gänzlichen Verlust des Archetypus ertragen die Menschen eigentlich nicht. Daraus entsteht nämlich ein ungeheures »Unbehagen in der Kultur«, in der man sich nicht mehr zu Hause fühlt, weil einem »Vater« und »Mutter« fehlen. Jedermann weiß, wie die Religion in dieser Hinsicht stets vorgesorgt hat. Aber es gibt leider sehr viele, welche gedankenloserweise stets die Wahrheitsfrage stellen, wo es sich doch um eine psychologische Bedürfnisfrage handelt. Mit »vernünftiger« Wegerklärung ist hier nichts geleistet.

In der Projektion hat die Anima stets weibliche Form mit bestimmten Eigenschaften. Diese empirische Feststellung will aber keineswegs bedeuten, dass der *Archetypus an sich* ebenso beschaffen sei. Die mann-weibliche Syzygie ist nur eines der möglichen Gegensatzpaare, allerdings eines der praktisch wichtigsten und darum häufigsten. Sie hat sehr viele Beziehungen zu anderen Paaren, die nichts weniger als Geschlechtsunterschiede aufweisen und daher nur gewaltsam dem Geschlechtsgegensatz untergeordnet werden können. Diese Beziehungen finden sich in mannigfachen Übergängen besonders im Kundaliniyoga,[95] im Gnostizismus[96] und vor allem in der alchemistischen Philosophie,[97] ganz abgesehen von den spontanen Phantasiegestaltungen im Neurosen- und Psychosenmaterial. Wenn man alle diese Daten sorgfältig abwägt, so erscheint es wahrscheinlich, dass ein Archetypus im ruhenden,

[95] Avalon (Hrsg.): The Serpent Power, 1919. Ferner Woodroffe: Shakti and Shâkta, 1920.

[96] Schultz: Dokumente der Gnosis, 1910; besonders die Listen bei Irenaeus: Irenaei episcopi …, 1702, Bd. 1; 2, 2 ff.

[97] Vgl. Psychologie und Alchemie, GW 12.

nicht projizierten Zustande keine genau bestimmbare Form hat, sondern ein formal unbestimmbares Gebilde ist, dem aber die Möglichkeit zukommt, vermöge der Projektion in bestimmten Formen zu erscheinen.

Diese Feststellung scheint dem Begriff »Typus« zu widersprechen. Wie ich glaube, scheint es nicht bloß, sondern es *ist* ein Widerspruch. Empirisch handelt es sich wohl um »Typen«, das heißt um bestimmte Formen, die deshalb auch benennbar und unterscheidbar sind. Sobald man aber diese Typen ihrer kasuistischen Phänomenologie entkleidet und versucht, sie in ihren Beziehungen zu anderen archetypischen Formen zu untersuchen, so erweitern sie sich zu dermaßen weitläufigen symbolgeschichtlichen Zusammenhängen, dass man zum Schluss kommt, die grundlegenden psychischen Elemente seien von einer unbestimmt schillernden Vielgestaltigkeit, welche menschliches Vorstellungsvermögen schlechthin übersteigt. Die Empirie muss sich daher mit einem theoretischen Als-ob begnügen. Sie ist damit nicht schlechter gestellt als die Atomphysik, wenngleich ihre Methode keine quantitativ messende, sondern eine morphologisch beschreibende ist.

Die Anima ist ein Faktor von höchster Wichtigkeit in der Psychologie des Mannes, wo immer Emotionen und Affekte am Werke sind. Sie verstärkt, übertreibt, verfälscht und mythologisiert alle emotionalen Beziehungen zu Beruf und Menschen beiderlei Geschlechts. Die darunterliegenden Phantasiegespinste sind ihr Werk. Wenn die Anima in stärkerem Maße konstelliert ist, so verweichlicht sie den Charakter des Mannes und macht ihn empfindlich, reizbar, launisch, eifersüchtig, eitel und unangepasst. Er ist im Zustande des »Unbehagens« und verbreitet Unbehagen im weitesten Umkreis. Bisweilen erklärt die Animabeziehung zu einer entsprechenden Frau die Existenz des Symptomenkomplexes.

Den Dichtern ist die Figur der Anima, wie ich oben bereits bemerkte, keineswegs entgangen. Es gibt hervorragende Beschreibungen, welche zugleich auch Auskunft erteilen über den symbolischen Kontext, in dem der Archetypus in der Regel eingebettet erscheint. Ich erwähne vor allem Haggards ›She‹, ›The Return of She‹ und ›Wisdom's Daughter‹, sodann auch Benoits ›L'Atlantide‹. Benoit ist seinerzeit des Plagiates an Rider-Haggard angeklagt worden, weil die Analogie der beiden Beschreibungen verblüffend ist. Er hat sich aber, wie es scheint, von der Anklage befreien können. Spittelers ›Prometheus‹ enthält ebenfalls sehr feine Beobachtungen, und sein Roman ›Imago‹ beschreibt die Projektion aufs trefflichste.

Die Frage der Therapie ist ein Problem, das nicht mit wenigen Worten zu erledigen ist. Ich habe mir auch nicht vorgenommen, es hier zu behandeln, aber ich möchte kurz meinen Standpunkt zu der Frage skizzieren: Jüngere Leute vor der Lebensmitte (die etwa um fünfunddreißig liegt) können ohne Schaden auch den anscheinend völligen Verlust der Anima ertragen. Auf alle Fälle sollte ein Mann es fertigbringen, ein Mann zu sein. Der heranwachsende Jüngling muss sich von der Animafaszination der Mutter befreien können. Es gibt Ausnahmefälle, insbesondere Künstler, wo das Problem oft erheblich anders liegt; sodann die Homosexualität, die in der Regel durch eine Identität mit der Anima gekennzeichnet ist. Bei der anerkannten Häufigkeit dieser Erscheinung ist ihre Auffassung als pathologische Perversion sehr fragwürdig. Nach dem psychologischen Befunde handelt es sich vielmehr um eine unvollständige Ablösung vom hermaphroditischen Archetypus, verbunden mit einem ausgesprochenen Widerstand, sich mit der Rolle eines einseitigen Geschlechtswesens zu identifizieren. Eine derartige Disposition ist nicht unter allen Umständen als negativ zu beurteilen, insofern sie den urmenschlichen Typus, der dem einseitigen Geschlechtswesen bis zu einem gewissen Grade verlorengeht, bewahrt.

Nach der Lebensmitte hingegen bedeutet dauernder Animaverlust eine zunehmende Einbuße an Lebendigkeit, Flexibilität und Menschlichkeit. Es entsteht in der Regel frühzeitige Erstarrung, wenn nicht Verkalkung, Stereotypie, fanatische Einseitigkeit, Eigensinnigkeit, Prinzipienreiterei oder das Gegenteil: Resignation, Müdigkeit, Schlamperei, Unverantwortlichkeit und schließlich ein kindisches »ramollissement« mit Neigung zu Alkohol. Nach der Lebensmitte sollte daher der Zusammenhang mit der archetypischen Erlebnissphäre möglichst wiederhergestellt werden.[98]

[98] In meiner Schrift ›Die Beziehungen zwischen dem Ich und dem Unbewußten‹, GW 7, habe ich die für die Therapie wesentliche Problematik dargestellt, ebenso in: Die Psychologie der Übertragung, GW 16. Zum mythologischen Aspekt der Anima möge der Leser die mit Karl Kerényi gemeinsam herausgegebene ›Einführung in das Wesen der Mythologie‹, 1951, vergleichen.

DIE PSYCHOLOGISCHEN ASPEKTE DES MUTTERARCHETYPUS (1938)

1. Über den Begriff des Archetypus

Der Begriff der Großen Mutter stammt aus der Religionsgeschichte und umfasst die verschiedenartigsten Ausprägungen des Typus einer Muttergöttin. Er geht die Psychologie zunächst nichts an, indem das Bild einer »Großen Mutter« in *dieser* Form nur selten und dann nur unter ganz besonderen Bedingungen in der praktischen Erfahrung auftritt.

Das Symbol ist selbstverständlich ein Derivat des Mutterarchetypus. Wenn wir daher den Versuch wagen, den Hintergrund des Bildes der Großen Mutter von der psychologischen Seite her zu untersuchen, so müssen wir notgedrungenerweise den viel allgemeineren Mutterarchetypus zur Basis unserer Betrachtung machen.

Obschon es heute wohl kaum mehr nötig ist, den Begriff eines Archetypus weitläufig zu erörtern, so scheint es mir in diesem Falle doch nicht ganz überflüssig, einige prinzipielle Bemerkungen vorauszuschicken.

Frühere Zeiten fanden – trotz etwaiger abweichender Meinungen und trotz Aristotelischer Denkneigungen – es nicht allzu schwierig, den Gedanken Platons, dass aller Phänomenalität die Idee präexistent und übergeordnet sei, zu verstehen. »Archetypus« ist nun nichts anderes als ein schon in der Antike vorkommender Ausdruck, welcher mit »Idee« im Platonischen Sinne synonym ist. Wenn zum Beispiel im ›Corpus Hermeticum‹, das etwa dem 3. Jahrhundert angehören dürfte, Gott als to archetypon phōs[99] bezeichnet wird, so ist damit der Gedanke ausgedrückt, dass er das dem Phänomen »Licht« präexistente und übergeordnete »Urbild« jeglichen Lichtes sei. Wäre ich ein Philosoph, so würde ich, meiner Voraussetzung gemäß, das Platonische Argument fortsetzen und sagen: Irgendwo, »an einem himmlischen Orte«, gibt es ein Urbild der Mutter, jeglichem Phänomen des »Mütterlichen« (im weitesten Sinne dieses Wortes) präexistent und übergeordnet. Da ich aber kein Philosoph, sondern ein Empiriker bin, kann ich es mir nicht gestatten, mein besonderes Temperament, das heißt meine individuelle Einstellung denkerischen Problemen gegenüber, als allgemeingültig vorauszusetzen. Solches darf sich anscheinend nur derjenige Philosoph leisten, der seine Disposition und Einstellung als allgemein voraussetzt und seine individuelle Fragwürdigkeit, wenn irgend möglich, nicht als wesentliche Bedingung seiner Philosophie anerkennt. Als Empiriker muss ich feststellen, dass es ein Temperament gibt, dem *Ideen Wesenheiten und nicht bloße nomina sind*. Zufälligerweise – möchte ich fast sagen – leben wir gegenwärtig, seit etwa zweihundert Jahren, in einer Zeit, wo es unpopulär, ja sogar unverständlich geworden ist, anzunehmen, dass Ideen überhaupt etwas anderes als nomina sein könnten. Wer etwa anachronistischerweise noch platonisch denkt, muss zu seiner Enttäuschung erleben, dass die »himmlische«, das heißt metaphysische Wesenheit der Idee auf das unkontrollierbare Gebiet des Glaubens und des Aberglaubens abgeschoben oder mitleidig dem Dichter überlassen wird. Der nominalistische Standpunkt hat im säkularen Streite der Universalien den realistischen wieder einmal »überwunden«, und das Urbild hat sich zum flatus vocis verflüchtigt. Dieser Umschwung war begleitet, ja zu einem guten Teil herbeigeführt durch das starke Hervortreten des Empirismus, dessen Vorteile sich nur allzu deutlich dem Verstande aufdrängten. Seither ist »Idee« kein Apriori mehr, sondern ein Sekundäres und Abgeleitetes. Es ist selbstverständlich, dass der neuere Nominalis-

[99] Hermetica, 1934–1936, Bd. 1, S. 140, das archetypische Licht.

mus auch ohne weiteres Allgemeingültigkeit beansprucht, obschon er auf einer bestimmten und daher beschränkten, temperamentmäßigen Voraussetzung beruht. Sie lautet: Gültig ist, was von außen kommt und daher verifizierbar ist. Der Idealfall ist die experimentelle Bestätigung. Die Antithese lautet: Gültig ist, was von innen kommt und nicht verifizierbar ist. Die Hoffnungslosigkeit dieses Standpunktes springt in die Augen. Die der Stofflichkeit zugewandte griechische Naturphilosophie in Verbindung mit Aristotelischem Verstande hat über Platon einen späten, aber bedeutenden Sieg errungen.

In jedem Siege jedoch liegt der Keim einer künftigen Niederlage. In neuester Zeit mehren sich die Zeichen, welche auf eine gewisse Standpunktsänderung hinweisen. Bezeichnenderweise ist es gerade Kants Kategorienlehre, welche einerseits jeden Versuch einer Metaphysik im alten Sinne im Keime erstickt, andererseits aber eine Wiedergeburt Platonischen Geistes vorbereitet: Wenn es schon keine über menschliches Vermögen hinauskletternde Metaphysik geben kann, so gibt es auch keine Empirie, die nicht schon durch ein Apriori der Erkenntnisstruktur eingefangen und beschränkt wäre. In den anderthalb Jahrhunderten, die seit der ›Kritik der reinen Vernunft‹ verstrichen sind, hat sich allmählich die Einsicht Bahn gebrochen, dass Denken, Vernunft, Verstand und so weiter keine für sich existierenden, von aller subjektiven Bedingtheit befreiten und nur den ewigen Gesetzen der Logik dienstbaren Vorgänge sind, sondern psychische Funktionen, welche einer Persönlichkeit zu- und untergeordnet werden. Die Frage lautet nicht mehr: Ist es gesehen, gehört, mit Händen betastet, gewogen, gezählt, gedacht und logisch befunden worden?, sondern sie lautet: *Wer* sieht, *wer* hört, *wer* hat gedacht? Angefangen mit der »persönlichen Gleichung« bei der Beobachtung und Messung minimaler Vorgänge setzt sich diese Kritik fort bis zur Erschaffung einer empirischen Psychologie, wie sie keine Zeit vor uns kannte. Wir sind heute überzeugt, dass es auf allen Wissensgebieten psychologische Prämissen gibt, welche über die Auswahl des Stoffes, die Methode der Bearbeitung, die Art der Schlüsse und über die

Konstruktion von Hypothesen und Theorien Entscheidendes aussagen. Wir glauben sogar, dass die Persönlichkeit Kants eine nicht unwesentliche Voraussetzung der ›Kritik der reinen Vernunft‹ war. Nicht nur die Philosophen, sondern auch die eigenen philosophischen Neigungen, ja unsere sogenannten besten Wahrheiten fühlen sich beim Gedanken der persönlichen Prämisse beunruhigt, wenn nicht geradezu bedroht. Jede schöpferische Freiheit – so rufen wir aus – ist uns damit genommen! Wie, ein Mensch soll nur das denken, sagen und tun können, was er ist?

Vorausgesetzt, dass man nicht wieder übertreibt und damit einem schrankenlosen Psychologismus verfällt, handelt es sich allerdings um eine solche, wie mir scheint, unumgängliche Kritik. Diese Kritik ist Wesen, Ursprung und Methode der modernen Psychologie: Es *gibt* ein Apriori aller menschlichen Tätigkeiten, und das ist die angeborene und damit vorbewusste und unbewusste individuelle Struktur der Psyche. Die vorbewusste Psyche, also zum Beispiel die des Neugeborenen, ist keineswegs ein leeres Nichts, dem alles beizubringen wäre, günstige Umstände vorausgesetzt, sondern eine enorm komplizierte und individuell aufs schärfste determinierte Voraussetzung, die nur darum als dunkles Nichts erscheint, weil wir sie nicht direkt sehen können. Kaum erfolgen aber die ersten sichtbaren, psychischen Lebensäußerungen, so braucht es schon einen Blinden dazu, um den individuellen Charakter dieser Äußerungen, nämlich die eigenartige Persönlichkeit, nicht zu sehen. Man kann dabei nicht wohl annehmen, dass alle diese Einzelheiten erst in dem Moment entstehen, wo sie erscheinen. Handelt es sich zum Beispiel um morbide Veranlagungen, die schon bei den Eltern vorhanden sind, so nehmen wir Vererbung durch das Keimplasma an. Wir denken nicht daran, die Epilepsie des Kindes einer epileptischen Mutter als eine wundersame Mutation zu betrachten. Ebenso verfahren wir bei Begabungen, die sich durch Generationen verfolgen lassen. In derselben Weise erklären wir das Wiedererscheinen komplizierter Instinkthandlungen bei Tieren, die ihre Eltern nie gesehen haben, also von diesen unmöglich »erzogen« werden konnten.

Wir müssen heutzutage von der Hypothese ausgehen, dass der Mensch insofern keine Ausnahme unter den Geschöpfen darstellt, als er unter allen Umständen, wie jedes Tier, eine präformierte, artgemäße Psyche besitzt, welche überdies, wie die genauere Beobachtung zeigt, noch deutliche Züge familiärer Vorbedingungen aufweist. Wir haben keinerlei Grund zur Annahme, dass es gewisse menschliche Tätigkeiten (Funktionen) gibt, welche von dieser Regel auszunehmen wären. Wie die Dispositionen oder Bereitschaften, welche die Instinkthandlung beim Tiere ermöglichen, aussehen, davon kann man sich schlechterdings keinen Begriff machen. Ebenso wenig ist es möglich, die Beschaffenheit der unbewussten psychischen Dispositionen, vermöge welcher der Mensch in menschlicher Art zu reagieren imstande ist, zu erkennen. Es muss sich um Funktionsformen handeln, die ich als »Bilder« bezeichnet habe. »Bild« drückt nicht nur die Form der auszuübenden Tätigkeit, sondern auch zugleich die typische Situation aus, in welcher Tätigkeit ausgelöst wird.[100] Diese Bilder sind insofern »Urbilder«, als sie der Gattung schlechthin eigentümlich sind, und, wenn sie überhaupt je »entstanden« sind, so fällt ihre Entstehung zum mindesten mit dem Beginn der Gattung zusammen. Es ist die Menschenart des Menschen, die spezifisch menschliche Form seiner Tätigkeiten. Die spezifische Art liegt schon im Keim. Die Annahme, dass sie nicht vererbt sei, sondern in jedem Menschen neu entstehe, wäre ebenso unsinnig wie die primitive Auffassung, dass die Sonne, die am Morgen aufgeht, eine andere sei als jene, die am Abend zuvor unterging.

Da alles Psychische präformiert ist, so sind es auch dessen einzelne Funktionen, insbesondere jene, welche unmittelbar aus unbewussten Bereitschaften hervorgehen. Dazu gehört vor allem die *schöpferische Phantasie.* In den Produkten der Phantasie werden die »Urbilder« sichtbar, und hier findet der Begriff des Archetypus seine spezifische Anwendung. Es ist durchaus nicht mein Verdienst, diese Tatsache zum ersten

[100] Vgl. Instinkt und Unbewußtes, GW 8.

Mal bemerkt zu haben. Die Palme gebührt Platon. Der Erste, der auf völkerpsychologischem Gebiete das Vorkommen gewisser allgemeinverbreiteter »Urgedanken« hervorhob, war Adolf Bastian. Später sind es zwei Forscher aus der Dürkheim'schen Schule, Hubert und Mauss, welche von eigentlichen »Kategorien« der Phantasie sprechen. Die unbewusste Präformation in Gestalt eines »unbewussten Denkens« hat kein Geringerer als Hermann Usener[101] erkannt. Wenn ich einen Anteil an diesen Entdeckungen habe, so ist es der Nachweis, dass die Archetypen keineswegs bloß durch Tradition, durch die Sprache und durch die Migration sich allgemein verbreiten, sondern jederzeit und überall spontan wiederentstehen können, und zwar in einer Art und Weise, welche durch keine Übermittlung von außen beeinflusst ist.

Man darf die Tragweite dieser Feststellung nicht unterschätzen, bedeutet sie doch nichts Geringeres, als dass zwar unbewusste, aber nichtsdestoweniger aktive, das heißt lebendige Bereitschaften, Formen, eben Ideen in Platonischem Sinn, in jeder Psyche vorhanden sind und deren Denken, Fühlen und Handeln instinktmäßig präformieren und beeinflussen.

Ich begegne immer wieder dem Missverständnis, dass die Archetypen inhaltlich bestimmt, das heißt eine Art unbewusster »Vorstellungen« seien. Es muss deshalb nochmals hervorgehoben werden, dass die Archetypen nicht inhaltlich, sondern bloß formal bestimmt sind, und Letzteres nur in sehr bedingter Weise. Inhaltlich bestimmt ist ein Urbild nachweisbar nur, wenn es bewusst und daher mit dem Material bewusster Erfahrung ausgefüllt ist. Seine Form dagegen ist, wie ich anderenorts erklärt habe, etwa dem Achsensystem eines Kristalls zu vergleichen, welches die Kristallbildung in der Mutterlauge gewissermaßen präformiert, ohne selber eine stoffliche Existenz zu besitzen. Letztere erscheint erst in der Art und Weise des Anschießens der Ionen und dann der Moleküle. Der Archetypus ist ein an sich leeres, formales Element,

[101] Usener: Das Weihnachtsfest, 1911, S. 3.

das nichts anderes ist als eine »facultas praeformandi«, eine a priori gegebene Möglichkeit der Vorstellungsform. Vererbt werden nicht die Vorstellungen, sondern die Formen, welche in dieser Hinsicht genau den ebenfalls formal bestimmten Instinkten entsprechen. Ebenso wenig wie das Vorhandensein von Archetypen an sich, kann auch das der Instinkte nachgewiesen werden, solange sich diese nicht in concreto betätigen. Bezüglich der Bestimmtheit der Form ist der Vergleich mit der Kristallbildung insofern einleuchtend, als das Achsensystem bloß die stereometrische Struktur, nicht aber die konkrete Gestalt des individuellen Kristalls bestimmt. Dieser kann groß oder klein sein oder variieren vermöge der verschiedenen Ausbildung seiner Flächen oder vermöge der gegenseitigen Kristalldurchwachsung. Konstant ist nur das Achsensystem in seinen im Prinzip invariabeln geometrischen Verhältnissen. Das Gleiche gilt vom Archetypus: Er kann im Prinzip benannt werden und besitzt einen invariabeln Bedeutungskern, der stets nur im Prinzip, nie aber konkret seine Erscheinungsweise bestimmt. *Wie* zum Beispiel der Mutterarchetypus jeweils empirisch erscheint, ist aus ihm allein nie abzuleiten, sondern beruht auf anderen Faktoren.

2. Der Mutterarchetypus

Wie jeder Archetypus, so hat auch derjenige der Mutter eine schier unabsehbare Menge von Aspekten. Ich erwähne nur einige typischere Formen: die persönliche Mutter und Großmutter; die Stief- und Schwiegermutter, irgendeine Frau, zu der man in Beziehung steht, auch die Amme oder Kinderfrau, die Ahnfrau und die Weiße Frau, in höherem, übertragenem Sinne die Göttin, speziell die Mutter Gottes, die Jungfrau (als verjüngte Mutter, zum Beispiel Demeter und Kore), Sophia (als Muttergeliebte eventuell auch Typus Kybele-Attis, oder als Tochter-{verjüngte Mutter-}Geliebte); das Ziel der Erlösungssehnsucht (Paradies, Reich Gottes, himmlisches Jerusalem); in weiterem Sinne die Kirche, die Universität, die Stadt, das Land, der Himmel, die Erde, der Wald, das Meer und das stehende Gewässer; die Materie, die Unterwelt und der Mond, in engerem Sinne als Geburts- oder Zeugungsstätte der Acker, der Garten, der Fels, die Höhle, der Baum, die Quelle, der tiefe Brunnen, das Taufbecken, die Blume als Gefäß (Rose und Lotus); als Zauberkreis (Mandala als Padma) oder als Cornucopiatypus; im engsten Sinne die Gebärmutter, jede Hohlform (zum Beispiel Schraubenmutter); die Yoni; der Backofen, der Kochtopf; als Tier die Kuh, der Hase und das hilfreiche Tier überhaupt.

Alle diese Symbole können einen positiven, günstigen oder einen negativen, nefasten Sinn haben. Ein ambivalenter Aspekt ist die Schicksalsgöttin (Parzen, Graeen, Nornen), nefast die Hexe, der Drache (jedes verschlingende und umschlingende Tier, wie großer Fisch und Schlange); das Grab, der Sarkophag, die Wassertiefe, der Tod, der Nachtmahr und der Kinderschreck (Typus Empusa, Lilith und so weiter).

Diese Aufzählung macht keinen Anspruch auf Vollständigkeit, sie deutet bloß die wesentlichen Züge des Mutterarchetypus an. Seine Eigenschaften sind das »Mütterliche«: schlechthin die magische Autorität des Weiblichen; die Weisheit und die geistige Höhe jenseits des Verstandes; das Gütige, Hegende, Tragende, Wachstum-, Fruchtbarkeit- und Nahrungsspendende; die Stätte der magischen Verwandlung, der Wiedergeburt; der hilfreiche Instinkt oder Impuls; das Geheime, Verborgene, das Finstere, der Abgrund, die Totenwelt, das Verschlingende, Verführende und Vergiftende, das Angsterregende und Unentrinnbare. Diese Eigenschaften des Mutterarchetypus habe ich ausführlich geschildert und mit den entsprechenden Belegen versehen in meinem Buch ›Symbole der Wandlung‹. Die Gegensätzlichkeit der Eigenschaften habe ich dort formuliert als die liebende und die schreckliche Mutter. Die uns am nächsten liegende historische Parallele ist wohl Maria, die in der mittelalterlichen Allegorik zugleich auch das Kreuz Christi ist. In Indien wäre es die gegensätzliche Kali. Die Sâṃkhya-Philosophie hat den Mutterarchetypus zum Begriffe der Prakrti ausgestaltet und dieser die drei

Gunas als Grundeigenschaften zugeteilt, nämlich: Güte, Leidenschaft und Finsternis – sattvam, rajas und tamas.[102] Das sind drei wesentliche Aspekte der Mutter, nämlich ihre hegende und nährende Güte, ihre orgiastische Emotionalität und ihre unterweltliche Dunkelheit. Der besondere Zug in der philosophischen Legende, dass nämlich Prakrti vor dem Purusha *tanzt*, um ihn an das »unterscheidende Erkennen« zu erinnern, gehört nicht unmittelbar zur Mutter, sondern zum Archetypus der Anima. Dieser ist in der männlichen Psychologie zunächst stets mit dem Bilde der Mutter vermischt.

Obschon die völkerpsychologische Gestalt der Mutter sozusagen universal ist, so ändert sich dieses Bild doch nicht unwesentlich in der praktischen individuellen Erfahrung. Hier ist man zunächst beeindruckt von der anscheinend überragenden Bedeutung der persönlichen Mutter. So sehr tritt diese Figur in einer personalistischen Psychologie hervor, dass Letztere, wie bekannt, auch in ihren Auffassungen niemals, nicht einmal theoretisch, über die persönliche Mutter hinausgekommen ist. Um es gleich vorwegzunehmen, meine Auffassung unterscheidet sich darin prinzipiell von der psychoanalytischen Theorie, dass ich der persönlichen Mutter nur bedingte Bedeutung zuspreche. Das heißt: Es ist nicht bloß die persönliche Mutter, von der alle jene in der Literatur geschilderten Wirkungen auf die kindliche Psyche ausgehen, sondern es ist vielmehr der auf die Mutter projizierte Archetypus, welcher dieser einen mythologischen Hintergrund gibt und ihr damit Autorität, ja Numinosität verleiht.[103] Die ätiologischen respektive traumatischen Wirkungen der Mutter müssen in zwei Gruppen geschieden werden: erstens in solche, welche wirklich vorhandenen Charaktereigenschaften oder Einstellungen der persönlichen Mutter entsprechen, und zweitens in sol-

[102] Dies ist die etymologische Bedeutung der drei Gunas. Siehe Weckerling: Das Glück des Lebens. Medizinisches Drama von Anandarâyamakhî, 1937, S. 21 ff., und Garbe: Die Sâṃkhya-Philosophie, 1917, S. 272 ff.

[103] Hierfür liefert die amerikanische Psychologie Beispiele in großem Maßstab. Ein eigentliches, aber erzieherisch gedachtes Pasquill ist in dieser Hinsicht Wylie: Generation of Vipers, 1942.

che, welche sie nur scheinbar besitzt, indem es sich um Projektionen phantastischer (das heißt archetypischer) Art vonseiten des Kindes handelt. Schon Freud hat erkannt, dass die wirkliche Neurosenätiologie keineswegs, wie er zuerst vermutete, in traumatischen Wirkungen wurzelt, sondern vielmehr in einer eigentümlichen Entwicklung der infantilen Phantasie. Die Möglichkeit ist kaum zu bestreiten, dass eine derartige Entwicklung auf störende Einflüsse vonseiten der Mutter zurückgeführt werden kann. Ich suche darum den Grund infantiler Neurosen in allererster Linie bei der Mutter, indem ich aus Erfahrung weiß, dass erstens ein Kind sich viel wahrscheinlicher normal entwickelt als neurotisch, und dass zweitens in weitaus den meisten Fällen definitive Störungsursachen bei den Eltern, insbesondere bei der Mutter, nachzuweisen sind. Die Inhalte der abnormen Phantasien sind nur zum Teil auf die persönliche Mutter zu beziehen, indem sie öfters klar und unmissverständlich Aussagen enthalten, die weit über das hinausgehen, was man einer wirklichen Mutter zuschreiben könnte; dies insbesondere dann, wenn es sich um ausgesprochen mythologische Gebilde handelt, wie dies bei infantilen Phobien häufig der Fall ist, wo nämlich die Mutter als Tier, Hexe, Gespenst, Menschenfresserin, Hermaphrodit und Ähnliches erscheint. Da die Phantasien aber nicht immer offenkundig mythologisch sind, oder, wenn sie es sind, nicht immer aus einer unbewussten Voraussetzung hervorgehen, sondern gelegentlich auch aus Märchenerzählungen, zufälligen Bemerkungen und Ähnlichem stammen können, so ist in jedem Fall eine sorgfältige Untersuchung angezeigt. Bei Kindern kommt eine solche aus praktischen Gründen viel weniger in Betracht als bei Erwachsenen, die solche Phantasien fast in der Regel während der Behandlung auf den Arzt übertragen, oder genauer gesagt: Diese Phantasien werden als projiziert vorgefunden.

Es genügt dann nicht, sie einzusehen und als lächerlich abzutun, wenigstens auf die Dauer nicht, denn Archetypen gehören zum unveräußerlichen Bestand jeder Psyche und bilden jenen »Schatz im Felde dunkler Vorstellungen«, von dem Kant spricht und von dem die zahllosen Schatzmotive der Folklore reichlich Kunde geben. Ein Archetypus ist seinem Wesen nach keineswegs ein bloß ärgerliches Präjudiz. Er ist es nur an der unrichtigen Stelle. An sich gehört er zu den höchsten Werten der menschlichen Seele und hat deshalb alle Olympe aller Religionen bevölkert. Ihn als wertlos abzutun, bedeutet einen potentiellen Verlust. Es handelt sich vielmehr darum, diese Projektionen aufzulösen, um deren Inhalte dem wieder zurückzugeben, der sie durch spontane Entäußerung verloren hat.

3. Der Mutterkomplex

Der Archetypus der Mutter bildet die Grundlage des sogenannten Mutterkomplexes. Es ist eine offene Frage, ob ein solcher ohne nachweisbar kausale Mitbeteiligung der Mutter überhaupt zustande kommt. Nach meiner Erfahrung scheint es mir, als ob die Mutter stets, das heißt insbesondere bei infantilen Neurosen oder bei solchen, die unzweifelhaft ätiologisch in die frühe Kindheit zurückreichen, aktiv bei der Verursachung der Störung dabei sei. In jedem Falle aber ist die Instinktsphäre des Kindes gestört, und damit sind Archetypen konstelliert, welche als ein fremdes und oft angsterregendes Element zwischen Kind und Mutter treten. Wenn zum Beispiel die Kinder einer überbesorgten Mutter regelmäßig von dieser als einem bösen Tier oder als einer Hexe träumen, so setzt ein solches Erlebnis eine Spaltung in der kindlichen Seele und damit die Möglichkeit der Neurose.

A. Der Mutterkomplex des Sohnes

Die Wirkungen des Mutterkomplexes sind verschieden, je nachdem ob es sich um Sohn oder Tochter handelt. Typische Wirkungen auf den Sohn sind die Homosexualität und der Don Juanismus, gelegentlich auch die Impotenz.[104] In der Homosexualität haftet die heterosexuelle Komponente in unbewusster Form an der Mutter, im Don Juanismus wird unbewussterweise die Mutter »in jedem Weibe« gesucht. Die Wirkungen des Mutterkomplexes auf den Sohn sind dargestellt durch die Ideologie des Kybele-Attis-Typus: Selbstkastration, Wahnsinn und früher Tod. Beim Sohn ist der Mutterkomplex insofern nicht rein, als eine Ungleichheit des Geschlechtes vorliegt. Diese Verschiedenheit ist der Grund, warum in jedem männlichen Mutterkomplex neben dem Mutterarchetypus der des sexuellen Partners, nämlich der Anima, eine bedeutsame Rolle spielt. Die Mutter ist das erste weibliche Wesen, das dem zukünftigen Manne begegnet und laut oder leise, grob oder zart, bewusst oder unbewusst, nicht umhin kann, stets auf die Männlichkeit des Sohnes anzuspielen; wie auch der Sohn in zunehmendem Maße der Weiblichkeit der Mutter inne wird oder, unbewussterweise wenigstens, instinktiv darauf antwortet. So werden beim Sohn die einfachen Beziehungen der Identität oder des sich unterscheidenden Widerstandes beständig durchkreuzt von den Faktoren der erotischen Anziehung und Abstoßung. Dadurch wird das Bild erheblich kompliziert. Ich möchte aber nicht behaupten, dass infolgedessen der Mutterkomplex des Sohnes etwa ernster genommen werden müsste als der der Tochter. Wir stehen in der Erforschung dieser komplexen seelischen Erscheinungen noch am Anfang, im Stadium der Pionierarbeit. Vergleiche lassen sich erst dann anstellen, wenn statistisch verwendbare Zahlen vorliegen. Solche sind aber noch nirgends in Sicht.

Der Mutterkomplex ist nur bei der Tochter ein reiner und unkomplizierter Fall. Hier handelt es sich einerseits um eine von der Mutter ausgehende Verstärkung der weiblichen Instinkte, andererseits um eine Abschwächung bis Auslöschung derselben. Im ersten Falle entsteht durch das Überwiegen der Instinktwelt eine Unbewusstheit der eigenen

[104] Hier spielt aber auch der Vaterkomplex eine erhebliche Rolle.

Persönlichkeit; im letzten Falle entwickelt sich eine Projektion der Instinkte auf die Mutter. Vorderhand müssen wir uns mit der Feststellung begnügen, dass der Mutterkomplex bei der Tochter den weiblichen Instinkt entweder übermäßig fördert oder entsprechend hemmt, beim Sohne aber den männlichen Instinkt verletzt durch eine unnatürliche Sexualisierung.

Da »Mutterkomplex« ein Begriff der Psychopathologie ist, so ist er immer mit dem Begriff von Schädigung und Leiden verknüpft. Wenn wir ihn aber aus seinem etwas zu engen pathologischen Rahmen herausheben und ihm eine weitere und umfassendere Bedeutung geben, so können wir auch seiner positiven Wirkung Erwähnung tun: beim Sohn ergibt sich neben oder statt der Homosexualität zum Beispiel eine Differenzierung des Eros[105] (in dieser Richtung klingt etwas im ›Symposion‹ des Platon an); ebenso eine Entwicklung des Geschmackes und der Ästhetik, denen ein gewisses feminines Element keineswegs Abbruch tut; des Ferneren erzieherische Qualitäten, denen ein weibliches Einfühlungsvermögen oft höchste Vollendung gibt; ein historischer Geist, der konservativ im besten Sinne ist und alle Werte der Vergangenheit aufs treueste bewahrt; ein Sinn für Freundschaft, die erstaunlich zarte Bande zwischen Männerseelen flicht und sogar die Freundschaft zwischen den Geschlechtern aus der Verdammnis der Unmöglichkeit erlöst; ein Reichtum religiösen Gefühls, welcher eine ecclesia spiritualis zur Wahrheit macht, und endlich eine geistige Rezeptivität, die der Offenbarung williges Gefäß ist.

Was negativ Don Juanismus ist, kann als Positivum kühne, rücksichtslose Männlichkeit bedeuten, einen Ehrgeiz nach höchsten Zielen; eine Gewalttätigkeit gegenüber aller Dummheit, Verbohrtheit, Ungerechtigkeit und Faulheit; eine Opferwilligkeit für das als richtig Erkannte, welche an Heroismus grenzt; Ausdauer, Unbeugsamkeit und Zähigkeit des Willens; eine Neugier, welche auch die Welträtsel nicht schrecken;

[105] Über die Psychologie des Unbewußten, GW 7, §§ 16 ff.: Die Erostheorie.

einen revolutionären Geist endlich, der seinen Mitmenschen ein neues Haus baut oder der Welt ein anderes Gesicht aufsetzt.

Alle diese Möglichkeiten spiegeln sich in den Mythologemen, die ich vorhin als Aspekte des Mutterarchetypus aufgezählt habe. Da ich den Mutterkomplex des Sohnes schon in einer Reihe von Schriften behandelt habe, samt der Animakomplikation, will ich in diesen Vorlesungen, wo es sich um den Typus der Mutter handelt, die männliche Psychologie in den Hintergrund treten lassen.

B. Der Mutterkomplex der Tochter

a) Die Hypertrophie des Mütterlichen

Es wurde vorhin bemerkt, dass der Mutterkomplex[106] bei der Tochter gewissermaßen eine Hypertrophie des Weiblichen erzeuge oder eine entsprechende Atrophie. Die Übersteigerung des Weiblichen bedeutet eine Verstärkung aller weiblichen Instinkte, in erster Linie des Mutterinstinktes. Den negativen Aspekt davon stellt eine Frau dar, deren einziges Ziel das Gebären ist. Der Mann ist offenkundige Nebensache; er ist wesentlich Zeugungsinstrument und rangiert als zu betreuendes Objekt unter Kindern, armen Verwandten, Katzen, Hühnern und Möbeln. Auch die eigene Persönlichkeit ist Nebensache; sie ist sogar oft mehr oder weniger unbewusst, denn das Leben wird in den anderen und durch die anderen gelebt, indem man infolge der Unbewusstheit der eigenen Persönlichkeit mit diesen identisch ist. Erst trägt sie die Kinder, dann hängt sie sich diesen an, denn ohne diese hat sie überhaupt keine raison d'être. Wie Demeter trotzt sie sich von den Göttern ein Besitzrecht auf die Tochter

[106] Ich stelle in diesem Kapitel eine Reihe von Typen des Mutterkomplexes auf, womit ich keine therapeutischen Erfahrungen formuliere. »Typen« sind nicht Einzelfälle, was jeder Gebildete wissen sollte. Auch ist »Typus« kein erfundenes Schema, in welches alle vorkommenden Fälle hineingepresst werden müssen. »Typen« sind ideale Konstruktionen, Durchschnittsbilder der Erfahrung, womit sich nie ein Einzelfall identifizieren lässt. Leute, die ihre Erfahrung nur aus Büchern oder aus psychologischen Laboratorien haben, können sich allerdings von der psychologischen Erfahrung des Arztes kein rechtes Bild machen.

ab. Der Eros ist nur als mütterliche Beziehung entwickelt, als persönliche aber unbewusst. Ein unbewusster Eros äußert sich immer als Macht;[107] weshalb dieser Typus bei aller offenkundigen mütterlichen Selbstaufopferung doch gar kein wirkliches Opfer zu bringen imstande ist, sondern seinen Mutterinstinkt mit oft rücksichtslosem Machtwillen bis zur Vernichtung der Eigenpersönlichkeit und des Eigenlebens der Kinder durchdrückt. Je unbewusster ihrer eigenen Persönlichkeit eine solche Mutter ist, desto größer und gewalttätiger ist ihr unbewusster Machtwille. Es gibt bei diesem Typus nicht wenige Fälle, wo nicht Demeter, sondern Baubo das passende Symbol wäre. Der Verstand wird nicht um seiner selbst willen gepflegt, sondern verharrt meistens in der Form seiner ursprünglichen Anlage, das heißt er bleibt naturhaft ursprünglich, unbezogen und ruchlos, aber auch wahr und gelegentlich sogar tief wie die Natur.[108] Aber sie selber weiß es nicht und kann deshalb einerseits den Witz ihres Verstandes nicht schätzen, andererseits dessen Tiefe nicht philosophisch bewundern, sondern vergisst womöglich, was sie gesagt hat.

b) Die Übersteigerung des Eros

Der Komplex, der von einer solchen Mutter bei der Tochter verursacht wird, braucht durchaus nicht wiederum eine Hypertrophie des Mutterinstinktes zu sein. Im Gegenteil wird bei der Tochter vorkommendenfalls dieser Instinkt sogar ausgelöscht. Dafür tritt als Ersatz eine Übersteigerung des Eros ein, welche fast regelmäßig zu einem unbewussten Inzestverhältnis mit dem Vater führt.[109] Der gesteigerte Eros bewirkt eine abnorme Betonung der Persönlichkeit des anderen. Eifersucht auf die Mutter und Übertrumpfung derselben werden zu Leitmotiven späterer

[107] Dieser Satz gründet sich auf die vielfache Erfahrung, dass wo Liebe fehlt, die Macht den leeren Platz besetzt.

[108] Der Terminus, den ich hierfür in meinen englischen Seminarien benützt habe, lautet »natural mind«.

[109] In diesem Fall geht die Initiative von der Tochter aus. In anderen Fällen verursacht die Psychologie des Vaters (Animaprojektion) eine Inzestbindung bei der Tochter.

Unternehmungen, die häufig desaströser Natur sind. Ein Fall dieser Art liebt nämlich schwärmerische und sensationelle Beziehungen um ihrer selbst willen und interessiert sich für verheiratete Männer, weniger allerdings für deren eigene Wohlfahrt, als vielmehr um der Tatsache willen, dass sie verheiratet sind und darum Gelegenheit geben, eine Ehe zu stören, was der Hauptzweck der Übung ist. Ist dieser Zweck erreicht, so verflüchtigt sich, wegen mangelnden Mutterinstinktes, das Interesse, und ein anderer kommt an die Reihe.[110] Dieser Typus ist gekennzeichnet durch eine bemerkenswerte Unbewusstheit. Solche Frauen sind geradezu mit Blindheit geschlagen für ihr eigenes Tun und Treiben,[111] welches nicht nur für die Mitbeteiligten, sondern auch für sie selber nichts weniger als vorteilhaft ist. Ich brauche wohl kaum hervorzuheben, dass für Männer von trägem Eros dieser Typus eine treffliche Gelegenheit zur Animaprojektion bietet.

c) Die Identität mit der Mutter

Tritt beim weiblichen Mutterkomplex keine Steigerung des Eros ein, so ergibt sich eine Identität mit der Mutter und eine Lähmung der eigenen weiblichen Unternehmung. Es tritt eine Projektion der eigenen Persönlichkeit auf die Mutter ein, vermöge der Unbewusstheit der eigenen Instinktwelt, des Mutterinstinktes sowohl wie des Eros. Alles was bei diesen Frauen an Muttersein, Verantwortlichkeit, persönliche Verbundenheit und erotischen Anspruch erinnert, erregt Minderwertigkeitsgefühle und zwingt zum Fortlaufen, natürlich zur Mutter, welche alles das, was der Tochter völlig unerreichbar erscheint, in vollkommener Weise lebt, sozusagen als Überpersönlichkeit. Unwillkürlich von der Tochter bestaunt, lebt sie ihr im Voraus alles weg. Diese begnügt sich, der Mutter selbstlos anzuhängen, und bemüht sich unbewusst zugleich, sozusagen

110 Hierin unterscheidet sich dieser Typus von seinem Verwandten, dem weiblichen Vaterkomplex, wo dann im Gegenteil eine Bemutterung und Ausbrütung des »Vaters« eintritt.

111 Das will nicht heißen, dass sie über die bloßen Tatsachen unbewusst wären. Es ist nur deren Bedeutung, die ihnen unbewusst bleibt.

gegen ihren eigenen Willen, allmählich zum Tyrannen der eigenen Mutter aufzusteigen, allerdings zunächst unter der Maske der vollkommenen Loyalität und Ergebenheit. Sie führt ein Schattendasein, oft sichtbar von der Mutter ausgesogen, und verlängert dieser das Leben gleichsam durch beständige Bluttransfusion. Solche blassen Jungfrauen sind gegen die Ehe nicht gefeit. Im Gegenteil, trotz ihrer Schattenhaftigkeit und inneren Teilnahmslosigkeit, oder vielmehr eben deshalb, stehen sie auf dem Heiratsmarkt in hohem Kurse. Vor allem sind sie dermaßen leer, dass ein Mann schlechterdings alles in ihnen vermuten kann; sodann sind sie dermaßen unbewusst, dass das Unbewusste aus ihnen zahllose Fühler, um nicht zu sagen unsichtbare Polypenarme, ausstreckt und alle männlichen Projektionen ansaugt, was den Männern über die Maßen gefällt. Denn eine so große weibliche Unbestimmtheit ist das ersehnte Gegenstück zu einer männlichen Bestimmtheit und Eindeutigkeit, die nur dann einigermaßen befriedigend hergestellt werden kann, wenn man alles Zweifelhafte, Zweideutige, Unbestimmte, Unklare in die Projektion auf eine entzückende weibliche Unschuld abzuschieben imstande ist.[112] Wegen der charakteristischen inneren Teilnahmslosigkeit und wegen der Minderwertigkeitsgefühle, die ständig eine gekränkte Unschuld vortäuschen, fällt dem Mann die vorteilhafte Rolle zu, in überlegener und doch nachsichtiger Weise, so quasi ritterlich, die bekannten weiblichen Unzulänglichkeiten ertragen zu dürfen. (Dass diese zum guten Teil aus seinen eigenen Projektionen bestehen, bleibt ihm glücklicherweise verborgen.) Besonders anziehend wirkt die notorische Hilflosigkeit des Mädchens. Sie ist so sehr ein Anhängsel der Mutter, dass sie schon gar nicht weiß, wie ihr geschieht, wenn ein Mann in ihre Nähe kommt. Sie ist dann so hilfsbedürftig und weiß so rein von gar nichts, dass selbst der sanfteste Schäfer zum kühnen Frauenräuber wird und einer liebenden Mutter die Tochter meuchlings stiehlt. Diese immense

[112] Diese Art Frau hat eine sonderbar erleichternde Wirkung auf den Ehemann, so lange nämlich, bis er entdeckt, *wen* er geheiratet hat und mit *wem* er sein Ehebett teilt, nämlich mit der Schwiegermutter.

Chance, auch einmal ein Tausendsassa sein zu können, passiert nicht alle Tage und entwickelt deshalb keine geringe Motivkraft. So hatte auch Pluto die Persephone der untröstlichen Demeter entführt, hat dafür aber auf Ratschluss der Götter seine Frau jeweils für die Sommersaison an die Schwiegermutter abtreten müssen. (Der geneigte Leser bemerkt, dass solche Legenden nicht »von ungefähr« entstehen!)

d) Die Abwehr gegen die Mutter

Die drei eben behandelten extremen Typen sind verbunden durch viele Mittelstufen, von denen ich bloß eine hauptsächliche erwähnen möchte. Es handelt sich bei diesem mittleren Typus weniger um Steigerung oder Lähmung der weiblichen Instinkte als vielmehr um eine alles andere überwiegende Abwehr gegen die Übermacht der Mutter. Dieser Fall ist das Musterbeispiel für den sogenannten negativen Mutterkomplex. Sein Leitmotiv ist: Alles, nur nicht wie die Mutter! Es handelt sich einerseits um eine Faszination, die aber nie zur Identität wird, andererseits um eine Steigerung des Eros, die sich aber in einem gewissen eifersüchtigen Widerstand gegen die Mutter erschöpft. Diese Tochter weiß zwar alles, was sie *nicht* will, ist aber meist im Unklaren darüber, was sie eigentlich als ihr eigenes Schicksal meint. Ihre Instinkte sind in der Abwehrform alle auf die Mutter konzentriert und deshalb nicht geschickt, sich selber ein eigenes Leben aufzubauen. Kommt es doch dazu, heiratet sie zum Beispiel, so wird die Ehe entweder nur dazu benützt, um von der Mutter loszukommen, oder das Schicksal brockt ihr einen Mann ein, der wesentliche Charakterzüge mit der Mutter gemeinsam hat. Alle instinktiven Vorgänge und Notwendigkeiten begegnen unerwarteten Schwierigkeiten; entweder funktioniert die Sexualität nicht oder die Kinder sind unwillkommen oder die Mutterpflichten erscheinen unerträglich oder die Anforderungen des ehelichen Zusammenlebens werden mit Ungeduld und Irritation beantwortet. Denn all das gehört irgendwie nicht zu den essentiellen Lebenstatsachen, indem einzig und allein die nachhaltige Abwehr der Muttermacht in jeglicher Form höchsten Lebenszweck bildet. Man kann in solchen Fällen oft in allen Einzelheiten die Eigenschaften des Mutterarchetypus sehen. Zum Beispiel verursacht die *Mutter als Familie* oder Clan heftige Widerstände gegen oder Interesselosigkeit für alles, was Familie, Gemeinschaft, Gesellschaft, Konvention und dergleichen heißt. Der Widerstand gegen die *Mutter als Uterus* erscheint oft in Menstruationsbeschwerden, Schwierigkeiten der Konzeption, Abscheu vor Schwangerschaft, Blutungen während der Schwangerschaft, Frühgeburten, Schwangerschaftserbrechen und Ähnlichem. Die *Mutter als Materie* veranlasst Ungeduld mit Gegenständen, Ungeschicklichkeit in der Handhabung von Werkzeugen und Geschirr und auch Missgriffe in der Kleidung.

Aus Abwehr gegen die Mutter ergibt sich gelegentlich eine spontane Entwicklung des Verstandes zum Zwecke der Herstellung einer Sphäre, in der die Mutter nicht vorkommt. Diese Entwicklung erfolgt aus eigenen Bedürfnissen und nicht etwa zu Ehren eines Mannes, dem man imponieren oder geistige Kameradschaft vorspiegeln möchte. Sie soll dazu dienen, die Macht der Mutter durch intellektuelle Kritik und überlegenes Wissen zu brechen oder um ihr alle Dummheiten, logischen Fehler und Bildungslücken vorrechnen zu können. Hand in Hand mit der Verstandesentwicklung geht auch ein gewisses Hervortreten männlicher Eigentümlichkeiten überhaupt.

C. Die positiven Aspekte des Mutterkomplexes

a) Die Mutter

Der positive Aspekt des ersten Typus, nämlich der Übersteigerung des Mutterinstinktes, ist jenes Bild der Mutter, welches zu allen Zeiten und in allen Zungen besungen und gepriesen worden ist. Es ist jene Mutterliebe, welche zu den rührendsten und unvergesslichsten Erinnerungen des erwachsenen Alters gehört und die geheime Wurzel alles Werdens und aller Wandlung, die Heimkehr und Einkehr und jeglichen Anfangs und Endes schweigenden Urgrund bedeutet. Innigst bekannt und fremd wie die Natur, liebevoll zärtlich und schicksalhaft grausam – eine lustvolle, nimmermüde Spenderin des Lebens, eine Schmerzensmutter und die dunkle, antwortlose Pforte, die sich hinter dem Toten schließt. Mutter ist Mutterliebe, ist *mein* Erlebnis und *mein* Geheimnis. Was soll man da allzu Vieles, allzu Unrichtiges, allzu Ungenügendes, ja allzu Verlogenes sagen von jenem Menschen, der Mutter hieß und – man möchte sagen – zufälligerweise Trägerin jenes Erlebnisses war, das sie und mich und die ganze Menschheit, ja alle lebende Kreatur, die wird und vergeht, in sich schließt, das Erlebnis des Lebens, dessen Kinder wir sind? Man hat es zwar immer getan, und man wird es immer wieder tun, aber ein Wissender kann jenes ungeheure Gewicht an Bedeutung, an Verantwortung und Aufgabe, an Himmel und Hölle nicht mehr auf jenen schwachen und fehlbaren, der Liebe, der Nachsicht, des Verständnisses und der Verzeihung würdigen Menschen, der uns Mutter war, überwälzen. Er weiß, dass die Mutter Trägerin jenes uns eingeborenen Bildes der mater natura und mater spiritualis ist, des Gesamtumfanges von Leben, dem wir als Kinder anvertraut und zugleich preisgegeben sind. Er darf auch nicht einen Augenblick zögern, die menschliche Mutter von dieser schreckenerregenden Belastung zu erlösen, aus Rücksicht auf sie und auf sich selber. Denn eben gerade diese Bedeutungsschwere ist es, die uns an die Mutter verhaftet und diese an das Kind kettet, zum seelischen und physischen Verderben beider. Man löst keinen Mutterkomplex dadurch, dass man die Mutter einseitig auf menschliches Maß reduziert, gewissermaßen »berichtigt«. Dabei läuft man Gefahr, auch das Erlebnis »Mutter« in Atome aufzulösen und damit einen höchsten Wert zu zerstören und den goldenen Schlüssel wegzuwerfen, den uns eine gütige Fee in die Wiege gelegt hat. Darum hat der Mensch instinktiv dem Elternpaar immer das präexistente Götterpaar zugesellt als »godfather« und »godmother« des Neugeborenen, damit dieses nie sich dahin vergesse, aus Unbewusstheit oder kurzsichtigem Rationalismus die Eltern mit Göttlichkeit zu behaften.

Der Archetypus ist zunächst viel weniger ein wissenschaftliches Problem als vielmehr eine unmittelbar dringende Frage der seelischen Hygiene. Auch wenn uns alle Beweise für die Existenz von Archetypen fehlten, und wenn uns alle gescheiten Leute überzeugend bewiesen, dass es dergleichen gar nicht geben könne, so müssten wir sie doch erfinden, um unsere höchsten und natürlichsten Werte nicht ins Unbewusste versinken zu lassen. Fallen diese nämlich ins Unbewusste, so ist damit die ganze elementare Kraft ursprünglicher Erlebnisse entschwunden. An deren Stelle tritt die Fixierung an die Mutterimago, und wenn diese genügend zurechtvernünftelt worden ist, so sind wir ganz und gar an die menschliche ratio gebunden und von da an dazu verurteilt, ausschließlich an das Vernünftige zu glauben. Das ist zwar einerseits eine Tugend und ein Vorteil, andererseits aber eine Beschränkung und Verarmung, denn man nähert sich damit der Öde des Doktrinarismus und der »Aufklärung«. Diese Déesse Raison verbreitet ein trügerisches Licht, welches nur das beleuchtet, was man schon weiß, aber all jenes mit Dunkelheit bedeckt, was zu wissen und bewusstzumachen am allermeisten nottäte. Je selbständiger sich die Vernunft gebärdet, desto mehr wird sie zu reinem Intellekt, welcher Lehrmeinungen an Stelle der Wirklichkeit setzt und vor allem nicht den Menschen, wie er ist, sondern ein Trugbild desselben vor den Augen hat.

Die Welt der Archetpyen muss, ob er sie begreift oder nicht, dem Menschen bewusst bleiben, denn in ihr ist er noch Natur und mit seinen Wurzeln verbunden. Eine Weltanschauung oder Gesellschaftsordnung, welche den Menschen von den Urbildern des Lebens abschneidet, ist nicht nur keine Kultur, sondern in zunehmendem Maße ein Gefängnis oder ein Stall. Bleiben die Urbilder in irgendeiner Form bewusst, so kann die Energie, welche diesen entspricht, dem Menschen zufließen. Wenn es aber nicht mehr gelingt, den Zusammenhang mit ihnen aufrechtzuerhalten, dann fällt die Energie, die sich in jenen Bildern ausdrückt und jene verhaftende Faszination des infantilen Elternkomplexes verursacht, zurück ans Unbewusste. Damit erhält dieses eine Ladung, welche sich als beinahe unwiderstehliche vis a tergo jeder Anschauung oder Idee oder Tendenz leiht, welche der Verstand der concupiscentia als verlockendes Ziel vorhält. Auf diese Weise verfällt der Mensch rettungslos seinem Bewusstsein und dessen rationalen Begriffen von richtig und unrichtig. Es liegt mir ferne, das Gottesgeschenk der Vernunft, dieses höchsten menschlichen Vermögens, zu entwerten. Als Alleinherrscherin hat sie aber keinen Sinn, so wenig wie Licht in einer Welt, in der diesem das Dunkle nicht gegenübersteht. Den weisen Ratschlag der Mutter und ihr unerbittliches Gesetz der natürlichen Beschränkung sollte der Mensch wohl in Acht nehmen. Nie sollte er vergessen, dass die Welt darum besteht, weil sich ihre Gegensätze die Waage halten. So ist auch das Rationale durch das Irrationale, und das Bezweckte durch das Gegebene aufgewogen.

Diese Abschweifung ins Allgemeine war wohl unvermeidlich, denn die Muttter ist die erste Welt des Kindes und die letzte Welt des Erwachsenen. In den Mantel dieser größten Isis sind wir als ihre Kinder alle gehüllt. Wir wollen nun aber wieder zurückkehren zu unseren Typen des weiblichen Mutterkomplexes. Beim Manne ist der Mutterkomplex nie »rein«, das heißt er ist stets mit dem Anima-Archetypus vermischt, was zur Folge hat, dass die männlichen Aussagen über die Mutter meist emotional, das heißt »animos« präjudiziert sind. Einzig bei der Frau besteht die Möglichkeit, die Effekte des Mutterarchetypus frei von »animosen« Beimischungen zu untersuchen, was allerdings nur dort Aussicht auf Erfolg hat, wo sich noch kein kompensierender Animus entwickelt hat.

b) Der übersteigerte Eros

Wir kommen nun zum zweiten Typus des weiblichen Mutterkomplexes, nämlich zu dem der Übersteigerung des Eros. Ich habe von diesem Fall, insofern er uns im pathologischen Bereich begegnet, ein sehr ungünstiges Porträt gezeichnet. Aber auch dieser so wenig einladende Typus hat einen positiven Aspekt, den die Sozietät nicht missen möchte. Nehmen wir gerade die schlimmste Wirkung dieser Einstellung, nämlich die skrupellose Ehezerstörung, so erblicken wir dahinter eine sinnvolle und zweckmäßige Anordnung der Natur. Dieser Typus geht, wie geschildert, häufig aus einer Gegenwirkung auf eine bloß naturhafte, rein instinktive und darum alles verschlingende Mutter hervor. Dieser Muttertypus ist ein Anachronismus, ein Rückfall in ein düsteres Matriarchat, wo der Mann als bloßer Befruchter und Höriger des Ackers ein insipides Dasein führt. Die reaktive Steigerung des Eros bei der Tochter zielt auf den Mann, welcher dem Übergewicht des Mütterlich-Weiblichen entzogen werden soll. Eine solche Frau wird sich überall da instinktiv dazwischenstellen, wo sie durch die Unbewusstheit des Ehepartners provoziert wird. Sie stört die der männlichen Persönlichkeit so gefährliche Bequemlichkeit, die er gerne als Treue ansieht. Diese Bequemlichkeit führt zur Unbewusstheit der eigenen Persönlichkeit und zu jenen angeblich idealen Ehen, wo er nichts als »Papa« und sie nichts als »Mama« ist, und wo sich die Ehegatten auch gegenseitig so titulieren. Das ist ein abschüssiger Weg, der leicht die Ehe zu einer unbewussten Identität der Partner erniedrigt.

Die Frau unseres Typus richtet den heißen Strahl ihres Eros auf einen vom Mütterlichen überschatteten Mann und erregt damit moralischen Konflikt. Ohne diesen aber gibt es keine Bewusstheit der Persönlichkeit. »Warum aber«, so wird man gewiss fragen, »soll der Mensch ›à tort et à travers‹ zu höherer Bewusstheit gelangen?« Diese Frage trifft ins Schwarze des Problems, und die Antwort darauf ist etwas schwierig. Ich kann statt einer wirklichen Antwort nur eine Art von Glauben bekennen: Es scheint mir nämlich, als ob in den Tausenden von Millionen Jahren endlich jemand hätte wissen müssen, dass diese wundersame Welt der Berge, der Meere, der Sonnen und Monde, der Milchstraße, der Fixsternnebel, der Pflanzen und Tiere *existiert*. Als ich auf den Athi Plains in Ostafrika auf einem kleinen Hügel stehend die vieltausendköpfigen Wildherden in lautloser Stille weiden sah, wie sie es immer seit unvorstellbaren Zeiträumen getan haben, da hatte ich das Gefühl, der erste Mensch zu sein, das erste Wesen, das allein wusste, dass dies alles *ist*. Diese ganze Welt um mich war noch in der Anfangsstille und wusste nicht, dass sie war. Und eben in diesem Moment, da ich wusste, war die Welt geworden, und ohne diesen Moment wäre sie nie gewesen. Diesen Zweck sucht alle Natur und findet ihn erfüllt im Menschen, und zwar immer nur im bewusstesten Menschen. Jeder kleinste Schritt vorwärts auf dem Pfade der Bewusstwerdung schafft Welt.

Es gibt keine Bewusstheit ohne Unterscheidung von Gegensätzen. Das ist das Vaterprinzip des Logos, der sich in unendlichem Kampfe der Urwärme und der Urfinsternis des mütterlichen Schoßes, eben der Unbewusstheit, entwindet. Keinen Konflikt, kein Leiden, keine Sünde scheuend, strebt die göttliche Neugier nach der Geburt. Unbewusstheit ist die Ursünde, das Böse schlechthin für den Logos. Seine weltschöpferische Befreiungstat aber ist Muttermord, und der Geist, der sich in alle Höhen und Tiefen wagte, muss, wie Synesius sagte, auch die göttlichen Strafen erleiden, die Fesselung an den Felsen des Kaukasus. Denn keines kann sein ohne das andere, weil beide am Anfang Eines waren und am Ende wiederum Eines sein werden. Bewusstsein kann nur existieren bei stetiger Anerkennung und Berücksichtigung des Unbewussten, wie alles Leben durch viele Tode hindurchgehen muss.

Die Erregung von Konflikt ist eine luziferische Tugend im eigentlichen Sinne des Wortes. Konflikt erzeugt das Feuer der Affekte und Emotionen, und wie jedes Feuer, so hat auch dieses zwei Aspekte, nämlich den der Verbrennung und den der Lichterzeugung. Die Emotion ist einerseits das alchemische Feuer, dessen Wärme alles zur Erscheinung bringt und dessen Hitze »omnes superfluitates comburit«, alle Überflüssigkeiten, verbrennt – andererseits ist die Emotion jener Moment, wo der Stahl auf den Stein trifft und ein Funke herausgeschlagen wird: Emotion ist nämlich die Hauptquelle aller Bewusstwerdung. Es gibt keine Wandlung von Finsternis in Licht und von Trägheit in Bewegung ohne Emotion.

Die Frau, deren Schicksal es ist, Störerin zu sein, ist nur in pathologischen Fällen ausschließlich destruktiv. Im Normalfall ist sie als Störerin selbst von der Störung ergriffen, als Wandlerin wird sie selbst gewandelt, und vom Scheine des Feuers, das sie erregt, werden alle Opfer der Verwicklung be- und erleuchtet. Was sinnlose Störung schien, wird zum Läuterungsprozess – »dass ja das Nichtige Alles verflüchtige«.[113]

Bleibt diese Art Frau der Bedeutung ihrer Funktion unbewusst, das heißt weiß sie nicht, dass sie ein Teil ist »von jener Kraft, die stets das Böse will und stets das Gute schafft«,[114] so wird sie durch das Schwert, das sie bringt, auch umkommen. Bewusstheit aber wandelt sie zur Löserin und Erlöserin.

c) Die Nur-Tochter

Die Frau des dritten Typus, nämlich desjenigen der Identität mit der Mutter[115] bei Lähmung der eigenen Instinkte, braucht keineswegs stets eine hoffnungslose Null zu sein. In der Breite des Normalen besteht im Gegenteil die Möglichkeit, dass gerade durch eine intensive Animaprojektion das leere Gefäß gefüllt wird. Davon hängt eine solche Frau allerdings ab: Sie kann ohne den Mann auch nicht annähernd zu sich selber kommen; sie muss der Mutter richtig geraubt werden. Überdies muss sie dann für längere Zeit unter größter Anstrengung die ihr zugemessene Rolle spielen, bis ihr diese zum Überdruss wird. Dadurch vermag sie dann vielleicht zu entdecken, wer sie selber ist. Solche Frauen können aufopfernde Gattinnen für Männer sein, die einzig und allein durch Identität mit einem Beruf oder einer Begabung existieren, im Übrigen aber unbewusst sind und bleiben. Da sie selber nur eine Maske darstellen, muss die Frau imstande sein, mit etwelcher Natürlichkeit die Begleitrolle zu spielen. Diese Frauen können aber auch im Besitze wertvoller Gaben sein, die nur darum nie zur Entwicklung gelangten, weil die eigene Persönlichkeit überhaupt unbewusst war. In diesem Fall tritt dann eine Projektion der Begabung auf den einer solchen ermangelnden Gatten ein, und wir sehen dann, wie plötzlich ein herzlich Unbedeutender, ja geradezu Unwahrscheinlicher, wie von einem Zauberteppich getragen zu den höchs-

113 Goethe: Faust, 2. Teil, 1942, Bergschlucht.

114 Goethe: Faust, 1. Teil, 1942, Studierzimmer.

115 Verursacht durch die Projektion der Instinkte.

ten Gipfeln emporschwebt. Cherchez la femme, und man hat den Schlüssel zum Geheimnis dieses Erfolges. Solche Frauen erinnern mich – man entschuldige das unhöfliche Gleichnis – an große, kräftige Hündinnen, die vor dem kleinsten Kläffer ausreißen, ganz einfach weil er ein furchtbarer Mann ist und es einem dann doch gar nicht einfällt, zu beißen.

Schließlich aber ist die *Leere* ein großes weibliches Geheimnis. Sie ist das dem Manne Urfremde, das Hohle, das abgrundtiefe andere, das Yin. Die mitleiderregende Erbärmlichkeit dieser Nullität (ich rede hier als Mann) ist leider – möchte ich fast sagen – das machtvolle Mysterium der Unfassbarkeit des Weiblichen. Ein solches Weib ist Schicksal schlechthin. Ein Mann kann darüber, dagegen und dafür alles sagen oder nichts oder beides und fällt am Ende unvernünftig beseligt doch in dieses Loch oder hat die einzige Chance, seiner Männlichkeit habhaft zu werden, verpasst und verpatzt. Jenem kann man sein blödes Glück nicht wegbeweisen, diesem sein Unglück nicht plausibel machen. »Die Mütter! Mütter! ’s klingt so wunderlich!«[116] Mit diesem Seufzer, der die Kapitulation des Mannes an den Grenzen des Mütterreiches besiegelt, wenden wir uns dem vierten Typus zu.

D. Der negative Mutterkomplex

Dieser Typus ist durch den negativen Mutterkomplex gekennzeichnet. Als pathologische Erscheinung ist diese Frau eine unangenehme, anspruchsvolle und wenig befriedigende Gefährtin des Mannes, da ja ihr ganzes Streben ein Sichsträuben ist gegen alles, was aus dem natürlichen Urgrund quillt. Es steht aber nirgends geschrieben, dass steigende Lebenserfahrung sie nicht eines Besseren belehrt, so dass sie zunächst die Bekämpfung der Mutter im persönlichen und engeren Sinne aufgibt. Aber auch im besten Fall wird sie allem Dunkeln, Unklaren, Zweideutigen feind sein und alles Sichere, Klare, Vernünftige pflegen

[116] Goethe: Faust, 2. Teil, 1942, Finstere Galerie.

und in den Vordergrund stellen. Sie wird ihre weibliche Schwester an Sachlichkeit und kühlem Urteil übertreffen, und ihrem Manne kann sie zum Freund, zur Schwester und zur urteilsfähigen Beraterin werden. Dazu befähigen sie vor allem auch ihre männlichen Aspirationen, welche ihr ein menschliches, jenseits aller Erotik liegendes Verständnis für die Individualität des Mannes ermöglichen. Von allen Formen des Mutterkomplexes hat sie für die zweite Lebenshälfte wohl die beste Chance, aus ihrer Ehe einen Rekord zu machen, allerdings erst und nur dann, wenn sie die Hölle des Nur-Weiblichen, das Chaos des Mutterschoßes, welches ihr (infolge des negativen Komplexes) am meisten droht, siegreich überwunden hat. Ein Komplex wird ja bekanntlich in Wirklichkeit nur dann überwunden, wenn er durch das Leben bis in die letzte Tiefe ausgeschöpft wird. Was wir uns aus Komplexgründen ferngehalten haben, das müssen wir dann mitsamt der Hefe zurücktrinken, wenn wir darüber hinauskommen wollen.

Diese Frau nähert sich der Welt mit abgewandtem Gesicht, wie Lots Weib, nach Sodom und Gomorrha zurückstarrend. Derweilen geht Welt und Leben wie ein Traum an ihr vorüber, als eine lästige Quelle von Illusionen, Enttäuschungen und Irritationen, die alle auf nichts anderem beruhen, als dass sie sich nicht dazu bringen lässt, einmal geradeaus zu blicken. So wird ihr Leben zu dem, was sie am meisten bekämpft, nämlich zum Nur-Mütterlich-Weiblichen, infolge ihrer bloß unbewusst-reaktiven Einstellung zur Wirklichkeit. Die Umkehr des Gesichtes aber eröffnet ihr sozusagen zum ersten Mal die Welt im Lichte reifer Klarheit, geschmückt mit den Farben und all den holden Wunderlichkeiten der Jugend, ja bisweilen sogar des Kindheitsalters. Solches Sehen bedeutet Erkenntnis und Entdeckung der Wahrheit, welche die unerlässliche Bedingung der Bewusstheit ist. Ein Stück des Lebens ging verloren, der Sinn des Lebens aber ist ihr gerettet.

Die Frau, die den Vater bekämpft, hat zwar immer noch die Möglichkeit des triebhaft-weiblichen Lebens, denn sie weist bloß das ab, was ihr fremd ist. Wenn sie aber die Mutter bekämpft, so kann sie, mit dem

Risiko der Instinktschädigung, zu höherer Bewusstheit gelangen, denn in der Mutter verneint sie auch alle Dunkelheit, Triebhaftigkeit, Zweideutigkeit und Unbewusstheit ihres eigenen Wesens. Vermöge ihrer Klarheit, Sachlichkeit und Männlichkeit ist gerade die Frau dieses Typus häufig in wichtigen Stellungen anzutreffen, wo ihre spät entdeckte mütterliche Weiblichkeit, geführt von einem kühlen Verstande, eine segensreiche Wirksamkeit entfaltet. Aber nicht nur im Äußeren bestätigt sich ihre seltene Kombination von Weiblichkeit und männlichem Verstand, sondern auch im Reiche der seelischen Intimität. Sie kann als geistige Führerin und Beraterin eines Mannes, der Außenwelt verborgen, eine einflussreiche Rolle als unsichtbarer spiritus rector spielen. Vermöge ihrer Qualitäten ist sie dem Manne durchsichtiger als andere Formen des Mutterkomplexes, und darum wird sie von der Männerwelt oft mit der Projektion gutgearteter Mutterkomplexe bedacht. Das Allzu-Weibliche erschreckt einen gewissen Typus von männlichem Mutterkomplex, der durch eine große Zartheit des Gefühls ausgezeichnet ist. Vor dieser Frau erschrickt er nicht, weil sie dem männlichen Geiste Brücken baut, auf denen er das Gefühl sicher ans andere Ufer geleiten kann. Ihr artikulierter Verstand flößt dem Manne Vertrauen ein, ein nicht zu unterschätzendes Element, das in der mann-weiblichen Beziehung viel öfter, als man meint, fehlt. Der Eros des Mannes führt nicht nur hinauf, sondern zugleich auch hinunter in jene unheimliche Dunkelwelt einer Hekate und einer Kali, vor denen es jedem geistigen Manne graut. Der Verstand dieser Frau wird ihm ein Stern sein im hoffnungslosen Dunkel anscheinend endloser Irrpfade.

4. Zusammenfassung

Aus dem bisher Gesagten dürfte einleuchten, dass die Aussagen der Mythologie sowohl wie die Wirkungen des Mutterkomplexes, wenn ihrer kasuistischen Vielfältigkeit entkleidet, in letzter Linie sich auf das Unbewusste beziehen. Wie anders wäre der Mensch wohl auf den Gedanken gekommen, Tag und Nacht, Sommer und winterliche Regenzeit zum Gleichnis nehmend, den Kosmos in eine helle Tagwelt und eine von Fabelwesen erfüllte Dunkelwelt zu teilen, wenn er nicht eben in sich selber das Vorbild dazu im Bewusstsein und im wirksamen, aber unsichtbaren, das heißt unwissbaren Unbewussten gefunden hätte. Ursprüngliche Objekterfassung geht ja nur zum Teil vom objektiven Verhalten der Dinge aus, zum anderen, oft zum größeren Teil aber von intrapsychischen Tatbeständen, welche nur vermöge der Projektion mit den Dingen überhaupt zu tun haben. Dies rührt ganz einfach daher, dass der Primitive die Askese des Geistes, nämlich die Kritik der Erkenntnis, noch nicht erfahren hat, sondern die Welt als allgemeine Erscheinung nur dämmerhaft innerhalb des ihn erfüllenden Phantasiestromes erfährt, wo Subjektives und Objektives ununterschieden sich gegenseitig durchdringen. »Alles Außen ist auch Innen« könnte man mit Goethe[117] sagen. Dieses »Innen« nun, das moderner Rationalismus so gerne vom »Außen« ableitet, hat seine eigene Struktur, die aller bewussten Erfahrung als ein Apriori vorangeht. Es lässt sich schlechterdings nicht vorstellen, wie Erfahrung im weitesten Sinne, wie überhaupt Psychisches ausschließlich aus Äußerem entstehen könnte. Die Psyche gehört zum Innersten des Lebensgeheimnisses, und wie alles organisch Lebende seine ihm eigentümliche Struktur und Form hat, so auch die Psyche. Ob die seelische Struktur und ihre Elemente, eben die Archetypen, überhaupt je entstanden sind, das ist eine Frage der Metaphysik und daher nicht zu beantworten. Die Struktur ist das jeweils Vorgefundene, das heißt das, was in allen Fällen schon da war, die Vorbedingung. Das ist die *Mutter*, die *Form*, in die alles Erlebte gefasst wird. Ihr gegenüber repräsentiert der *Vater* die *Dynamik* des Archetypus, denn dieser ist beides, Form und Energie.

[117] »Nichts ist drinnen, nichts ist draußen;/Denn was innen, das ist außen.« Goethe: Gott und Welt. Epirrhema, in: Werke, 1827–1843.

Die Trägerin des Archetypus ist in erster Linie die persönliche Mutter, weil das Kind zunächst in ausschließlicher Partizipation, das heißt in unbewusster Identität mit ihr lebt. Die Mutter ist nicht nur die physische, sondern auch die psychische Vorbedingung des Kindes. Mit dem Erwachen des Ichbewusstseins wird die Partizipation allmählich aufgelöst, und das Bewusstsein fängt an in einen Gegensatz zum Unbewussten, zu seiner eigenen Vorbedingung, zu treten. Daraus entsteht die Unterscheidung des Ich von der Mutter, deren persönliche Besonderheit allmählich deutlicher wird. Damit fallen von ihrem Bilde alle fabulosen und geheimnisvollen Eigenschaften ab und verschieben sich auf die nächstliegende Möglichkeit, zum Beispiel auf die Großmutter. Sie ist als Mutter der Mutter »größer« als diese. Sie ist recht eigentlich die »große Mutter«. Nicht selten nimmt sie die Züge der Weisheit sowohl wie die der Hexenhaftigkeit an. Denn je weiter der Archetypus vom Bewusstsein entfernt wird, desto klarer wird dieses, und umso deutlichere mythologische Gestalt nimmt jener an. Der Übergang von der Mutter zur Großmutter bedeutet eine Rangerhöhung für den Archetypus. Dies zeigt sich deutlich zum Beispiel in der Anschauung der Bataks: Das Totenopfer für den Vater ist bescheiden, es ist gewöhnliche Speise. Wenn aber der Sohn selber einen Sohn hat, dann ist der Vater Großvater geworden und hat damit eine Art höherer Würde im Jenseits erlangt. Dann werden ihm große Opfer gebracht.[118]

Indem die Distanz zwischen bewusst und unbewusst größer wird, wandelt sich die Großmutter durch Rangerhöhung zur Großen Mutter, wobei häufig die inneren Gegensätze dieses Bildes auseinanderfallen. Es entsteht einerseits eine gütige Fee und andererseits eine böse, oder eine wohlwollende, helle und eine gefährliche, dunkle Göttin. In der westlichen Antike und besonders in den östlichen Kulturen bleiben die Gegensätze häufig vereinigt in derselben Gestalt, ohne dass das Bewusstsein diese Paradoxie als störend empfände. Wie die Götterlegen-

[118] Warneck: Die Religion der Batak, 1909.

den häufig widerspruchsvoll sind, so auch der moralische Charakter ihrer Figuren. In der westlichen Antike hat die Paradoxie und die moralische Zweideutigkeit der Götter schon früh Anstoß erregt und eine entsprechende Kritik verursacht, welche schließlich einesteils zu einer Entwertung der olympischen Götterkompanie führte, anderenteils zu philosophischen Deutungen Anlass gab. Am deutlichsten drückt sich dies wohl aus in der christlichen Reformation des jüdischen Gottesbegriffes: Der moralisch zweideutige Jahwe wurde zu einem ausschließlich guten Gott, dem gegenüber der Teufel alles Böse in sich vereinigte. Es scheint, als ob eine stärkere Gefühlsentwicklung beim westlichen Menschen jene Entscheidung, welche die Gottheit moralisch entzweischnitt, erzwungen hätte. Im Osten hat dagegen die vorwiegend intuitiv-intellektuelle Einstellung den Gefühlswerten kein Entscheidungsrecht eingeräumt, weshalb die Götter ihre ursprüngliche moralische Paradoxie ungestört behalten konnten. So ist Kali für den Osten und die Madonna für den Westen repräsentativ. Diese hat den Schatten gänzlich eingebüßt. Er ist in die Vulgärhölle gefallen, wo er ein kaum bemerktes Dasein als »Großmutter des Teufels« führt. Dank der Entwicklung der Gefühlswerte hat sich der Glanz der lichten und gütigen Gottheit ins Unermessliche erhöht, das Dunkle aber, das durch den Teufel dargestellt werden sollte, hat sich im Menschen lokalisiert. Diese eigentümliche Entwicklung wurde hauptsächlich dadurch verursacht, dass das Christentum, erschreckt durch den manichäischen Dualismus, mit aller Macht seinen Monotheismus zu wahren suchte. Da man aber die Wirklichkeit des Dunkeln und Bösen nicht leugnen konnte, blieb nichts anderes übrig, als den Menschen hierfür verantwortlich zu machen. Man hat sogar den Teufel beinahe oder sogar ganz abgeschafft, wodurch diese metaphysische Gestalt, die früher einen integralen Teil der Gottheit bildete, im Menschen introjiziert wurde, so dass dieser zum eigentlichen Träger des mysterium iniquitatis wurde: »omne bonum a Deo, omne malum ab homine!«[119]

[119] »Geheimnis der Ungerechtigkeit (Sünde) – alles Gute (kommt von) Gott, alles Böse vom Menschen.«

Diese Entwicklung kehrt sich in neuerer Zeit infernalisch um, indem der Wolf im Schafsgewand herumgehend überall in die Ohren flüstert, das Böse sei eigentlich nichts als ein Missverständnis des Guten und ein taugliches Instrument des Fortschrittes. Man glaubt, damit der Dunkelwelt endgültig den Garaus gemacht zu haben, und denkt nicht daran, was für eine seelische Vergiftung des Menschen damit in die Wege geleitet ist. Er macht sich ja damit selber zum Teufel, denn dieser ist die Hälfte eines Archetypus, dessen unwiderstehliche Macht auch dem ungläubigen Europäer bei jeder passenden und unpassenden Gelegenheit den Ausruf »o Gott!« entlockt. Wenn man überhaupt anders kann, so sollte man sich nie mit einem Archetypus identifizieren, denn die Folgen sind, wie die Psychopathologie und gewisse Zeitereignisse zeigen, erschreckend.

Der Westen hat sich seelisch dermaßen heruntergewirtschaftet, dass er den Inbegriff der vom Menschen nicht gebändigten und nicht zu bändigenden seelischen Gewalt, nämlich die Gottheit selbst, leugnen muss, um sich neben dem schon aufgeschluckten Bösen auch noch des Guten zu bemächtigen. Man lese einmal aufmerksam und mit psychologischer Kritik Nietzsches ›Zarathustra‹. Nietzsche hat mit seltener Konsequenz und mit der Leidenschaft eines wirklich religiösen Menschen die Psychologie jenes »Übermenschen«, dessen Gott tot ist, dargestellt; jenes Menschen, der daran zerbricht, dass er die göttliche Paradoxie in das enge Gehäuse des sterblichen Menschen eingesperrt hat. Goethe, der Weise, hat wohl bemerkt, »welch Grauen den Übermenschen faßt«,[120] und hat sich damit das überlegene Lächeln des Bildungsphilisters zugezogen. Seine Verklärung der Mutter, deren Größe die Himmelskönigin und zugleich die Maria Aegyptiaca umfasst, bedeutet höchste Weisheit und eine Fastenpredigt für den nachdenklichen Abendländer. Aber was will man schließlich in einer Zeit, wo selbst die berufenen Vertreter der christlichen Religionen ihre Unfähigkeit, die Grundlagen der religiösen

[120] Goethe: Faust, 1. Teil, 1942, Nacht. Der Erdgeist spricht.

Erfahrung zu begreifen, öffentlich bekunden. Ich greife aus einem (protestantischen) theologischen Artikel folgenden Satz heraus: »Wir verstehen uns – ob naturalistisch oder idealistisch – als *einheitliche Wesen und nicht so eigentümlich geteilt, daß fremde Mächte in unser inneres Leben eingreifen könnten,*[121] wie das Neue Testament voraussetzt.«[122] Es ist dem Autor offenbar unbekannt, dass die Wissenschaft schon seit mehr als einem halben Jahrhundert die Labilität und Dissoziierbarkeit des Bewusstseins festgestellt und experimentell bewiesen hat. Unsere bewussten Intentionen sind sozusagen beständig in geringerem oder stärkerem Maße durch unbewusste Intrusionen, deren Ursachen uns zunächst fremd sind, gestört und durchkreuzt. Die Psyche ist ferne davon, eine Einheit zu sein, im Gegenteil ist sie ein brodelndes Gemisch widerstreitender Impulse, Hemmungen und Affekte, und ihr Konfliktzustand ist für viele Menschen dermaßen unerträglich, dass sie sich sogar die von der Theologie angepriesene Erlösung wünschen. Erlösung wovon? Natürlich von einem höchst fragwürdigen psychischen Zustand. Die Einheit des Bewusstseins, beziehungsweise der sogenannten Persönlichkeit, ist keine Wirklichkeit, sondern ein Desideratum. Ich erinnere mich noch lebhaft eines gewissen Philosophen, der auch von dieser Einheit schwärmte und mich wegen seiner Neurose konsultierte: Er war besessen von der Idee, dass er an Krebs leide. Ich weiß nicht, wie viele Spezialisten er schon konsultiert hatte und wie viele Röntgenaufnahmen bei ihm gemacht wurden. Immer wurde ihm versichert, dass er keinen Krebs habe. Er selber sagte mir: »Ich weiß, dass ich keinen Krebs habe, aber ich könnte doch einen haben.« Wer ist für diese Einbildung verantwortlich? Er macht sie nicht selber, sondern eine ihm *fremde* Macht zwingt sie ihm auf. Ich drehe die Hand nicht um zwischen diesem Zustand und dem der Besessenen im Neuen Testament. Ob ich nun an einen Dämon des Luftreichs glaube oder an einen Faktor im Unbewuss-

[121] Von mir hervorgehoben.

[122] Bultmann-Zitat in: Buri: Theologie und Philosophie, 1952, S. 117.

ten, welcher mir einen teuflischen Streich spielt, ist völlig irrelevant. Die Tatsache, dass der Mensch von fremden Mächten in seiner eingebildeten Einheitlichkeit bedroht ist, bleibt nach wie vor dieselbe. Die Theologie täte wohl besser daran, diese psychologischen Tatsachen endlich einmal in Betracht zu ziehen, als mit hundertjähriger Stilverspätung noch aufklärerisch zu »entmythologisieren«.

Ich habe im Vorangehenden versucht, einen Überblick über jene psychischen Erscheinungen zu geben, welche dem Vorherrschen des Mutterbildes zuzuschreiben sind. Ohne jeweils darauf verwiesen zu werden, hat mein Leser wohl ohne weiteres, auch in der Verhüllung personalistischer Psychologie, jene Züge, welche die Gestalt der Großen Mutter mythologisch kennzeichnen, wahrzunehmen vermocht. Wenn wir unsere Patienten, die unter dem besonderen Einfluss des Mutterbildes stehen, auffordern, durch Wort oder Bild das auszudrücken, was ihnen als »Mutter« entgegentritt – sei es positiv oder negativ –, so erhalten wir symbolische Gestaltungen, welche als unmittelbare Analogien zum mythologischen Mutterbild anzusprechen sind. Mit diesen Analogien betreten wir nun allerdings ein Gebiet, dessen Klärung noch vieler Arbeit bedarf. Ich persönlich wenigstens fühle mich nicht in der Lage, irgendetwas Definitives darüber auszusagen. Wenn ich es trotzdem wage, einige Bemerkungen zu machen, so wolle man dieselben als vorläufig und unverbindlich betrachten.

Vor allem möchte ich die Aufmerksamkeit auf den besonderen Umstand lenken, dass das Mutterbild auf einer anderen Ebene liegt, wenn der, der es ausdrückt, ein Mann und nicht eine Frau ist. Für die Frau ist die Mutter der Typus ihres bewussten, geschlechtsgemäßen Lebens. Für den Mann aber ist die Mutter der Typus eines zu erlebenden, fremden Gegenüber, erfüllt mit der Bilderwelt des latenten Unbewussten. Schon aus diesem Grunde ist der Mutterkomplex des Mannes prinzipiell verschieden von dem der Frau. Dementsprechend ist die Mutter dem Manne, von vornherein sozusagen, eine Angelegenheit von ausgesprochen symbolischem Charakter, und daher rührt auch wohl dessen Tendenz, die Mutter zu idealisieren. Idealisierung ist ein geheimer Apotropäismus. Man idealisiert, wo eine Furcht gebannt werden soll. Das Gefürchtete ist das Unbewusste und dessen magischer Einfluss.[123]

Während beim Manne die Mutter ipso facto symbolisch ist, wird sie bei der Frau anscheinend erst im Verlauf der psychologischen Entwicklung zum Symbol. Es ist auffallend, dass erfahrungsgemäß beim Manne der Typus der Urania im Allgemeinen stärker hervortritt, während bei der Frau der chthonische Typus, die sogenannte Erdmutter, vorwiegt. In einer Phase, wo der Archetypus erscheint, tritt in der Regel eine mehr oder weniger völlige Identität mit dem Urbilde ein. Die Frau kann sich unmittelbar mit der Erdmutter identifizieren; der Mann dagegen nicht (ausgenommen psychotische Fälle). Wie die Mythologie dartut, gehört es zu den Eigentümlichkeiten der Großen Mutter, dass sie häufig mit ihrer männlichen Entsprechung gepaart vorkommt. Der Mann identifiziert sich daher mit dem von der Sophia begnadeten Sohn-Geliebten, einem »puer aeternus« oder einem »filius sapientiae«, einem Weisen. Der Gefährte der chthonischen Mutter aber ist das gerade Gegenteil, ein ithyphallischer Hermes (oder wie in Ägypten ein Bes) oder – indisch ausgedrückt – ein Lingam. Dieses Symbol ist in Indien von höchster geistiger Bedeutung, und Hermes ist eine der widerspruchsvollsten Gestalten des hellenistischen Synkretismus, von welchem die entscheidenden geistigen Entwicklungen des Abendlandes ausgingen: Hermes ist auch Offenbarungsgott und in der frühmittelalterlichen Naturphilosophie nichts Geringeres als der weltschöpferische nous selber. Wohl am besten ist dieses Geheimnis in den dunkeln Worten der ›Tabula Smaragdina‹ ausgedrückt: »Omne superius sicut inferius.«[124]

Mit diesen Identifikationen betreten wir das Gebiet der Syzygien, nämlich der Gegensatzpaarungen, wo das eine niemals vom anderen,

[123] Selbstverständlich kann auch die Tochter die Mutter idealisieren, wozu aber besondere Umstände nötig sind, während beim Mann die Idealisierung sozusagen innerhalb des normalen Rahmens stattfindet.

[124] Ruska: Tabula Smaragdina, 1926, S. 2; »Alles, was oben, ist gleich dem, was unten.«

Entgegengesetzten, getrennt ist. Es ist jene Erlebnissphäre, die unmittelbar zur Erfahrung der Individuation, der Selbstwerdung, führt. Es könnten aus der westlichen Literatur des Mittelalters und erst recht aus den Weisheitsschätzen des Ostens viele Symbole dieses Prozesses beigebracht werden, aber in dieser Sache wollen Worte und Begriffe, ja selbst Ideen wenig bedeuten. Sie können sogar zu gefährlichen Abwegen werden. In diesem noch recht dunkeln seelischen Erfahrungsgebiete, wo uns der Archetypus sozusagen unmittelbar gegenübertritt, wird auch dessen psychische Macht am deutlichsten offenbar. Wenn diese Sphäre etwas ist, so ist sie die des reinen Erlebnisses und kann darum durch keine Formel eingefangen oder vorweggenommen werden. Dem Wissenden allerdings wird es, auch ohne wortreiche Erklärung, verständlich sein, welche Spannung Apuleius in seinem herrlichen Regina-Coeli-Gebet ausdrückt, wenn er der coelestis Venus die »nocturnis ululatibus horrenda Proserpina«[125] zugesellt: Es ist die erschreckende Paradoxie des urtümlichen Mutterbildes.

Als ich im Jahre 1938 die erste Fassung dieses Aufsatzes niederschrieb, wusste ich noch nicht, dass zwölf Jahre später die christliche Gestaltung des Mutterarchetypus zur dogmatischen Wahrheit erhoben werden würde. Die christliche Regina Coeli hat selbstverständlich alle olympischen Eigenschaften mit Ausnahme des Lichten, Guten und Ewigen abgestreift, und sogar ihr menschlicher Körper, der als solcher der grobmateriellen Verweslichkeit am allermeisten preisgegeben ist, hat sich zu ätherischer Unverweslichkeit gewandelt. Trotzdem hat die reiche Allegorik der Gottesmutter einige Beziehungen zu ihren heidnischen Präfigurationen in Isis (oder Io) und Semele behalten. Nicht nur ist Isis und das Horuskind ikonologisch vorbildhaft, sondern auch die Himmelfahrt der Semele, der ursprünglich sterblichen Mutter des Dionysos, nimmt die assumptio Beatae Virginis voraus. Auch ist der Sohn der

[125] Apuleius: Lucii Apulei ..., Bd. 1, Metamorphoseos, 1778; Buch 11, S. 223 f.; »Proserpina, die durch ihr nächtliches Heulen Grauen erregt.«

Semele ein sterbender und auferstehender Gott (und der jüngste der Olympier). Semele selber scheint eine alte Erdgöttin gewesen zu sein, wie auch die Jungfrau Maria die Erde ist, aus welcher Christus geboren wurde. Unter diesen Umständen entsteht für den Psychologen natürlich die Frage, wohin dann die für das Mutterbild so charakteristische Beziehung zur Erde, zum Dunkel und zur Abgründigkeit des körperlichen Menschen mit seiner animalischen Trieb- und Leidenschaftsnatur und zur »materia« überhaupt geraten sei? Die Deklaration des Dogmas ist erfolgt in einer Zeit, wo die Errungenschaften der Naturwissenschaft und der Technik im Verein mit einer rationalistischen und materialistischen Weltanschauung die geistigen und seelischen Güter der Menschheit mit gewaltsamer Vernichtung bedrohen. Die Menschheit rüstet sich mit Angst und Widerwillen zu einem ungeheuren Verbrechen. Es könnten Umstände eintreten, wo man zum Beispiel die Wasserstoffbombe verwenden müsste, und wo zur berechtigten Verteidigung der eigenen Existenz die unausdenkbar fürchterliche Tat unvermeidlich würde. Zu dieser fatalen Entwicklung der Dinge steht die in den Himmel erhobene Gottesmutter in strengstem Gegensatz; ja ihre assumptio wird sogar als ein beabsichtigter Gegenzug gegen den materialistischen Doktrinarismus, der einen Aufstand der chthonischen Mächte darstellt, gedeutet. Wie mit dem Erscheinen Christi seinerzeit zuerst ein eigentlicher Teufel und Gegenspieler Gottes aus einem ursprünglichen, im Himmel befindlichen Gottessohn entstand, so hat sich jetzt umgekehrt eine himmlische Gestalt von ihrem ursprünglichen chthonischen Bereiche abgespalten und hat eine Gegenstellung zu den entfesselten titanischen Mächten der Erde und der Unterwelt eingenommen. Wie die Gottesmutter aller essentiellen Eigenschaften der Stofflichkeit entledigt wurde, so wurde die Materie gründlichst entseelt, und dies zu einer Zeit, wo gerade die Physik zu Erkenntnissen vordringt, welche die Materie wenn nicht gerade »entstofflichen«, so doch mit Eigenschaften begabt erachten und deren Beziehung zur Psyche zum unaufschiebbaren Problem machen. Wie die gewaltige Entwicklung der Naturwissenschaft zunächst zu einer vorschnellen Entthronung des Geistes und einer ebenso unüberlegten Vergötterung der Materie führte, so ist es der gleiche wissenschaftliche Erkenntnisdrang, der heute sich anschickt, die ungeheure Kluft, die sich zwischen den beiden Weltanschauungen aufgetan hat, zu überbrücken. Die Psychologie neigt dazu, im Dogma der assumptio ein Symbol zu erblicken, welches die angedeutete Entwicklung in einem gewissen Sinne vorausnimmt. Sie hält die Beziehungen zur Erde und zur Materie für eine unabdingbare Eigenschaft des Mutterarchetypus. Wenn also eine durch diesen bedingte Gestalt als in den Himmel, das heißt in das Reich des Geistes aufgenommen dargestellt wird, so ist damit eine Vereinigung von Erde und Himmel beziehungsweise von Materie und Geist angedeutet. Die naturwissenschaftliche Erkenntnis wird allerdings den umgekehrten Weg einschlagen: sie wird in der Materie selber das Äquivalent des Geistes erkennen, wobei das Bild dieses »Geistes« als ebenso sehr aller oder wenigstens der meisten bisher bekannten Eigenschaften entledigt erscheinen wird, wie der irdische Stoff, der seinen Einzug in den Himmel gehalten hat, hiebei seiner spezifischen Eigentümlichkeit entkleidet wurde. Nichtsdestoweniger wird sich eine Vereinigung der getrennten Prinzipien anbahnen.

Konkret genommen bedeutet die assumptio einen absoluten Gegensatz zum Materialismus. Ein derartig verstandener Gegenzug vermindert die Spannung zwischen den Gegensätzen keineswegs, sondern treibt sie ins Extrem.

Symbolisch verstanden aber bedeutet die assumptio des Körpers eine Anerkennung der Materie, die nur infolge einer überwiegenden pneumatischen Tendenz schließlich mit dem Bösen schlechthin identifiziert worden war. An sich sind Geist wie Materie neutral oder besser »utriusque capax«, das heißt fähig zu dem, was der Mensch gut oder böse nennt. Obschon dies Bezeichnungen von höchst relativer Natur sind, liegen ihnen doch wirkliche Gegensätze zugrunde, welche zur energetischen Struktur der physischen sowohl wie der psychischen Natur gehören, ohne die es kein feststellbares Sein gibt. Es gibt keine Position ohne ihre Negation. Trotz oder gerade wegen des extremen Gegensatzes kann das eine nicht ohne das andere sein. Es ist schon so, wie die klassische chinesische Philosophie es formuliert: yang (das helle, warme, trockene und männliche Prinzip) enthält in sich den Keim des yin (des dunkeln, kalten, feuchten und weiblichen Prinzips), et viceversa. In der Materie wäre daher der Keim des Geistes und im Geiste der Keim der Materie zu entdecken. Die seit alters bekannten und durch die Rhine'schen Experimente statistisch bestätigten »synchronistischen« Phänomene weisen allem Anschein nach in diese Richtung.[126] Eine gewisse »Beseeltheit« der Materie stellt die absolute Immaterialität des Geistes in Frage, indem diesem eine Art Substanzhaftigkeit zuerteilt werden müsste. Das kirchliche Dogma, das in einer Zeit der größten politischen Spaltung, welche die Geschichte überhaupt kennt, verkündet wurde, ist ein kompensierendes Symptom, das dem Streben in der Naturwissenschaft nach einem einheitlichen Weltbild entspricht. In einem gewissen Sinne sind beide Entwicklungen von der Alchemie in der Form des hieros gamos der Gegensätze vorausgenommen worden, dies allerdings nur in symbolischer Form. Das Symbol hat aber den großen Vorteil, dass es heterogene, ja inkommensurable Faktoren in *einem* Bild zusammenzufassen vermag. Mit dem Untergang der Alchemie ist die symbolische Einheit von Geist und Stoff zerfallen, und infolgedessen findet sich der moderne Mensch entwurzelt und fremd in einer entseelten Natur vor.

Die Alchemie hat die Vereinigung der Gegensätze unter dem Symbol des Baumes gesehen, und es ist daher weiter nicht erstaunlich, dass das Unbewusste des heutigen Menschen, der sich in seiner Welt nicht mehr zu Hause fühlt und sein Dasein weder auf dem nicht mehr seienden Vergangenen noch auf dem noch nicht seienden Zukünftigen begründen kann, wieder auf das Symbol des in dieser Welt wurzelnden und zum Himmelspol emporwachsenden Weltbaumes, welcher auch

[126] Synchronizität als ein Prinzip akausaler Zusammenhänge, GW 8.

der Mensch ist, zurückgreift. Die Symbolgeschichte überhaupt schildert den Baum als den Weg und das Wachstum auf das Unveränderliche und Ewigseiende hin, welches durch die Vereinigung der Gegensätze entsteht und durch sein ewiges Schon-vorhanden-Sein die Vereinigung auch ermöglicht. Es scheint, als ob der Mensch, der vergeblich seine Existenz sucht und daraus eine Philosophie macht, nur durch das Erlebnis symbolischer Wirklichkeit den Rückweg in jene Welt, in der er kein Fremdling ist, wiederfindet.

ZUR PSYCHOLOGIE DES KINDARCHETYPUS (1940)

1. Einleitung

Der Verfasser[127] der Arbeit über die Mythologie des »Kindes« oder der Kindgottheit hat mich gebeten, den Gegenstand seiner Untersuchung psychologisch zu kommentieren. Ich komme seiner Aufforderung gerne nach, obschon mir die Unternehmung in Ansehung der großen Bedeutung des mythologischen Kind-Motives als kein geringes Wagnis erscheint. Das griechisch-römische Vorkommen des Motives hat Kerényi selber durch Parallelen indischer, finnischer und sonstiger Herkunft erweitert, und damit angedeutet, dass die Darstellung auch auf noch viel weitere Erstreckungen ausgedehnt werden könnte. Eine umfassende Beschreibung würde zwar nichts im Prinzip Entscheidendes beitragen; wohl aber könnte sie einen beinahe überwältigenden Eindruck von der weltweiten Verbreitung und Häufigkeit des Motives hervorbringen. Die bis heute übliche Behandlung mythologischer Motive in voneinander getrennten Wissenschaftsgebieten, wie Philologie, Ethnologie, Kulturgeschichte und vergleichender Religionsgeschichte, war der Erkenntnis ihrer Universalität nicht gerade förderlich, und die durch die Universalität aufgeworfene psychologische Problematik konnte durch Migrationshypothesen leicht zur Seite geschoben werden. Dementsprechend hatten auch Adolf Bastians Ideen seinerzeit wenig Erfolg. Zwar war schon damals das vorhandene empirische Material durchaus genügend,

[127] Kerényi: Das göttliche Kind. In: Jung/Kerényi: Einführung in das Wesen der Mythologie, 1951.

weitgehende psychologische Schlüsse zu gewährleisten, aber es fehlte an den nötigen Voraussetzungen hierfür. Die damaligen psychologischen Erkenntnisse zogen die Mythenbildung zwar in ihren Bereich, wie das Beispiel Wilhelm Wundts (›Völkerpsychologie‹) zeigt, waren aber außerstande, diesen gleichen Vorgang in der Psyche des zivilisierten Menschen als eine lebendig vorhandene Funktion nachzuweisen, und ebenso wenig vermochten sie die mythologischen Motive als Strukturelemente der Psyche zu verstehen. Getreu ihrer Geschichte, wo Psychologie zunächst Metaphysik war, dann Lehre der Sinnesfunktionen und dann des Bewusstseins und seiner Funktionen, hat sie ihren Gegenstand mit dem Bewusstsein und dessen Inhalten identifiziert und damit die Existenz einer nichtbewussten Seele völlig übersehen. Obwohl verschiedene Philosophen, wie Leibniz, Kant und Schelling, schon deutlich auf das Problem der dunklen Seele hingewiesen hatten, so war es doch ein Arzt, der sich gedrängt fühlte, aus seiner naturwissenschaftlichen und ärztlichen Welterfahrung heraus auf das *Unbewusste* als wesentlichen Seelengrund hinzuweisen. Dies war Carl Gustav Carus, Eduard von Hartmanns ausschlaggebender Vorgänger. In neuester Zeit war es wieder die medizinische Psychologie, die ohne philosophische Voraussetzung sich dem Problem des Unbewussten näherte. Durch viele Einzeluntersuchungen wurde es klar, dass die Psychopathologie der Neurosen und vieler Psychosen der Hypothese eines dunkeln Seelenteils, eben des Unbewussten, nicht entraten kann. Das Gleiche ist der Fall für die Psychologie des Traumes, der eine eigentliche terra intermedia zwischen normaler und pathologischer Psychologie ist. Im Traum sowohl wie in den Produkten der Psychose haben sich zahllose Zusammenhänge ergeben, die man nur mit mythologischen Ideenverknüpfungen parallelisieren kann (oder eventuell mit gewissen poetischen Produkten, die sich öfters durch nicht immer bewusste Entlehnungen bei Mythen auszeichnen). Hätte es sich bei jeweiliger gründlicher Nachforschung ergeben, dass in der Mehrzahl solcher Vorkommnisse es sich einfach um vergessene Kenntnisse handelt, so hätte der Arzt sich nie die

Mühe genommen, ausgedehnte Nachforschungen über individuelle und kollektive Parallelen anzustellen. In Tat und Wahrheit aber wurden typische Mythologeme gerade bei Individuen beobachtet, wo dergleichen Kenntnisse ausgeschlossen waren und wo sogar eine mittelbare Ableitung aus möglicherweise bekannten religiösen Vorstellungen oder aus Figuren der Umgangssprache unmöglich war.[128] Solche Ergebnisse nötigten zur Annahme, dass es sich um »autochthone« Wiederentstehungen jenseits aller Tradition handeln müsse, mithin um das Vorhandensein von »mythenbildenden« Strukturelementen der unbewussten Psyche.[129]

Bei diesen Produkten handelt es sich nie (oder wenigstens sehr selten) um geformte Mythen, sondern vielmehr um Mythenbestandteile, die man um ihrer typischen Natur willen als »Motive«, »Urbilder«, »Typen« oder »Archetypen« (wie ich sie benannt habe) bezeichnen kann. Der Kindarchetypus ist ein treffendes Beispiel. Man darf heutzutage wohl den Satz aussprechen, dass die Archetypen in den Mythen und Märchen, wie im Traum und in psychotischen Phantasieprodukten, erscheinen. Das Medium, in welchem sie eingebettet sind, ist allerdings im ersten Fall ein geordneter und meist unmittelbar verständlicher Sinnzusammenhang, im letzten hingegen eine meist unverständliche, irrationale, als deliriös zu bezeichnende Folge von Bildern, welche aber deshalb doch nicht eines verborgenen Sinnzusammenhaltes ermangelt. Beim Individuum erscheinen die Archetypen als unwillkürliche Mani-

128 Die Struktur der Seele, GW 8, §§ 317 ff.

129 Freud (Die Traumdeutung, 1900, S. 185) parallelisierte gewisse Aspekte der infantilen Psychologie mit der Ödipussage und bemerkte, dass deren »allgemeingültige Wirksamkeit« aus der ähnlichen infantilen Voraussetzung zu erklären sei. Die eigentliche Bearbeitung mythologischer Stoffe ist dann von meinen Schülern aufgenommen worden. (Maeder: Essai d'interprétation de quelques rêves, 1907, und ders.: Die Symbolik in den Legenden, Märchen, Gebräuchen und Träumen, 1908/1909; Riklin: Über Gefängnispsychosen und Wunscherfüllung und Symbolik im Märchen, 1908; Abraham: Traum und Mythus, 1909.) Darauf folgt aus der Wiener Schule Rank: Der Mythus von der Geburt des Helden, 1909. In: Wandlungen und Symbole der Libido (1911, Neufassung GW 5) habe ich sodann eine etwas umfänglichere Untersuchung der psychischen und mythologischen Parallelen vorgelegt. Vgl. auch meinen Aufsatz ›Über den Archetypus mit besonderer Berücksichtigung des Animabegriffes‹ (S. 71–93 in diesem Band).

festationen unbewusster Vorgänge, deren Existenz und Sinn nur indirekt erschlossen werden kann; im Mythus dagegen handelt es sich um traditionelle Formungen von meist unabschätzbarem Alter. Sie reichen zurück in eine primitive Vorwelt mit geistigen Voraussetzungen und Bedingungen, die wir bei den heute noch vorhandenen Primitiven beobachten können. Die Mythen auf dieser Stufe sind in der Regel Stammeslehre, die von Generation zu Generation durch Wiedererzählung übermittelt wird. Der primitive Geisteszustand ist nun vom zivilisierten hauptsächlich dadurch unterschieden, dass das Bewusstsein in puncto Ausdehnung und Intensität viel weniger entwickelt ist. Namentlich sind Funktionen wie das Denken, der Wille und so weiter noch nicht differenziert, sondern vorbewusst, was zum Beispiel beim Denken sich darin zeigt, dass nicht *bewusst* gedacht wird, sondern dass die Gedanken *erscheinen*. Der Primitive kann nicht behaupten, er denke, sondern »es denkt in ihm«. Die Spontaneität des Denkaktes liegt nicht kausal bei seinem Bewusstsein, sondern bei seinem Unbewussten. Er ist auch keiner bewussten Willensanstrengung fähig, sondern er muss sich zuvor in die »Stimmung des Wollens« versetzen oder versetzen lassen: daher seine »rites d'entrée et de sortie«. Sein Bewusstsein ist bedroht von einem übermächtigen Unbewussten, daher die Furcht vor magischen Einflüssen, welche jederzeit seine Absicht durchkreuzen können, und darum ist er auch umgeben von unbekannten Mächten, denen er sich auf irgendeine Weise anzupassen hat. Bei dem chronischen Dämmerzustand seines Bewusstseins ist es öfters fast unmöglich herauszufinden, ob er etwas bloß geträumt oder in Wirklichkeit erlebt hat. Die Selbstmanifestation des Unbewussten mit seinen Archetypen greift überall in das Bewusstsein über, und die mythische Welt der Ahnen, zum Beispiel das altjira oder bugari der Australier, ist eine der materiellen Natur ebenbürtige, wenn nicht überlegene Existenz.[130] Nicht die Welt, wie wir sie ken-

[130] Die Tatsache ist bekannt, und die einschlägige ethnologische Literatur größer, als dass sie angeführt werden könnte.

nen, spricht aus seinem Unbewussten, sondern die unbekannte Welt der Psyche, von der wir wissen, dass sie nur zum Teil unsere empirische Welt abbildet, und dass sie, zum anderen Teil, eben diese auch, entsprechend der psychischen Voraussetzung, formt. Der Archetypus geht nicht etwa aus physischen Tatsachen hervor, sondern er schildert vielmehr, wie die Seele die physische Tatsache erlebt, wobei sie (die Seele) des Öfteren dermaßen selbstherrlich verfährt, dass sie die tastbare Wirklichkeit leugnet und Behauptungen aufstellt, die der Wirklichkeit ins Gesicht schlagen.

Die primitive Geistesverfassung *erfindet* keine Mythen, sondern sie *erlebt* sie. Die Mythen sind ursprünglich Offenbarungen der vorbewussten Seele, unwillkürliche Aussagen über unbewusstes seelisches Geschehen, und nichts weniger als Allegorien physischer Vorgänge.[131] Solche Allegorien wären ein müßiges Spiel eines unwissenschaftlichen Intellekts. Mythen hingegen haben eine vitale Bedeutung. Sie stellen nicht nur dar, sondern sind auch das seelische Leben des primitiven Stammes, der sofort zerfällt und untergeht, wenn er sein mythisches Ahnengut verliert, wie ein Mensch, der seine Seele verloren hat. Die Mythologie eines Stammes ist seine lebendige Religion, deren Verlust immer und überall, auch beim zivilisierten Menschen, eine moralische Katastrophe ist. Religion aber ist eine lebendige Beziehung zu den seelischen Vorgängen, die nicht vom Bewusstsein abhängen, sondern jenseits davon, im Dunkel des seelischen Hintergrundes sich ereignen. Viele dieser unbewussten Vorgänge entstehen zwar aus indirekter Veranlassung des Bewusstseins, aber niemals aus bewusster Willkür. Andere scheinen spontan zu entstehen, das heißt ohne erkennbare und im Bewusstsein nachweisbare Ursachen.

Die moderne Psychologie behandelt die Produkte unbewusster Phantasietätigkeit als Selbstdarstellungen von Vorgängen im Unbewussten

[131] Die Struktur der Seele, GW 8, §§ 328 ff.

oder als Aussagen der unbewussten Psyche über sich selbst. Es werden zwei Kategorien solcher Produkte unterschieden. Erstens: Phantasien (inklusive Träume) persönlichen Charakters, welche unzweifelhaft auf persönlich Erlebtes, Vergessenes oder Verdrängtes zurückgehen und demgemäß restlos aus der individuellen Anamnese erklärt werden können. Zweitens: Phantasien (inklusive Träume) unpersönlichen Charakters, welche aber nicht auf Erlebnisse der individuellen Vorgeschichte zurückgeführt und dementsprechend nicht aus individuellen Akquisitionen erklärt werden können. Diese Phantasiebilder haben unzweifelhaft ihre nächsten Analoga in den mythologischen Typen. Es ist darum anzunehmen, dass sie gewissen *kollektiven* (und nicht persönlichen) Strukturelementen der menschlichen Seele überhaupt entsprechen und, wie die morphologischen Elemente des menschlichen Körpers, *vererbt* werden. Obschon Tradition und Verbreitung durch Migration zu Recht bestehen, so gibt es, wie schon gesagt, dennoch überaus zahlreiche Fälle, die aus solcher Herkunft nicht erklärt werden können, sondern die Annahme einer »autochthonen« Wiederentstehung erfordern. Diese Fälle sind dermaßen häufig, dass man nicht umhin kann, die Existenz einer kollektiven seelischen Grundschicht anzunehmen. Ich habe dieses Unbewusste als *kollektives Unbewusstes* bezeichnet.

Die Produkte dieser zweiten Kategorie sind den Strukturtypen der Mythen und Märchen dermaßen ähnlich, dass man sie als verwandte ansprechen muss. Es liegt darum auch durchaus im Bereich der Möglichkeit, dass beide, die mythologischen Typen sowohl wie die individuellen, unter ganz ähnlichen Bedingungen zustande kommen. Wie schon erwähnt, entstehen die Phantasieprodukte der zweiten Kategorie (wie übrigens auch die der ersten) in einem Zustand herabgesetzter Bewusstseinsintensität (in Träumen, Delirien, Tagträumen, Visionen und so weiter). In solchen Zuständen hört die von der Bewusstseinskonzentration auf die unbewussten Inhalte ausgehende Hemmung auf, und damit strömt, wie aus geöffneten Seitentüren, das vorher unbewusste Material in den Raum des Bewusstseins. Diese Entstehungsweise ist allgemeine Regel.[132]

Die herabgesetzte Bewusstseinsintensität und die Abwesenheit von Konzentration und Aufmerksamkeit, das »abaissement du niveau mental« (Pierre Janet), entspricht ziemlich genau dem primitiven Bewusstseinszustand, in welchem man den Ursprung der Mythenbildung vermuten muss. Es ist darum überaus wahrscheinlich, dass auch die mythologischen Archetypen in ganz ähnlicher Weise zutage getreten sind wie die noch heute stattfindenden, individuellen Manifestationen archetypischer Strukturen.

Der methodische Grundsatz, nach welchem die Psychologie die Produkte des Unbewussten behandelt, lautet: Inhalte archetypischer Natur manifestieren Vorgänge im kollektiven Unbewussten. Sie beziehen sich daher auf nichts Bewusstes oder bewusst Gewesenes, sondern auf essentiell Unbewusstes. Es ist daher, in letzter Linie, auch gar nicht anzugeben, worauf sie sich beziehen. Jede Deutung bleibt notwendigerweise beim Als-ob. Der letzthinnige Bedeutungskern lässt sich zwar um-, aber nicht beschreiben. Immerhin bedeutet auch schon die bloße Umschreibung einen wesentlichen Fortschritt in der Erkenntnis der vorbewussten Struktur der Psyche, die war, als es noch keine Einheit der Person (welche auch beim heutigen Primitiven noch kein gesicherter Besitz ist) und überhaupt noch kein Bewusstsein gab. Diesen vorbewussten Zustand können wir auch in der frühen Kindheit beobachten, und es sind gerade die Träume jener Frühzeit, welche nicht selten überaus bemerkenswerte, archetypische Inhalte zutage fördern.[133]

Wenn also nach dem oben angegebenen Grundsatz verfahren wird, so besteht keine Frage mehr, ob sich ein Mythus auf die Sonne oder den

132 Eine Ausnahme machen gewisse Fälle spontaner Visionen, »automatismes téléologiques« (Flournoy) und die Vorgänge der von mir angegebenen Methode der »aktiven Imagination« (Zur Empirie des Individuationsprozesses, GW 9/I).

133 Einschlägiges Material findet sich nur in ungedruckten Berichten des Psychologischen Seminars der Eidgenössischen Technischen Hochschule, Zürich, 1936–1939.

Mond, den Vater oder die Mutter, die Sexualität oder Feuer oder Wasser beziehe, sondern es handelt sich nur noch um die Umschreibung und approximative Charakterisierung eines unbewussten *Bedeutungskernes.* Der Sinn dieses Nukleus war nie bewusst und wird es nie sein. Er wurde und wird immer nur gedeutet, wobei jede Deutung, welche dem verborgenen Sinn (oder – vom Standpunkt des wissenschaftlichen Intellektes – Unsinn, was auf dasselbe herauskommt) einigermaßen nahekommt, von jeher den Anspruch nicht nur auf absolute Wahrheit und Gültigkeit erhob, sondern zugleich auch auf Ehrfurcht und religiöse Devotion. Archetypen waren und sind seelische Lebensmächte, welche ernst genommen sein wollen und auf die seltsamste Art auch dafür sorgen, dass sie zur Geltung kommen. Sie waren immer die Schutz- und Heilbringer, und ihre Verletzung hat die aus der Psychologie der Primitiven wohlbekannten »perils of the soul«[134] zur Folge. Sie sind nämlich auch die unfehlbaren Erreger neurotischer und sogar psychotischer Störungen, indem sie sich genau so verhalten wie vernachlässigte oder misshandelte Körperorgane oder organische Funktionssysteme.

Was ein archetypischer Inhalt immer aussagt, ist zunächst sprachliches Gleichnis. Spricht er von Sonne und identifiziert mit ihr den Löwen, den König, den vom Drachen bewachten Goldschatz und die Lebens- oder »Gesundheitskraft« des Menschen, so ist es weder das eine noch das andere, sondern das unbekannte dritte, das sich mehr oder weniger treffend durch alle diese Gleichnisse ausdrücken lässt, das aber – was für den Intellekt stets ein Ärgernis bleiben wird – unbekannt und unformulierbar bleibt. Der wissenschaftliche Intellekt verfällt aus diesem Grund immer wieder einmal in aufklärerische Allüren und hofft mit dem Spuk endgültig aufzuräumen. Ob die Bestrebungen nun Euhemerismus oder christliche Apologetik oder Aufklärung in engerem Sinne oder Positivismus hießen, immer verbarg sich dahinter eine verblüffende Neueinkleidung des Mythus, welche sich nach uralt heiligem

[134] »Gefahren der Seele«.

Muster als nunmehr endgültige Erkenntnis gab. In Wirklichkeit kommt man von der archetypischen Grundlage legitimerweise nie los, wenn man nicht gewillt ist, eine Neurose in Kauf zu nehmen, so wenig als man sich ohne Selbstmord des Körpers und seiner Organe entledigen kann. Wenn man nun die Archetypen nicht wegleugnen oder sonst wie unschädlich machen kann, so ist jede neu errungene Stufe von kultürlicher Bewusstseinsdifferenzierung mit der Aufgabe konfrontiert, eine neue und der Stufe entsprechende *Deutung* zu finden, um nämlich das in uns noch existierende Vergangenheitsleben mit dem Gegenwartsleben, das jenem zu entlaufen drohte, zu verknüpfen. Geschieht dies nicht, so entsteht ein wurzelloses, an der Vergangenheit nicht mehr orientiertes Bewusstsein, welches hilflos allen Suggestionen erliegt, das heißt praktisch für psychische Epidemien anfällig wird. Mit der verlorenen Vergangenheit, welche eben das »Unansehnliche«, Entwertete und nicht mehr Aufzuwertende geworden ist, ist auch der Heilbringer verlorengegangen, denn der Heilbringer ist entweder das Unansehnliche selber, oder er geht aus diesem hervor. Er entsteht im »Gestaltwandel der Götter« (Ziegler) sozusagen immer wieder als Verkünder oder Erstling einer neuen Generation und tritt unerwartet am unwahrscheinlichen Orte (Stein- und Baumgeburt, Ackerfurche, Wasser und so weiter) und in zweideutiger Gestalt hervor (Däumling, Zwerg, Kind, Tier und so weiter).

Dieser Archetypus des »Kindgottes« ist von größter Verbreitung und in innigster Vermischung mit allen anderen mythologischen Aspekten des Kindmotives. Es ist wohl kaum nötig, auf das noch lebendige »Jesuskind« hinzuweisen, welches in der Christophoruslegende auch jenen typischen Aspekt des »kleiner als klein und größer als groß« zeigt. In der Folklore erscheint das Kindmotiv in der Gestalt von Zwerg und Elf als Verdeutlichungen verborgener Naturmächte. In dieses Gebiet gehört auch die spätklassische Figur des anthröparion, des Metallmännchens,[135] welches bis ins späte Mittelalter einerseits die Erzschächte

[135] Berthelot: Collection des anciens alchimistes grecs, 1887/1888, III, XXXV, S. 201.

belebte,[136] andererseits die alchemistischen Metalle[137] und vor allem den in vollkommener Gestalt wiedergeborenen Mercurius darstellte (als Hermaphroditus, als filius sapientiae oder als infas noster).[138] Dank der religiösen Deutung des »Kindes« sind uns aus dem Mittelalter auch einige Zeugnisse erhalten geblieben, welche dartun, dass das »Kind« nicht nur traditionsmäßige Figur, sondern auch spontan erlebte Vision (als sogenannter »Einbruch des Unbewussten«) war. Ich erwähne die Vision des »nackenden Buben« bei Meister Eckhart und den Traum des Bruders Eustachius.[139] Interessante Berichte über solche spontane Erlebnisse finden sich auch in englischen Spukgeschichten, wo es sich um die Vision eines »Radiant Boy« handelt, der angeblich an einem Ort, wo römische Ruinen vorkommen, gesehen wurde.[140] Diese Gestalt wird als unheilbedeutend angegeben. Es hat fast den Anschein, dass es sich um eine »puer aeternus«-Figur handelt, die durch »Gestaltwandel« ungünstig geworden ist, also das Schicksal der antiken und der germanischen Götter teilt, welche allesamt zu Unholden geworden sind. Den mystischen Charakter des Erlebnisses bestätigt uns auch Goethes ›Faust‹, Zweiter Teil, wo Faust selber in den Knaben verwandelt und in den »Chor der seligen Knaben« aufgenommen ist, dies als »Puppenstadium« des Doktor Marianus.[141]

In der seltsamen Geschichte ›Das Reich ohne Raum‹ von Bruno Goetz tritt eine »puer aeternus«-Gestalt, genannt Fo (= Buddha), auf, mit ganzen Chören »unseliger« Knaben von nefaster Bedeutung. (Zeitgenössisches ist besser nicht zu deuten.) Ich erwähne diesen Fall nur, um auf die allzeit vorhandene Lebendigkeit dieses Archetypus hinzuweisen.

[136] Agricola: De animantibus subterraneis, 1549; Kircher: Mundus subterraneus, 1678, Bd. 8, Kap. 4.

[137] Mylius: Philosophia reformata, 1622.

[138] Allegoria super librum turbae, in: Artis auriferae, 1593, Bd. 1, S. 161.

[139] Texte aus der deutschen Mystik des 14. und 15. Jahrhunderts, 1912, S. 143 f. und 150 f.

[140] Ingram: The Haunted Homes and Family Traditions of Great Britain, 1897, S. 43 ff.

[141] Es gibt eine alte alchemistische Autorität namens Morienes, Morienus oder Marianus (De compositione alchemiae, in: Bibliotheca chemica curiosa, 1702, Bd. 1, S. 509 ff.). Bei dem ausgesprochen alchemistischen Charakter von Faust, 2. Teil, wäre ein solcher Zusammenhang nicht ganz unerwartet.

Im Gebiete der Psychopathologie kommt das Kindmotiv nicht selten vor. Häufig ist das Wahnkind bei geisteskranken Frauen, das in der Regel christlich gedeutet ist. Es kommen auch homunculi vor, so in dem berühmten Fall Schreber,[142] wo sie in Scharen auftreten und den Kranken plagen. Am deutlichsten und sinnvollsten aber manifestiert sich das Kindmotiv in der Neurosentherapie bei dem auch die Analyse des Unbewussten hervorgerufenen Reifungsprozess der Persönlichkeit, den ich als *Individuationsprozess* bezeichnet habe.[143] Es handelt sich bei diesem Prozess um vorbewusste Vorgänge, die allmählich in Form von mehr oder weniger gestalteten Phantasien direkt ins Bewusstsein übertreten oder in Form von Träumen bewusst werden oder schließlich durch die Methode der aktiven Imagination bewusstgemacht werden.[144] Diese Materialien enthalten reichlich archetypische Motive, darunter häufig das Kindmotiv. Oft ist das Kind in Anlehnung an das christliche Vorbild gestaltet, häufiger aber entwickelt es sich aus durchaus unchristlichen Vorstufen, nämlich aus Unterwelttieren wie Krokodilen, Drachen, Schlangen oder aus Affen. Öfters erscheint das Kind in Blumenkelchen oder aus einem goldenen Ei oder als Mittelpunkt eines Mandalas. In den Träumen tritt es häufig auf als Sohn oder Tochter, als Knabe, Jüngling oder Jungfrau, gelegentlich wie von exotischer Herkunft, chinesisch, indisch, mit dunkler Hautfarbe oder mehr kosmisch, unter den Sternen oder mit einem Sternenkranz umgürtet, als Königssohn oder als Hexenkind mit dämonischen Attributen. Als ein Spezialfall des Motivs der »schwer erreichbaren Kostbarkeit«[145] ist das Kindmotiv äußerst wandelbar und nimmt alle möglichen Formen an, wie die des Edelsteines, der Perle, der Blume, des Gefäßes, des golde-

142 Schreber: Denkwürdigkeiten eines Nervenkranken, 1903.

143 Allgemeine Darstellung in: Bewußtsein, Unbewußtes und Individuation, GW 9/I. Spezielle Phänomenologie in den folgenden Kapiteln, ebenso in: Psychologie und Alchemie (Zweiter Teil: Traumsymbole des Individuationsprozesses), GW 12, und Zur Empirie des Individuationsprozesses, GW 9/I.

144 Die Beziehungen zwischen dem Ich und dem Unbewußten, Zweiter Teil, Kap. 3, GW 7 (ferner: Die transzendente Funktion, GW 8).

145 Symbole der Wandlung, GW 5, siehe Index.

nen Eies, der Quaternität, der Goldkugel und so weiter. Es erweist sich als beinahe unbegrenzt auswechselbar mit solchen und ähnlichen Bildern.

2. Die Psychologie des Kindarchetypus

a) Der Archetypus als Vergangenheitszustand

Was nun die Psychologie unseres Motives anbetrifft, so muss ich bemerken, dass jede Aussage über das rein Phänomenale eines Archetypus hinaus notwendigerweise unter die oben ausgeführte Kritik fällt. Man darf sich keinen Augenblick der Illusion hingeben, ein Archetypus könne schließlich erklärt und damit erledigt werden. Auch der beste Erklärungsversuch ist nichts anderes als eine mehr oder weniger geglückte Übersetzung in eine andere Bildsprache. (Sprache ist ja nichts anderes als Bild!) Man *träumt* bestenfalls den Mythus weiter und gibt ihm moderne Gestalt. Und was ihm immer eine Erklärung oder Deutung antut, das hat man der eigenen Seele getan, und daraus entstehen entsprechende Folgen für das eigene Wohlbefinden. Der Archetypus nämlich – was man nie vergessen sollte – ist ein seelisches Organ, das sich bei jedem findet. Eine schlechte Erklärung bedeutet eine entsprechend schlechte Einstellung zu diesem Organ, wodurch dieses beschädigt wird. Der schließlich Leidtragende ist aber der schlechte Erklärer. Die »Erklärung« sollte daher immer so ausfallen, dass der funktionale Sinn des Archetypus erhalten bleibt, das heißt dass eine genügende und sinnentsprechende Verbindung des Bewusstseins mit dem Archetypus gewährleistet ist. Dieser nämlich ist ein psychisches Strukturelement und daher ein vital nötiger Bestandteil des seelischen Haushaltes. Er repräsentiert oder personifiziert gewisse instinktive Gegebenheiten der primitiven, dunklen Psyche, der eigentlichen, aber unsichtbaren Wurzeln des Bewusstseins. Von welch elementarer Bedeutsamkeit der Zusammenhang mit diesen Wurzeln ist, zeigt uns die Präokkupation des primitiven Geistes mit der Beziehung auf gewisse »magische« Faktoren, welche eben nichts anderes sind, als was wir als Archetypen bezeichnen. Diese Urform der religio bildet auch jetzt noch die wirksame Essenz allen religiösen Lebens und wird sie immer bleiben, was auch irgendeine zukünftige Form dieses Lebens sein mag.

Für den Archetypus gibt es keinen »vernünftigen« Ersatz, so wenig als für das Kleinhirn oder die Nieren. Man kann Körperorgane anatomisch, histologisch und entwicklungsgeschichtlich erforschen. Dem entspräche die Beschreibung der archetypischen Phänomenologie und eine historisch-vergleichende Darstellung derselben. Der Sinn eines Körperorgans ergibt sich aber einzig und allein aus der teleologischen Fragestellung. Daraus entsteht die Frage: Welches ist der biologische Zweck des Archetypus? Wie die Physiologie die Frage für den Körper beantwortet, so ist es das Anliegen der Psychologie, die gleiche Frage für den Archetypus zu beantworten.

Mit Feststellungen wie, das Kindmotiv sei ein Überbleibsel der Erinnerung an die eigene Kindheit, und ähnlichen Erklärungen, ist der Frage bloß ausgewichen. Wenn wir dagegen – mit leichter Änderung dieses Satzes – sagen, das Kindmotiv sei das Bild für gewisse Dinge der eigenen Kindheit, die wir vergessen haben, so kommen wir der Wahrheit schon näher. Da es sich nun aber beim Archetypus stets um ein der ganzen Menschheit und nicht bloß dem Einzelnen gehöriges Bild handelt, so formulieren wir vielleicht besser: *Das Kindmotiv repräsentiert den vorbewussten Kindheitsaspekt der Kollektivseele.*[146]

[146] Es ist vielleicht nicht überflüssig zu bemerken, dass ein laienhaftes Vorurteil stets geneigt ist, das Kindmotiv mit der konkreten Erfahrung »Kind« in eins zu setzen, als ob das reale Kind die kausale Voraussetzung für die Existenz des Kindmotives wäre. In der psychologischen Wirklichkeit ist die empirische Vorstellung »Kind« aber nur Ausdrucksmittel (und nicht einmal das einzige!), um einen nicht näher zu fassenden seelischen Tatbestand auszudrücken. Darum ist auch die mythologische Kindvorstellung ausdrücklich keine Kopie des empirischen »Kindes«, sondern ein als solches klar erkennbares Symbol: Es handelt sich um ein göttliches, wunderbares, eben gerade nicht menschliches Kind, gezeugt, geboren und aufgezogen unter ganz außergewöhnlichen Umständen. Seine Taten sind ebenso wunderbar oder monströs wie seine Natur oder seine körperliche Beschaffenheit. Einzig und allein vermöge dieser nicht empirischen Eigenschaften besteht überhaupt die Notwendigkeit, von

Es ist kein Fehler, sich diese Aussage zunächst als historisch vorzustellen, in Analogie zu bestimmten psychologischen Erfahrungen, welche dartun, dass gewisse Abschnitte des individuellen Lebens sich verselbständigen und personifizieren können in dem Maße, dass es zu einer Selbstschau kommen kann: Zum Beispiel man sieht sich selbst als Kind. Derartige visionäre Erfahrungen – ob sie nun im Träumen oder im Wachen stattfinden – sind erfahrungsgemäß an die Bedingung geknüpft, dass vorgängig eine Dissoziation zwischen dem Gegenwarts- und dem Vergangenheitszustand stattgefunden hat. Solche Dissoziationen ereignen sich auf Grund von Inkompatibilitäten, zum Beispiel der Gegenwartszustand ist mit dem Kindheitszustand in Widerspruch geraten. Man hat sich vielleicht gewaltsam von seinem ursprünglichen Charakter getrennt zugunsten einer willkürlichen, der Ambition entsprechenden Persona.[147] Man ist damit unkindlich und künstlich geworden und hat so seine Wurzeln verloren. Das ist die günstige Gelegenheit für eine ebenso vehemente Konfrontation mit der ursprünglichen Wahrheit.

In Ansehung der Tatsache, dass bis jetzt die Menschheit nicht aufgehört hat, Aussagen über das göttliche Kind zu machen, dürfen wir vielleicht die individuelle Analogie auch auf das Leben der Menschheit ausdehnen und kämen damit zum Schluss, dass auch die Menschheit vielleicht immer wieder in Widerspruch gerät mit ihrer Kindheitsbedingung, das heißt mit dem ursprünglichen, unbewussten und instinktiven Zustand und dass die Gefahr eines solchen Widerspruches, der die Vision des »Kindes« ermöglicht, vorhanden ist. Die religiöse Übung, das heißt die Wiedererzählung und rituelle Wiederholung des mythischen Geschehens, haben daher den Zweck, das Kindheitsbild und was alles

einem »Kindmotiv« zu sprechen. Überdies ist das mythologische »Kind« auch variiert als Gott, Riese, Däumling, Tier usw., was auf eine nichts weniger als rationale oder konkret menschliche Kausalität hinweist. Das Gleiche gilt von den Archetypen des »Vaters« und der »Mutter«, welche mythologisch ebenfalls irrationale Symbole sind.

[147] Psychologische Typen, GW 6, §§ 879 f., Definitionen, siehe »Seele«; Die Beziehungen zwischen dem Ich und dem Unbewußten, GW 7, Erster Teil, 3. Kap.

damit zusammenhängt, dem Bewusstsein immer wieder vor Augen zu führen, und zwar zum Zwecke, dass der Zusammenhang mit der ursprünglichen Bedingung nicht abreiße.

b) Die Funktion des Archetypus

Das Kindmotiv stellt nicht nur etwas Gewesenes und längst Vergangenes dar, sondern auch etwas Gegenwärtiges, das heißt es ist nicht nur Überbleibsel, sondern ein gegenwärtig funktionierendes System, welches bestimmt ist, in sinnvoller Weise die unvermeidlichen Einseitigkeiten und Extravaganzen des Bewusstseins zu kompensieren respektive zu korrigieren. Das Wesen des Bewusstseins ist Konzentration auf relativ wenige Inhalte, die möglichst zu völliger Klarheitshöhe gesteigert werden. Das Bewusstsein hat als notwendige Folge und Voraussetzung die Ausschließung anderer momentan ebenso bewusstseinsfähiger Inhalte. Diese Ausschließung verursacht unvermeidlicherweise eine gewisse Einseitigkeit des Bewusstseinsinhaltes. Da nun dem differenzierten Bewusstsein des zivilisierten Menschen mit der Dynamik des Willens ein wirksames Instrument zur praktischen Ausführung seiner Inhalte in die Hand gegeben ist, so besteht mit zunehmender Ausbildung des Willens eine umso größere Gefahr der Verirrung ins Einseitige und der Abschweifung ins Gesetz- und Wurzellose. Dieses ist zwar einerseits die Möglichkeit menschlicher Freiheit, aber andererseits auch die Quelle endloser Instinktwidrigkeiten. Der primitive Mensch zeichnet sich daher – aus Instinktnähe, wie das Tier – durch Neophobie und Traditionsgebundenheit aus. Nach unserem Geschmack ist er in peinlicher Weise rückständig, während wir den Fortschritt preisen. Unsere Fortschrittlichkeit aber ermöglicht auf der einen Seite zwar eine Menge der schönsten Wunscherfüllungen, auf der anderen Seite aber häuft sich eine ebenso gigantische, prometheische Schuld, welche von Zeit zu Zeit Abzahlungen in der Form von schicksalsmäßigen Katastrophen erfordert. Wie lange hat die Menschheit vom Fliegen geträumt, und jetzt sind wir schon bei den Luftbombardements angelangt! Man belächelt heute die christliche Jenseitshoffnung und verfällt selber oft in Chiliasmen, welche hundertmal unvernünftiger sind als die Idee eines freudevollen Jenseits vom Tode! Das differenzierte Bewusstsein ist immer von Entwurzelung bedroht, weshalb es der Kompensation durch den noch vorhandenen Kindheitszustand bedarf.

Die Symptomatik der Kompensation wird vom Fortschrittsstandpunkt aus allerdings mit wenig schmeichelhaften Ausdrücken formuliert. Da es sich, oberflächlich besehen, um einen retardierenden Effekt handelt, so spricht man von Inertie, Rückständigkeit, Skeptizismus, Nörgelei, Konservativismus, Ängstlichkeit, Kleinlichkeit und so weiter. Insofern aber die Menschheit in hohem Maße die Fähigkeit hat, sich ihrer eigenen Grundlagen zu entledigen, so kann sie sich auch von gefährlichen Einseitigkeiten bis zur Katastrophe kritiklos fortreißen lassen. Das retardierende Ideal ist immer primitiver, natürlicher (im guten wie im bösen Sinne) und »moralischer«, insofern es treu zum überlieferten Gesetze hält. Das fortschrittliche Ideal ist immer abstrakter, unnatürlicher und insofern »unmoralischer«, als es Untreue gegenüber der Tradition erfordert. Der vom Willen erzwungene Fortschritt ist immer *Krampf*. Die Rückständigkeit ist zwar der Natürlichkeit nahe, jedoch stets von peinlichem Erwachen bedroht. Die ältere Auffassung war sich bewusst, dass ein Fortschritt nur »Deo concedente« möglich ist, womit sie sich über den Besitz von Gegensatzbewusstsein ausweist und die uralten »rites d'entrée et de sortie« auf höherer Stufe wiederholt. Je mehr aber das Bewusstsein sich differenziert, desto größer wird die Gefahr seiner Abtrennung vom Wurzelzustand. Die völlige Trennung tritt dann ein, wenn das »Deo concedente« vergessen ist. Es ist nun ein psychologischer Grundsatz, dass ein vom Bewusstsein abgespaltener Seelenteil nur scheinbar inaktiviert wird, in Wirklichkeit aber zu einer Besessenheit der Persönlichkeit führt, wodurch deren Zielsetzung im Sinne des abgespaltenen Seelenteiles verfälscht wird. Wenn also der kindhafte Zustand der Kollektivseele bis zur gänzlichen Ausschließung verdrängt wird, so bemächtigt sich der unbewusste Inhalt der bewussten Zielsetzung, wodurch deren Verwirklichung gehemmt, verfälscht oder geradezu zerstört wird. Ein lebensfähiger Fortschritt aber kommt nur zustande durch die Kooperation beider.

c) Der Zukunftscharakter des Archetypus

Ein wesentlicher Aspekt des Kindmotives ist sein Zukunftscharakter. Das Kind ist potentielle Zukunft. Daher bedeutet das Auftreten des Kindmotives in der Psychologie des Individuums in der Regel eine Vorwegnahme künftiger Entwicklungen, auch wenn es sich um eine auf den ersten Blick retrospektive Gestaltung zu handeln scheint. Das Leben ist ja ein Ablauf, ein Fließen in die Zukunft, und nicht eine rückflutende Stauung. Es ist daher nicht erstaunlich, dass die mythischen Heilbringer so oft Kindgötter sind. Das entspricht genau den Erfahrungen der Psychologie des Einzelnen, welche zeigen, dass das »Kind« eine zukünftige Wandlung der Persönlichkeit vorbereitet. Es antizipiert im Individuationsprozess jene Gestalt, die aus der Synthese der bewussten und der unbewussten Persönlichkeitselemente hervorgeht. Es ist daher ein die Gegensätze vereinigendes Symbol,[148] ein Mediator, ein *Heilbringer*, das heißt Ganzmacher. Um dieser Bedeutung willen ist das Kindmotiv auch der oben erwähnten mannigfachen Formwandlungen fähig: Es wird ausgedrückt zum Beispiel durch das Runde, den Kreis oder die Kugel, oder durch die Quaternität als eine andere Form der Ganzheit.[149] Ich habe diese bewusstheitstranszendente Ganzheit als das Selbst[150] bezeichnet. Das Ziel des Individuationsprozesses ist die Synthese des Selbst. Von einem anderen Standpunkt aus betrachtet, empfiehlt sich statt des Terminus »Synthese« vielleicht eher »Entelechie«. Es gibt einen empirischen Grund, warum dieser Ausdruck eventuell passender wäre:

148 Psychologische Typen, GW 6, §§ 315 ff.

149 Traumsymbole des Individuationsprozesses (Psychologie und Alchemie, Zweiter Teil, GW 12) und Psychologie und Religion, GW 11, §§ 108 ff.

150 Die Beziehungen zwischen dem Ich und dem Unbewußten, GW 7, §§ 398 ff. (vgl. auch Aion, GW 9/II, 4. Kp.)

Die Symbole der Ganzheit treten nämlich häufig am Anfang des Individuationsprozesses ein, ja sie sind sogar schon in den frühinfantilen Erstlingsträumen zu beobachten. Diese Beobachtung spricht für ein apriorisches Vorhandensein der Ganzheitspotentialität,[151] weshalb sich der Begriff der Entelechie empfiehlt. Insofern aber der Individuationsprozess empirisch wie eine Synthese verläuft, sieht es aus, als ob ein schon Vorhandenes paradoxerweise noch zusammengesetzt würde. Um dieses Aspektes willen ist auch der Ausdruck »Synthese« anwendbar.

d) Einheit und Vielheit des Kindmotives

Bei der vielfältigen Phänomenologie des »Kindes« muss man die Einheit und die Vielheit der jeweiligen Erscheinungsform auseinanderhalten. Handelt es sich zum Beispiel um viele homunculi, Zwerge, Knaben und so weiter, welche in keinerlei Weise individuell charakterisiert sind, so besteht die Wahrscheinlichkeit einer Dissoziation. Solche Formen treffen wir daher besonders bei Schizophrenie an, deren Wesen in einer Fragmentierung der Persönlichkeit besteht. Die vielen Kinder stellen dann ein Auflösungsprodukt der Persönlichkeit dar. Kommt die Vielheit aber bei Normalen vor, dann handelt es sich um die Repräsentation einer noch nicht vollzogenen Persönlichkeitssynthese. Die Persönlichkeit (respektive das »Selbst«) befindet sich dann noch auf der Stufe der Vielheit, das heißt es ist wohl ein Ich vorhanden, das aber seine Ganzheit noch nicht im Rahmen der eigenen Persönlichkeit, sondern erst in der Gemeinschaft mit der Familie, dem Stamm oder der Nation erfahren kann; es ist noch im Zustand der unbewussten Identität mit der Vielheit der Gruppe. Die Kirche trägt diesem allgemein verbreiteten Zustand Rechnung durch die Lehre vom corpus mysticum und der Gliednatur des Einzelnen.

Tritt das Kindmotiv jedoch in der Form der Einheit auf, so handelt es

[151] Psychologie und Alchemie, GW 12, §§ 328 ff.

sich um eine unbewusst und damit vorläufig bereits vollzogene Persönlichkeitssynthese, welche praktisch, wie alles Unbewusste, nichts mehr als eine Möglichkeit bedeutet.

e) Kindgott und Heldenkind

Das »Kind« hat bald mehr den Aspekt der Kindgottheit, bald den des jugendlichen Helden. Beide Typen haben die wunderbare Geburt und die ersten Kindheitsschicksale, die Verlassenheit und die Gefährdung durch Verfolger gemeinsam. Der Gott ist reine Übernatur, der Held hat menschliches, aber bis zur Grenze der Übernatur gesteigertes Wesen (»Halbgöttlichkeit«). Während der Gott, namentlich in seiner intimen Beziehung zum symbolischen Tier, das noch nicht in menschliches Wesen integrierte, kollektive Unbewusste personifiziert, begreift der Held in seine Übernatürlichkeit menschliches Wesen ein und stellt daher eine Synthese des (»göttlichen«, das heißt des noch nicht humanisierten) Unbewussten und des menschlichen Bewusstseins dar. Er bedeutet mithin eine potentielle Vorwegnahme einer der Ganzheit sich annähernden Individuation.

Die »Kind«-Schicksale dürfen daher als Darstellungen jener psychischen Ereignisse, welche sich bei der Entelechie oder Entstehung des »Selbst« abspielen, betrachtet werden. Die »wunderbare Geburt« versucht die Art des Entstehungserlebnisses zu schildern. Da es sich um eine psychische Entstehung handelt, so muss alles in unempirischer Weise geschehen, also zum Beispiel durch jungfräuliche Geburt oder durch wunderbare Zeugung oder durch Geburt aus unnatürlichen Organen. Das Motiv der »Unansehnlichkeit«, des Ausgeliefertseins, der Verlassenheit, der Gefährdung und so weiter versucht die prekäre psychische Existenzmöglichkeit der Ganzheit, das heißt die enorme Schwierigkeit, dieses höchste Gut zu erringen, darzustellen. Ebenso wird damit auch die Ohnmacht und Hilflosigkeit jenes Lebensdranges charakterisiert, welcher alles Wachsende unter das Gesetz der möglichst vollständigen Selbsterfüllung zwingt, wobei die Umwelteinflüsse in mannigfaltigster Form jeder Individuation die größten Hindernisse in den Weg legen. Besonders die Bedrohung der Selbsteigenheit durch Drachen und Schlangen weist auf die Gefahr hin, dass die Bewusstseinserwerbung von der Instinktseele, dem Unbewussten, wieder verschluckt wird. Die niederen Vertebraten sind seit alters beliebte Symbole der kollektiven psychischen Grundlage,[152] deren anatomische Lokalisation mit den subkortikalen Zentren, dem Zerebellum und dem Rückenmark, zusammenfällt. Diese Organe bilden die Schlange.[153] Schlangenträume ereignen sich daher in der Regel bei Deviationen des Bewusstseins von der Instinktgrundlage.

Das Motiv »kleiner als klein, doch größer als groß« fügt zur Ohnmacht die ergänzenden, ebenso wunderbaren Taten des »Kindes«. Diese Paradoxie gehört zum Wesen des Helden und zieht sich wie ein roter Faden durch sein ganzes Lebensschicksal. Der größten Gefahr ist er gewachsen und geht am »Unansehnlichen« doch schließlich zugrunde: Baldur an der Mistel, Maui am Lachen eines kleinen Vogels, Siegfried an der einen verwundbaren Stelle, Herakles am Geschenk seiner Frau, andere durch gemeinen Verrat und so weiter.

Die Haupttat des Helden ist die Überwindung des Dunkelheitsungeheuers: Es ist der erhoffte und erwartete Sieg des Bewusstseins über das Unbewusste. Tag und Licht sind Synonyme des Bewusstseins, Nacht und Dunkel die des Unbewussten. Die Bewusstwerdung ist wohl das stärkste urzeitliche Erlebnis, denn damit ist die Welt geworden, von deren Existenz vorher niemand etwas wusste. »Und Gott sprach: Es werde Licht!« ist die Projektion jenes vorzeitlichen Erlebnisses der vom Unbewussten sich trennenden Bewusstheit. Noch ist beim heutigen Primitiven der seelische Besitzstand ein gefährdetes Ding, und der »Seelenverlust« ist eine typische psychische Affektion, welche die primitive Medizin zu mannigfachen psychotherapeutischen Eingriffen nötigt. Darum

152 Höhere Vertebrate symbolisieren hauptsächlich Affekte.

153 Diese Bedeutung der Schlange findet sich schon bei Hippolytos: Refutatio, 1906, Kap. 4, S. 49 ff. Vgl. auch Leisegang: Die Gnosis, 1924, S. 146.

zeichnet sich schon das »Kind« durch Taten aus, welche auf dieses Ziel der Dunkelheitsbesiegung hinweisen.

3. Die spezielle Phänomenologie des Kindarchetypus

a) Die Verlassenheit des Kindes

Die Verlassenheit, Aussetzung, Gefährdung und so weiter gehört zur weiteren Ausgestaltung des unansehnlichen Beginnes einerseits und andererseits zur geheimnisvollen und wunderbaren Geburt. Diese Aussage beschreibt ein gewisses psychisches Erlebnis schöpferischer Natur, welches die Erscheinung eines noch unerkannten und neuen Inhaltes zum Gegenstand hat. In der Psychologie des Individuums handelt es sich in einem solchen Moment immer um eine leidensvolle Konfliktsituation, aus der es anscheinend keinen Ausweg gibt – für das Bewusstsein, denn für dieses gilt stets das »tertium non datur«.[154] Aus dem Zusammenprall der Gegensätze erschafft die unbewusste Psyche immer ein Drittes irrationaler Natur, welches dem Bewusstsein unerwartet und unbegreiflich ist. Es präsentiert sich in einer Form, welche weder dem Ja noch dem Nein entspricht und deshalb von beiden abgelehnt wird. Das Bewusstsein weiß nämlich nie über die Gegensätze hinaus und erkennt darum auch das diese Vereinigende nicht. Da aber die Lösung des Konfliktes durch die Einigung der Gegensätze von vitaler Bedeutung ist und vom Bewusstsein auch ersehnt wird, so dringt doch die Ahnung der bedeutungsvollen Schöpfung durch. Daraus entsteht der numinose Charakter des »Kindes«. Ein bedeutender, aber unerkannter Inhalt hat immer eine geheime faszinierende Wirkung auf das Bewusstsein. Die neue Gestalt ist eine werdende Ganzheit; sie ist auf dem Wege zur Ganzheit, wenigstens insofern, als sie an »Gänze« das durch Gegensätze zerrissene Bewusstsein übertrifft und dieses daher an Vollstän-

[154] »Ein Drittes gibt es nicht.« (Vgl. Psychologische Typen, GW 6, §§ 249 ff.)

digkeit überragt. Daher kommt auch allen »vereinigenden Symbolen« Erlösungsbedeutung zu.

Aus dieser Situation entsteht das »Kind« als ein symbolischer Inhalt, erkennbar vom Hintergrund (der Mutter) gelöst, respektive isoliert, bisweilen auch die Mutter in die gefährdete Lage einbeziehend, bedroht einerseits durch die ablehnende Haltung des Bewusstseins, andererseits durch den Horror Vacui des Unbewussten, das alle seine Geburten wieder einzuschlingen bereit ist, da es diese nur spielerisch hervorbringt und Zerstörung unvermeidlicher Teil des Spieles ist. Nichts in der Welt kommt der neuen Geburt entgegen, aber sie ist trotzdem das kostbarste und zukunftsreichste Erzeugnis der Urnatur selber, indem sie in letzter Linie höhere Selbstverwirklichung bedeutet. Darum nimmt sich die Natur, die Instinktwelt selber, des »Kindes« an: Es wird von Tieren ernährt oder geschützt.

»Kind« bedeutet etwas zur Selbständigkeit Erwachsendes. Es kann nicht werden ohne Loslösung vom Ursprung: die Verlassenheit ist daher notwendige Bedingung, nicht nur Begleiterscheinung. Der Konflikt wird nicht dadurch überwunden, dass das Bewusstsein den Gegensätzen verhaftet bleibt; deshalb eben bedarf es eines Symboles, das ihm die Notwendigkeit der Loslösung vom Ursprung zeigt. Indem das Symbol des »Kindes« das Bewusstsein fasziniert und ergreift, tritt die erlösende Wirkung ins Bewusstsein über und vollführt jene Abtrennung von der Konfliktsituation, deren das Bewusstsein nicht fähig war. Das Symbol ist Antizipation einer erst werdenden Bewusstseinslage. Solange diese nicht hergestellt ist, bleibt das »Kind« eine mythologische Projektion, welche kultische Wiederholung und rituelle Erneuerung fordert. Das Jesuskind zum Beispiel ist so lange eine kultische Notwendigkeit, als die Mehrzahl der Menschen noch unfähig ist, den Satz »So ihr nicht werdet wie die Kinder« psychologisch zu realisieren. Da es sich hierbei um außerordentlich schwierige und gefährliche Entwicklungen und Übergänge handelt, nimmt es nicht wunder, dass solche Figuren oft jahrhunderte- oder jahrtausendelang lebendig bestehen bleiben. Alles, was der Mensch sollte, in positivem oder negativem Sinne, und was er noch nicht kann, das lebt als mythologische Gestalt und Antizipation neben seinem Bewusstsein, entweder als religiöse Projektion oder – was gefährlicher ist – als Inhalte des Unbewussten, die sich dann spontan auf inkongruente Gegenstände projizieren, wie zum Beispiel auf hygienische und sonstige »heilversprechende« Lehren und Verfahren. All das ist rationalistischer Mythologieersatz, welcher durch seine Unnatürlichkeit den Menschen mehr gefährdet als fördert.

Die ausweglose Konfliktsituation, aus welcher das »Kind« als irrationales tertium hervorgeht, ist natürlich eine Formel, welche nur einer psychologischen, das heißt der modernen Entwicklungsstufe entspricht. Auf das Seelenleben des Primitiven ist sie nicht ohne weiteres anzuwenden; schon darum nicht, weil der kindliche Bewusstseinsumfang des Primitiven noch eine ganze Welt psychischer Erlebnismöglichkeiten ausschließt. Der moderne moralische Konflikt ist auf der Naturstufe des Primitiven noch eine objektive Notlage von lebensbedrohender Bedeutung. Nicht wenige Kindgestalten sind daher *Kulturbringer* und darum mit hilfreichen Kulturfaktoren identifiziert, so mit dem Feuer,[155] dem Metall, dem Weizen, dem Mais und so weiter. Als Erleuchter, das heißt Bewusstseinsvermehrer, besiegen sie die Dunkelheit, nämlich den früheren unbewussten Zustand. Höheres Bewusstsein, als ein Wissen über das gegenwärtig Bewusste hinaus, ist gleichbedeutend mit Welteinsamkeit. Die Einsamkeit drückt den Gegensatz zwischen dem Träger oder dem Symbol höherer Bewusstheit und dessen Umwelt aus. Die Dunkelheitsbesieger gehen weit in die Vorzeit zurück, was darauf hinweist (zusammen mit vielen anderen Sagen), dass es auch eine *psychische Urnot* gab, nämlich die *Unbewusstheit*. Aus dieser Quelle stammt wohl die »unvernünftige« Dunkelheitsangst heutiger Primitiver. Ich habe bei einem Stamme am Mount Elgon eine Religionsform gefunden, die einem

[155] Sogar Christus ist noch von feuriger Natur (»Qui iuxta me est, iuxta ignem est ...« – Wer mir nahe ist, ist dem Feuer nahe; Origenes: In Ieremiam homiliae, XX, 3, zit. in: Preuschen: Antilegomena, 1901, S. 44); ebenso der Heilige Geist.

pantheistischen Optimismus entsprach. Diese Überzeugung war aber jeweils von sechs Uhr abends bis sechs Uhr morgens aufgehoben und ersetzt durch Angst, denn nachts herrscht das Dunkelheitswesen Ayik, der »Macher der Angst«. Am Tage gab es in jener Gegend keine Riesenschlangen, aber nachts lauerten sie überall an den Wegen. Nachts war überhaupt die ganze Mythologie los.

b) Die Unüberwindlichkeit des Kindes

Es ist ein auffallendes Paradoxon in allen Kindesmythen, dass einerseits das »Kind« übermächtigen Feinden ohnmächtig ausgeliefert und von beständiger Auslöschungsgefahr bedroht ist, andererseits aber über Kräfte verfügt, welche menschliches Maß weit übersteigen. Diese Aussage hängt eng zusammen mit der psychologischen Tatsache, dass das »Kind« einerseits zwar »unansehnlich«, das heißt unerkannt, »nur ein Kind«, andererseits aber göttlich ist. Vom Bewusstsein aus betrachtet, handelt es sich um einen scheinbar unbedeutenden Inhalt, dem kein lösender oder gar erlösender Charakter zugetraut wird. Das Bewusstsein ist in seiner Konfliktsituation befangen, und die dort sich bekämpfenden Mächte scheinen so groß zu sein, dass der vereinsamt auftauchende Inhalt »Kind« in gar keinem Verhältnis zu den Bewusstseinsfaktoren steht. Es wird daher leicht übersehen und verfällt wiederum dem Unbewussten. So stünde wenigstens zu befürchten, wenn sich die Dinge entsprechend der Bewusstseinserwartung verhielten. Der Mythus aber betont, dass dies eben nicht der Fall sei, sondern dass vielmehr dem »Kind« überlegene Kraft zukomme und es sich unerwartet, trotz allen Gefährdungen, durchsetze. Das »Kind« tritt als eine Geburt des Unbewussten aus dessen Schoß hervor, gezeugt aus der Grundlage menschlicher Natur, oder besser noch, der lebenden Natur überhaupt. Es personifiziert Lebensmächte jenseits des beschränkten Bewusstseinsumfanges, Wege und Möglichkeiten, von denen das Bewusstsein in seiner Einseitigkeit nichts weiß, und eine Ganzheit, welche die Tiefen der Natur einschließt. Es stellt den stärksten und unvermeidlichsten

Drang des Wesens dar, nämlich den, sich selber zu verwirklichen. Es ist ein mit allen natürlichen Instinktkräften ausgerüstetes *Nichtanderskönnen*, während das Bewusstsein sich stets in einem vermeintlichen Anderskönnen verfängt: Der Drang und Zwang zur Selbstverwirklichung ist Naturgesetzlichkeit und daher von unüberwindlicher Kraft, auch wenn der Beginn ihrer Wirkung zunächst unansehnlich und unwahrscheinlich ist. Die Kraft äußert sich in den Wundertaten des Heldenkindes, sodann später in den athla (den »Werken«) der *Knechtsgestalt* (Typus Herakles), wo der Heros zwar der Ohnmacht des »Kindes« entwachsen, aber doch noch in unansehnlicher Stellung ist. Die Knechtsgestalt leitet dann in der Regel über zur eigentlichen Epiphanie des halbgöttlichen Heros. Wir haben sonderbarerweise in der Alchemie eine ganz ähnliche Motivabwandlung, und zwar in den Synonymen des lapis. Als materia prima ist er der »lapis exilis et vilis«. Als Wandlungssubstanz erscheint er als »servus rubeus« oder »fugitivus«, und schließlich erreicht er in einer wahrhaften Apotheose die Würde eines »filius sapientiae« oder »deus terrenus«, ein »Licht über allen Lichtern«, eine Macht, die alle Kräfte des Oberen und Unteren in sich enthält. Er wird zum »corpus glorificatum«, das ewige Inkorruptibilität erlangt hat und deshalb auch zur Panazee wird (»Heilbringer!«).[156] Die Größe und Unüberwindlichkeit des »Kindes« hängt in der indischen Spekulation mit dem Wesen des Atman zusammen. Dieser entspricht dem »kleiner als klein und größer als groß«. Das Selbst als individuelle Erscheinung ist »kleiner als klein«, als Äquivalent der Welt aber »größer als groß«.[157] Das Selbst als Gegenpol, als das absolut »andere« der Welt, ist die Conditio sine qua non der Welterkenntnis und des Bewusstseins von Subjekt und Objekt. Es ist das psychische Anderssein, welches überhaupt Bewusstsein ermöglicht. Identität näm-

[156] »Der geringe und unansehnliche Stein«; »der rote oder flüchtige Sklave«; »Sohn der Weisheit«; »irdischer Gott«; »verherrlichter Leib«. Das Material ist zusammengestellt in: Psychologie und Alchemie, Zweiter und Dritter Teil, GW 12. Mercurius als Diener in der Parabel des Eirenaeus Philalethes: Erklärung der Hermetisch Poetischen Werke Herrn Georgii Riplaei, 1741, S. 131 ff.

[157] Vgl. Katha-Upanishad in: Sacred Books of the East, 15, S. 11, übersetzt und kommentiert in: Psychologische Typen, GW 6, § 342.

lich ermöglicht kein Bewusstsein, nur die Trennung, die Loslösung und das leidensvolle In-Gegensatz-Gestelltsein, kann Bewusstsein und Erkenntnis erzeugen. Die indische Introspektion hat diesen psychologischen Sachverhalt schon früh erkannt und darum das Subjekt des Erkennens mit dem Subjekt der Existenz überhaupt in eines gesetzt. Gemäß der vorzugsweise introvertierten Haltung des indischen Denkens hat das Objekt sogar das Attribut absoluter Wirklichkeit verloren und ist öfters zum bloßen Schein geworden. Die griechisch-westliche Geisteshaltung konnte sich von der Überzeugung der absoluten Weltexistenz nicht befreien. Dies geschah aber auf Kosten der kosmischen Bedeutung des Selbst. Es fällt auch heute noch dem westlichen Menschen schwer, die psychologische Notwendigkeit eines transzendenten Subjektes des Erkennens als eines Gegenpoles des empirischen Universums einzusehen, obschon die Annahme der Existenz eines der Welt gegenübergestellten Selbst, zum mindesten als eines *Spiegelungspunktes*, logisch unerlässlich ist. Ungeachtet der abweisenden oder bedingt zustimmenden Haltung jeweiliger Philosophie besteht aber in unserer unbewussten Psyche die kompensierende Tendenz, ein Symbol des Selbst in seiner kosmischen Bedeutung herzustellen. Diese Bemühungen erfolgen in den archetypischen Formen des Heldenmythus, wie man sozusagen bei jedem Individuationsprozess leicht beobachten kann.

Die Phänomenologie der »Kind«-Geburt weist immer wieder zurück auf einen psychologischen Urzustand des Nichterkennens, also der Dunkelheit oder Dämmerung, der Nichtunterscheidung von Subjekt und Objekt, der unbewussten Identität von Mensch und Welt. Aus diesem Zustand des Ununterschiedenen geht das goldene Ei hervor, welches ebenso wohl Mensch ist wie Welt, und doch keines von beiden, sondern ein irrationales Drittes. Dem dämmerhaften Bewusstsein des Primitiven erscheint es, als ob das Ei dem Schoße der großen Welt entsteige und demnach ein kosmisches und objektiv-äußeres Ereignis sei. Dem differenzierten Bewusstsein hingegen leuchtet es ein, da dieses Ei doch nichts anderes sei als ein der Psyche entsprungenes Symbol oder – schlimmer noch – eine willkürliche Spekulation und darum »nichts als« ein primitives Phantasma, dem keinerlei »Wirklichkeit« zukomme. Die medizinische Psychologie der Gegenwart denkt in Bezug auf »Phantasmata« allerdings etwas anders. Sie weiß, was für erhebliche körperliche Funktionsstörungen einerseits und was für verheerende psychische Folgen andererseits aus »bloßen« Phantasien hervorgehen. »Phantasien« sind die natürlichen Lebensäußerungen des Unbewussten. Da das Unbewusste aber die Psyche aller autonomen Funktionskomplexe des Körpers ist, so sind seine »Phantasien« von einer ätiologischen Bedeutung, die keinesfalls zu unterschätzen ist. Aus der Psychopathologie des Individuationsprozesses wissen wir, dass die Symbolbildung häufig mit psychogenen körperlichen Störungen, die sich gegebenenfalls als sehr »wirklich« anfühlen, verknüpft ist. Phantasien sind im ärztlichen Gebiet *reale* Dinge, mit denen der Psychotherapeut ernsthaft zu rechnen hat. Er kann daher jenen primitiven Phantasmata, welche ihren Gehalt eben um seiner Wirklichkeit willen sogar in die äußere Welt projizieren, nicht alle Berechtigung aberkennen. Schließlich ist ja auch der menschliche Körper aus dem Stoffe der Welt gemacht, und an solchem Stoffe werden die Phantasien offenbar; ja, ohne diesen sind sie überhaupt unerfahrbar. Sie wären ohne Stoff etwa wie abstrakte Kristallgitter in einer Mutterlauge, in welcher der Kristallisationsprozess noch nicht eingesetzt hat.

Die Symbole des Selbst entstehen in der Tiefe des Körpers und drücken dessen Stofflichkeit ebenso sehr aus wie die Struktur des wahrnehmenden Bewusstseins. Das Symbol ist lebender Körper, corpus et anima; darum ist das »Kind« eine so treffliche Formel für das Symbol. Die Einzigartigkeit der Psyche ist eine zwar nie ganz, doch stets annähernd zu verwirklichende Größe, welche zugleich die unerlässliche Grundlage alles Bewusstseins ist. Die tieferen »Schichten« der Psyche verlieren mit zunehmender Tiefe und Dunkelheit die individuelle Einzigartigkeit. Sie werden nach »unten«, das heißt mit Annäherung der autonomen Funktionssysteme zunehmend kollektiver, um in der Stofflichkeit des Körpers, nämlich in den chemischen Körpern, universal zu werden und zugleich zu erlöschen. Der Kohlenstoff des Körpers ist überhaupt Kohlenstoff. »Zuunterst« ist daher Psyche überhaupt »Welt«. In diesem Sinne kann ich Kerényi durchaus recht geben, wenn er sagt, dass im Symbol die *Welt selber* spreche. Je archaischer und je »tiefer«, das heißt je physiologischer das Symbol, desto kollektiver und universaler, desto »stofflicher« ist es. Je abstrakter, differenzierter und spezifischer es ist, desto mehr nähert es sich der Natur bewusster Einzigartigkeit und Einmaligkeit und desto mehr hat es sein universales Wesen abgestreift. Im Bewusstsein vollends läuft es Gefahr, zur bloßen Allegorie, die den Rahmen bewusster Auffassung nirgends überschreitet, zu werden, wo es dann auch allen möglichen rationalistischen Erklärungsversuchen ausgesetzt ist.

c) Der Hermaphroditismus des Kindes

Es ist eine bemerkenswerte Tatsache, dass vielleicht die Mehrzahl der kosmogonischen Götter zwiegeschlechtiger Natur sind. Der Hermaphroditus bedeutet nichts anderes als eine Vereinigung der stärksten und auffallendsten Gegensätze. Diese Vereinigung weist zunächst zurück auf primitive Geistesverfassung, in deren Dämmer Unterschiede und Gegensätze entweder noch wenig getrennt oder überhaupt verwischt sind. Mit zunehmender Helligkeit des Bewusstseins treten aber die Gegensätze deutlicher und unvereinbarer auseinander. Wenn daher der Hermaphroditus nur ein Produkt primitiver Undifferenziertheit wäre, so müsste man erwarten, dass er mit zunehmender Kultur bald ausgemerzt worden wäre. Dies ist nun keineswegs der Fall; im Gegenteil hat sich auch die Phantasie hoher und höchster Kulturstufen immer wieder mit dieser Vorstellung beschäftigt, wie wir aus der spätgriechischen und synkretistischen Philosophie des Gnostizismus ersehen können. In der Naturphilosophie des Mittelalters spielt der hermaphroditische Rebis eine bedeutende Rolle. Und in der allerjüngsten

Zeit noch hören wir von der Androgynie Christi in der katholischen Mystik.[158]

Hier kann es sich nicht mehr um das Noch-Vorhandensein eines primitiven Phantasma, um eine ursprüngliche Kontamination von Gegensätzen, handeln. Die Urvorstellung ist vielmehr, wie wir gerade aus mittelalterlichen Werken ersehen,[159] zum *Symbol der konstruktiven Vereinigung von Gegensätzen* geworden, zu einem eigentlichen »vereinigenden Symbol«. Das Symbol, in seiner funktionalen Bedeutung, weist nicht mehr zurück, sondern vorwärts zu einem noch nicht erreichten Ziel. Unbekümmert um seine Monstrosität ist der Hermaphroditus allmählich zu einem konfliktüberwindenden Heilbringer geworden, welche Bedeutung er übrigens schon auf relativ frühen Kulturstufen erreichte. Diese vitale Bedeutung erklärt, warum das Bild des Hermaphroditen nicht schon in der Vorzeit erloschen ist, sondern sich im Gegenteil, mit zunehmender Vertiefung des Symbolgehaltes, durch die Jahrtausende behaupten konnte. Die Tatsache, dass eine so überaus archaische Vorstellung zu solcher Bedeutungshöhe emporwuchs, weist nicht nur auf die Lebenskraft archetypischer Ideen überhaupt hin, sondern demonstriert auch die Richtigkeit des Grundsatzes, dass der Archetypus zwischen den unbewussten Grundlagen und dem Bewusstsein gegensatzvereinigend vermittelt. Er schlägt eine Brücke zwischen dem von Entwurzelung bedrohten Gegenwartbewusstsein und der naturhaften, unbewusstinstinktiven Ganzheit der Vorzeit. Durch diese Vermittlung wird die Einmaligkeit, Einzigartigkeit und Einseitigkeit des individuellen Gegenwartbewusstseins immer wieder an die natur- und stammhaften Vorbedingungen angeschlossen. Fortschritt und Entwicklung sind nicht zu leugnende Ideale; aber sie verlieren ihren Sinn, wenn der Mensch im neuen Zustand nur als Fragment seiner selbst anlangt und alles Hintergründliche und Wesenhafte im Schatten des Unbewussten, in einem Zustand

[158] Koepgen, Die Gnosis des Christentums, 1939, S. 315 ff.

[159] Der Lapis als Mediator und Medium; vgl. Tractatus aureus cum scholiis, in: Bibliotheca chemica, 1702, Bd. 1, S. 408 b; und Artis auriferae, 1593, Bd. 2, S. 641.

der Primitivität oder gar der Barbarei zurücklässt. Das von seinen Grundlagen abgespaltene Bewusstsein, unfähig den Sinn des neuen Zustandes zu erfüllen, fällt dann nur allzu leicht in eine Lage zurück, welche schlimmer ist als die, aus welcher die Neuerung befreien wollte – exempla sunt odiosa! Es ist Friedrich Schiller, dem dieses Problem zum ersten Mal klar wurde; aber weder seine Zeitgenossen noch seine Nachfahren waren imstande, daraus irgendwelche Schlüsse zu ziehen. Man will stattdessen mehr denn je bloß Kinder erziehen. Ich hege daher den Verdacht, dass der furor paedagogicus ein willkommener Seitenweg sei, welcher um das von Schiller berührte Kernproblem, nämlich die *Erziehung des Erziehers*, herumführt. Kinder werden durch das erzogen, was der Erwachsene *ist*, und nicht durch das, was er schwatzt. Der allgemein verbreitete Glaube an Wörter ist eine wahrhafte Krankheit der Seele, denn ein solcher Aberglauben lockt immer weiter weg von den Grundlagen des Menschen und verführt zur heillosen Identifikation der Persönlichkeit mit dem jeweils geglaubten »slogan«. Unterdessen rutscht alles vom sogenannten Fortschritt Überwundene und Zurückgelassene immer tiefer ins Unbewusste hinunter, woraus schließlich der primitive Zustand der Identität mit der Masse wieder entsteht. Und dieser Zustand wird dann zur Wirklichkeit an Stelle des erhofften Fortschrittes.

Das zwiegeschlechtige Urwesen wird im Laufe der Kulturentwicklung zum Symbol der Einheit der Persönlichkeit, des Selbst, in welchem der Konflikt der Gegensätze zur Ruhe kommt. Das Urwesen wird auf diesem Wege zum fernen *Ziel* der Selbstverwirklichung menschlichen Wesens, indem es von Anfang an schon eine Projektion der unbewussten Ganzheit war. Die menschliche Ganzheit besteht nämlich aus einer Vereinigung der bewussten und der unbewussten Persönlichkeit. Wie jedes Individuum aus männlichen sowohl wie weiblichen Genen hervorgeht und das jeweilige Geschlecht durch das Vorwiegen entsprechender Gene bestimmt wird, so hat auch in der Psyche nur das Bewusstsein, im Falle des Mannes, männliches Vorzeichen, das Unbewusste dagegen hat weibliche Qualität. Bei der Frau liegt der Fall umgekehrt. Ich habe diese Tatsache in meiner Anima-Theorie nur wiederentdeckt und formuliert.[160] Bekannt war sie aber schon längst.

Die Idee der coniunctio des Männlichen und des Weiblichen, welche in der hermetischen Philosophie zum sozusagen technischen Begriff ausgewachsen ist, tritt als mysterium iniquitatis schon im Gnostizismus auf, wahrscheinlich nicht unbeeinflusst von der alttestamentlichen »Gottesehe«, wie sie zum Beispiel Hosea verwirklicht hat.[161] Auf solches weisen nicht nur gewisse überlieferte Bräuche,[162] sondern auch das Evangelienzitat im zweiten ›Clemensbrief‹: »Wenn die zwei eins sein werden, und das Auswendige wie das Inwendige, und das Männliche mit dem Weiblichen, weder Männliches noch Weibliches.«[163] Dieses Logion ist bei Clemens Alexandrinus mit den Worten eingeleitet: »Wenn ihr die Hülle der Scham (mit Füßen) getreten habt …«,[164] was sich wohl auf den Körper bezieht, denn Clemens sowohl wie Cassian (von welchem das Zitat übernommen) als auch Pseudo-Clemens deuten das Wort in geistiger Weise, im Gegensatz zu den Gnostikern, welche, wie es scheint, die coniunctio etwas allzu wörtlich nahmen. Dabei aber trugen sie doch Sorge, durch die Praxis des Abortus und sonstige Restriktionen, dass der biologische Sinn des Treibens nicht die religiöse Bedeutung des Ritus überwog. Während in der kirchlichen Mystik sich das Urbild des hieros gamos zur höchsten Höhe sublimiert und nur gelegentlich, wie etwa bei Mechthild von Magdeburg,[165] sich, wenigstens empfindungsgemäß, der Physis deutlich annäherte, so blieb es doch überall lebendig und blieb Gegenstand einer besonderen psychischen Präokkupation. Die symbolischen Zeichnungen des Opicinus de Canist-

160 Psychologische Typen, GW 6, Definitionen, siehe »Seele«, und Die Beziehungen zwischen dem Ich und dem Unbewußten, GW 7 (Zweiter Teil, §§ 296 ff.).

161 Altes Testament, Hosea 1, 2 ff.

162 Vgl. Fendt: Gnostische Mysterien, 1922.

163 Neutestamentliche Apokryphen, 1924, S. 176, 12.

164 Ebenda, S. 23; und Clemens: Stromata, 1937, Bd. 3, 13, 92.

165 Mechthild von Magdeburg: Das fließende Licht der Gottheit, 1909.

ris[166] geben uns in dieser Hinsicht einen interessanten Einblick in die Art und Weise, wie dieses Urbild auch in einem pathologischen Zustand instrumentell der Gegensatzvereinigung diente. In der das Mittelalter erfüllenden hermetischen Philosophie dagegen vollzog sich die coniunctio ganz und gar im Gebiet der Physis in der allerdings abstrakten Theorie des »coniugium Solis et Lunae«, welche aber trotzdem der bildnerischen Phantasie reichlichen Anlass zur Anthropomorphisierung gab.

Bei dieser Sachlage ist es nur verständlich, wenn in der modernen Psychologie des Unbewussten das Urbild in der Form des mann-weiblichen Gegensatzes wieder zutage tritt, nämlich als männliches Bewusstsein und weiblich personifiziertes Unbewusstes. Durch die psychologische Bewusstmachung aber komplizierte sich das Bild nicht unerheblich. Während die alte Wissenschaft fast ausschließlich ein Gebiet war, wo nur das Unbewusste des Mannes sich projizieren konnte, musste die neue Psychologie auch die Existenz einer autonomen weiblichen Psyche anerkennen. Hier liegt aber der Fall gerade umgekehrt: Ein weibliches Bewusstsein steht im Gegensatz zu einem männlichen personifizierten Unbewussten, das man nicht mehr als anima, sondern vielmehr als animus bezeichnen musste. Mit dieser Entdeckung komplizierte sich auch das Problem der coniunctio.

Ursprünglich spielte sich ja das Leben dieses Archetypus ganz im Gebiete des Fruchtbarkeitszaubers ab und blieb darum wohl die längste Zeit ein bloß biologisches Phänomen mit keinem anderen Zweck als dem der Befruchtung. Aber schon im frühen Altertum scheint sich die symbolische Bedeutung des Aktes gemehrt zu haben. So ist zum Beispiel die leibhaftige Ausführung des hieros gamos als kultischer Handlung nicht nur zum Mysterium, sondern sogar zur bloßen Vermutung geworden.[167] Wie wir gesehen haben, hat sich auch der Gnostizismus

[166] Salomon: Opicinus de Canistris, 1936.

[167] Vgl. die Anklage des Bischofs Asterius (Foucart: Mystères d'Eleusis, 1914, Kap. 20). Nach dem Bericht des Hippolytos hat sich der Hierophant durch Genuss eines Schierlingstrankes sogar impotent gemacht. Ähnlicher Bedeutung sind die priesterlichen Selbstkastrationen im Dienste der Muttergöttin.

schlecht und recht bemüht, das Physiologische dem Metaphysischen zu subordinieren. In der Kirche vollends ist die coniunctio dem Bereiche der Physis überhaupt entzogen, und in der Naturphilosophie wurde sie zur abstrakten »theoria«. Diese Entwicklung bedeutet eine allmähliche Verwandlung des Archetypus in einen seelischen Vorgang, den man theoretisch als eine Kombination bewusster und unbewusster Prozesse bezeichnen kann.[168] Praktisch hingegen liegt der Fall nicht so einfach, indem nämlich in der Regel das weibliche Unbewusste des Mannes auf ein weibliches Gegenüber, und das männliche Unbewusste der Frau auf einen Mann projiziert ist. Die Erhellung dieser Problematik ist aber speziell psychologisch und gehört nicht mehr in die Erläuterung des mythologischen Hermaphroditus.

d) Das Kind als Anfangs- und Endwesen

Faust wird nach dem Tode als Knabe in den »Chor der seligen Knaben« aufgenommen. Ich weiß nicht, ob Goethe sich bei dieser seltsamen Vorstellung auf die antiken sepulkralen Eroten bezogen hat. Es wäre nicht undenkbar. Die Gestalt des Cucullatus weist auf den Verhüllten, das heißt den Unsichtbaren, den Genius des Abgeschiedenen hin, der nunmehr im kindlichen Reigen eines neuen Lebens wieder erscheint, umgeben von den Meergestalten der Delphine und Seegötter. Das Meer ist das beliebte Symbol des Unbewussten, der Mutter alles Lebendigen. Wie das »Kind« unter Umständen (wie zum Beispiel im Falle des Hermes und der Daktylen) nächste Beziehung zum Phallus als dem Symbole des Erzeugers hat, so erscheint es auch wieder im sepulkralen Phallus als dem Symbol einer erneuten Zeugung.

Das »Kind« ist daher auch »renatus in novam infantiam«. Es ist also nicht nur ein Anfangs-, sondern auch ein Endwesen. Das Anfangswesen war vor dem Menschen, und das Endwesen ist nach dem Menschen.

168 Zur Auseinandersetzung mit dem Unbewussten siehe: Die Beziehungen zwischen dem Ich und dem Unbewußten, GW 7, §§ 221 ff.

Psychologisch bedeutet diese Aussage, dass das »Kind« das vorbewusste und das nachbewusste Wesen des Menschen symbolisiert. Sein vorbewusstes Wesen ist der unbewusste Zustand der frühesten Kindheit, das nachbewusste Wesen ist eine Antizipation per analogiam über den Tod hinaus. In dieser Vorstellung drückt sich das umfassende Wesen der seelischen Ganzheit aus. Die Ganzheit besteht ja niemals im Umfang des Bewussten, sondern schließt die unbestimmte und unbestimmbare Ausdehnung des Unbewussten mit ein. Die Ganzheit ist daher empirisch von unabsehbarer Erstreckung, älter und jünger als das Bewusstsein und dieses in Zeit und Raum umschließend. Bei der Feststellung handelt es sich nicht um Spekulation, sondern um unmittelbare seelische Erfahrung. Der Bewusstseinsprozess ist nicht nur beständig begleitet, sondern auch öfters geleitet, gefördert und unterbrochen von unbewussten Vorgängen. Seelisches Leben war im Kinde, noch bevor es Bewusstsein hatte. Selbst der Erwachsene noch sagt und tut Dinge, von denen er vielleicht erst später weiß – wenn überhaupt je –, was sie bedeuten. Und doch hat er sie so gesagt und getan, wie wenn er sie gewusst hätte. Unsere Träume sagen beständig Dinge über unsere bewusste Auffassung hinaus (weshalb man sie in der Neurosentherapie so gut gebrauchen kann). Wir haben Ahnungen und Wahrnehmungen aus unbekannten Quellen. Ängste, Launen, Absichten, Hoffnungen befallen uns aus unersichtlicher Kausalität. Diese konkreten Erfahrungen bilden die Grundlage jenes Gefühles, dass man sich selber ungenügend bekannt sei, und der peinlichen Vermutung, dass man an sich selber Überraschungen erleben könnte.

Der primitive Mensch ist sich selber zwar kein Rätsel. Die Frage nach dem Menschen ist jeweils die letzte, die sich der Mensch aufbewahrt hat. Aber der Primitive hat so viel Seelisches außerhalb des Bewusstseins, dass ihm die Erfahrung eines außerhalb seiner selbst befindlichen Psychischen in noch viel höherem Maße geläufig ist als uns. Das rings von psychischen Mächten beschützte, getragene oder bedrohte und betrogene Bewusstsein ist Urerfahrung der Menschheit. Diese Erfahrung hat sich projiziert im Archetypus des Kindes, welches die Ganzheit des Menschen ausdrückt. Es ist das Verlassene und Ausgelieferte und zugleich das Göttlich-Mächtige, der unansehnliche, zweifelhafte Anfang und das triumphierende Ende. Das »ewige Kind« im Menschen ist eine unbeschreibliche Erfahrung, eine Unangepasstheit, ein Nachteil und eine göttliche Prärogative, ein Imponderabile, das den letzten Wert und Unwert einer Persönlichkeit ausmacht.

4. Zusammenfassung

Ich bin mir bewusst, dass eine psychologische Kommentierung des Kind-Archetypus ohne ausführliche Dokumentierung bloße Skizze bleibt. Da es sich aber um psychologisches Neuland handelt, so lag mir in erster Linie daran, den möglichen Umfang der durch unseren Archetypus aufgeworfenen Problematik abzustecken und wenigstens in resümierender Darstellung deren verschiedene Aspekte zu beschreiben. Scharfe Abgrenzungen und strikte Begriffsformulierungen sind auf diesem Gebiete schlechterdings unmöglich, denn die fließende gegenseitige Durchdringung gehört zum Wesen der Archetypen. Sie lassen sich jeweils nur ungefähr umschreiben. Ihr lebendiger Sinn ergibt sich mehr aus der Gesamtheit der Darstellung als aus der einzelnen Formulierung. Jeder Versuch einer schärferen Erfassung bestraft sich sofort selbst dadurch, dass er die Luminosität des unfassbaren Bedeutungskernes auslöscht. Kein Archetypus lässt sich auf eine einfache Formel bringen. Er ist ein Gefäß, das man nie leeren und nie füllen kann. Er existiert an sich nur potentiell, und wenn er sich in einem Stoff gestaltet, so ist er nicht mehr das, was er vorher war. Er beharrt durch die Jahrtausende und verlangt doch immer neue Deutung. Die Archetypen sind die unerschütterlichen Elemente des Unbewussten, aber sie wandeln ihre Gestalt beständig.

Es ist zwar beinahe hoffnungslos, einen einzelnen Archetypus aus dem lebendigen Sinngewebe der Seele herauszureißen, aber trotz ihrer Verwobenheit bilden sie doch intuitiv erfassbare Einheiten. Die Psychologie, als eine der vielen Lebensäußerungen der Seele, arbeitet mit Vorstellungen und Begriffen, die ihrerseits wieder von archetypischen Strukturen abgeleitet sind und dementsprechend einen bloß etwas abstrakten Mythus erzeugen. Die Psychologie übersetzt also die archaische Sprache des Mythus in ein modernes, als solches noch nicht erkanntes Mythologem, das ein Element des Mythus »Wissenschaft« bildet. Diese »aussichtslose« Tätigkeit ist lebender und gelebter Mythus und darum für Menschen entsprechenden Temperamentes befriedigend, ja sogar heilsam, insofern sie von den Grundlagen der Seele durch eine neurotische Dissoziation abgetrennt waren.

Dem Archetypus »Kind« begegnet man empirisch bei spontanen und therapeutisch ausgelösten Individuationsprozessen. Die erste Form des »Kindes« ist meist total unbewusst. In diesem Fall liegt eine Identifikation des Patienten mit seinem persönlichen Infantilismus vor. Dann tritt (unter Einwirkung der Therapie) eine mehr oder weniger allmähliche Absonderung und Objektivierung des »Kindes« ein, also eine Auflösung der Identität, unter (bisweilen technisch unterstützter) Intensivierung der Phantasiegestaltung, wobei archaische das heißt mythologische Züge in vermehrtem Maße sichtbar werden. Der weitere Wandlungsverlauf entspricht dem des Heldenmythus. In der Regel fehlt das Motiv der großen Taten, dagegen spielen die mythischen Bedrohungen eine umso größere Rolle. Meist tritt in diesem Stadium wieder eine Identität mit der aus verschiedenen Gründen attraktiven Heldenrolle auf. Diese Identität ist öfters sehr hartnäckig und für das seelische Gleichgewicht bedenklich. Gelingt die Auflösung der Identität, so kann sich die Gestalt des Helden, unter Reduktion des Bewusstseins auf menschliches Maß, allmählich bis zum Symbol des Selbst differenzieren.

In der praktischen Wirklichkeit handelt es sich, wohlverstanden, nicht um ein bloßes Wissen von solchen Entwicklungen, sondern um das Erleben der Wandlungen. Der Anfangszustand des persönlichen Infantilismus zeigt das Bild des »verlassenen«, das heißt des »missverstandenen« und ungerecht behandelten Kindes, das anmaßliche Ansprüche hat. Die Epiphanie des Heros (die zweite Identifikation) zeigt sich in einer entsprechenden Inflation: Der unverhältnismäßige Anspruch wird zur Überzeugung, dass man etwas Besonderes sei; oder die Unerfüllbarkeit des Anspruches beweist die eigene Minderwertigkeit, was die Rolle des heldenhaften Dulders (eine negative Inflation) begünstigt. Trotz ihrer Gegensätzlichkeit sind beide Formen identisch, weil bewusstem Größenwahn unbewusste, kompensierende Minderwertigkeit, und bewusste Minderwertigkeit unbewusstem Größenwahn entspricht. (Man findet nie das eine ohne das andere.) Wird die Klippe der zweiten Identifikation glücklich umschifft, so kann das bewusste Geschehen vom unbewussten reinlich getrennt und das unbewusste Geschehen objektiv beobachtet werden. Daraus ergibt sich die Möglichkeit der Auseinandersetzung mit dem Unbewussten, und damit die der Synthese der bewussten und unbewussten Elemente des Erkennens und Handelns. Daraus wiederum entsteht die Verschiebung des Persönlichkeitszentrums aus dem Ich in das Selbst.[169]

In diesen psychologischen Rahmen ordnen sich die Motive der Verlassenheit, der Unüberwindlichkeit, des Hermaphroditismus und des Anfangs- und Endwesens ein, als unterscheidbare Kategorien des Erlebens und Erkennens.

[169] Die Beziehungen zwischen dem Ich und dem Unbewußten, GW 7.

ZUM PSYCHOLOGISCHEN ASPEKT DER KOREFIGUR (1941)

Die Gestalt von Demeter und Kore in ihrem dreifachen Aspekt als Mädchen, als Mutter und als Hekate, ist der Psychologie des Unbewussten nicht nur nichts Unbekanntes, sondern sogar ein praktisches Problem. Die »Kore« hat ihre psychologische Entsprechung in jenen Typen, die ich einerseits als *Selbst* oder übergeordnete Persönlichkeit, andererseits als *Anima* bezeichnet habe. Um diese, nicht als bekannt vorauszusetzenden, Figuren zu erklären, muss ich einige Bemerkungen allgemeiner Natur vorausschicken.

Der Psychologe hat mit der gleichen Schwierigkeit zu kämpfen wie der Mythologe, wenn ihm die Frage nach einer genauen Definition beziehungsweise nach einer eindeutigen und kurzgefassten Auskunft vorgelegt wird. Anschaulich, deutlich und unmissverständlich ist nur das Bild selbst, wie es sich in seinem habituellen Kontext darstellt. In dieser Form sagt es alles, was es enthält. Sobald man aber versucht, das »eigentliche Wesen« des Bildes zu abstrahieren, so wird dieses undeutlich und löst sich schließlich in Nebel auf. Um seine lebendige Funktion zu verstehen, muss man es als ein lebendiges Wesen in seiner Komplexität belassen und darf es nicht naturwissenschaftlich auf die Anatomie seiner Leiche oder historisch auf die Archäologie seiner Trümmer untersuchen wollen. Damit soll diesen Methoden natürlich nicht die Berechtigung abgesprochen werden, wenn sie da angewendet werden, wo es sinngemäß ist.

Bei der ungeheuren Komplexität der psychischen Erscheinungen ist zweifellos ein rein phänomenologischer Standpunkt, auf lange Sicht hinaus, das einzig Mögliche und Erfolgversprechende. »Woher« die Dinge kommen, und »was« sie sind, das sind Fragen, die gerade auf psychologischem Gebiet oft unzeitgemäße Deutungsversuche hervorrufen. Solche Spekulationen beruhen denn auch viel mehr auf unbewussten weltanschaulichen Voraussetzungen als auf der Natur der Phänomene selber. Das Gebiet der durch unbewusste Vorgänge veranlassten psychischen Erscheinungen ist dermaßen reich und mannigfaltig, dass ich es vorziehe, das Vorgefundene und Beobachtete zu beschreiben und, wenn möglich, zu klassifizieren, das heißt bestimmten Typen unterzuordnen. Das ist naturwissenschaftliche Methodik, die überall dort angewendet wird, wo es sich um ein mannigfaltiges und noch ungeordnetes Material handelt. Man kann über die Nützlichkeit oder Zweckmäßigkeit der in Anwendung gebrachten Ordnungskategorien oder -typen im Zweifel sein, nicht aber über die Richtigkeit der Methode.

Da ich seit Jahrzehnten die Produkte des Unbewussten im weitesten Sinne, nämlich die Träume, Phantasien, Visionen und Wahnideen beobachte und untersuche, konnte ich nicht umhin, gewisse Regelmäßigkeiten, das heißt *Typen*, zu erkennen. Es gibt Typen von *Situationen* und solche von *Figuren*, die sich öfter und sinnentsprechend wiederholen. Ich gebrauche deshalb auch den Begriff des *Motives*, um diese Wiederholungen zu bezeichnen. So gibt es nicht nur typische Träume, sondern auch typische Motive in Träumen. Diese können, wie gesagt, Situationen oder Figuren sein. Unter den Letzteren gibt es menschliche Gestalten, die sich einer Reihe von Typen unterordnen lassen: die hauptsächlichsten sind – nach meinem Vorschlag[170] – der Schatten, der Alte, das Kind (inklusive der Heldenjunge), die Mutter (»Urmutter« und »Erdmutter«) als

[170] Andere Vorschläge sind meines Wissens bis jetzt nicht gemacht worden. Die Kritik hat sich damit begnügt, zu versichern, es gebe solche Archetypen überhaupt nicht. Gewiss nicht, so wenig es in der Natur eine Pflanzenordnung gibt! Wird man deshalb das Vorkommen natürlicher Pflanzenfamilien leugnen? Oder wird man das Vorkommen und das stetige Sich-Wiederholen von gewissen morphologischen und funktionellen Ähnlichkeiten bestreiten? Bei den typischen Gestalten des Unbewussten handelt es sich um etwas prinzipiell Ähnliches. Es sind a priori vorhandene Formen oder biologische Normen seelischer Tätigkeit.

übergeordnete Persönlichkeit (»dämonisch«, weil übergeordnet) und ihr entsprechendes Gegenteil, das Mädchen, sodann die Anima beim Manne und der Animus bei der Frau.

Mit den genannten Typen sind natürlich längst nicht alle statistischen Regelmäßigkeiten in dieser Hinsicht erwähnt. Die uns hier interessierende Koregestalt gehört, wenn als Vorkommnis beim Manne beobachtet, zum Typus »Anima«; wenn bei der Frau, zum Typus der »übergeordneten Persönlichkeit«. Es ist eine wesentliche Eigentümlichkeit der psychischen Figuren, dass sie doppelt oder wenigstens der Verdoppelung fähig sind; auf alle Fälle sind sie bipolar und schwanken zwischen ihrer positiven und negativen Bedeutung. So kann die »übergeordnete« Persönlichkeit in verächtlicher Missgestalt erscheinen, wie zum Beispiel Mephistopheles, welcher als Persönlichkeit eigentlich viel positiver ist als der leere und gedankenlose Streber Faust; eine andere Negativgestalt ist der Däumling oder Dummling im Märchen. Die der Kore entsprechende Figur bei der Frau ist in der Regel eine Doppelfigur, nämlich eine Mutter und ein Mädchen; das heißt bald erscheint sie als das eine, bald als das andere. Aus dieser Tatsache würde ich zum Beispiel schließen, dass bei der Ausbildung des Demeter-Kore-Mythus der weibliche Einfluss den männlichen so beträchtlich überwogen hat, dass diesem fast keine Bedeutung zukam. Die Rolle des Mannes im Demetermythus ist eigentlich nur die des Entführers oder Vergewaltigers.

In der praktischen Beobachtung tritt bei der Frau die Korefigur als unbekanntes junges Mädchen auf; nicht selten als Gretchen und uneheliche Mutter.[171] Eine häufige Nuance ist die Tänzerin, zu deren Ausgestaltung oft Anleihen bei klassischen Kenntnissen gemacht werden: Dann erscheint nämlich das Mädchen als Korybantin, Mänade oder

[171] Die personalistische Auffassung deutet solche Träume als »Wunscherfüllungen«. Eine solche Deutung erscheint vielen als die einzig mögliche. Träume dieser Art ereignen sich aber unter den verschiedensten Lebensumständen, selbst unter solchen, wo die Wunscherfüllungstheorie zur reinen Gewaltsamkeit und Willkür wird. Die Motivforschung im Gebiet der Träume scheint mir darum vorsichtiger und zweckentsprechender.

Nymphe. Eine nicht seltene Abart ist die Nixe, welche ihre Übernatur durch den Fischschwanz verrät. Des Öfteren gleiten die Kore- und ebenso die Mutterfigur überhaupt ins Tierreich ab, dessen beliebteste Vertreterin die Katze ist oder die Schlange oder der Bär oder ein schwarzes Unterweltmonstrum, wie das Krokodil oder salamander- und saurierartige Wesen.[172] Die Hilflosigkeit des jungen Mädchens liefert es allen möglichen Gefahren aus, zum Beispiel von Ungeheuern verschluckt oder rituell wie ein Opfertier geschlachtet zu werden. Oft sind es blutige, grausame, sogar obszöne Orgien, denen das unschuldsvolle Kind zum Opfer fällt. Manchmal handelt es sich um eine eigentliche Nekyia, eine Hadesfahrt und Suche nach der »schwer erreichbaren Kostbarkeit«, gelegentlich verknüpft mit rituellen, sexuellen Orgien oder Opfern von Menstrualblut an den Mond. Bemerkenswerterweise werden die Torturen und obszönen Handlungen von einer »Erdmutter« ausgeführt. Es finden Bluttrinken und Blutbäder statt,[173] auch Kreuzigungen. Die in der Kasuistik zu beobachtende Mädchenfigur unterscheidet sich von der vagen Blumenhaftigkeit der Kore nicht unerheblich, insofern die moderne Figur schärfer umrissen und bei weitem nicht so »unbewusst« ist, wie die nachfolgenden Beispiele dann zeigen.

Die der Demeter und der Hekate entsprechenden Figuren sind überlegene, auch überlebensgroße Muttergestalten, welche vom Typus Pietà bis zum Typus Baubo reichen. Das die konventionelle Harmlosigkeit kompensierende Unbewusste der Frau erweist sich gerade auf letzterer

[172] Die Doppelvision des Salamander, von der Benvenuto Cellini in seiner Biographie berichtet, entspricht einer Animaprojektion, veranlasst durch die Musik, die der Vater machte. (Vgl. Celini: Leben des B'C', 1803, S. 20; und Jung: Psychologie und Alchemie, GW 12, § 404.)

[173] Eine meiner Patientinnen, deren Hauptschwierigkeit ein negativer Mutterkomplex war, entwickelte eine Phantasieserie über eine primitive Mutterfigur, eine Indianerin, welche ihr Belehrungen über das Wesen der Frau gab. In diesen Lehrstücken findet sich ein besonderer Paragraph über das Blut, der folgendermaßen lautet: »Das Leben der Frau ist dem Blut nahe. Jeder Monat erinnert sie daran, und eine Geburt ist eine blutige Sache, Zerstörung und Schöpfung. Eine Frau darf gebären, aber das neue Leben ist nicht ihre Schöpfung. Sie weiß es im Grunde genommen und freut sich der Gnade, die ihr geworden. Sie ist eine kleine Mutter, nicht die Große Mutter. Aber ihr kleines Bild ist ähnlich dem großen. Wenn sie das versteht, so ist sie von der Natur gesegnet, weil sie sich richtig unterworfen hat, und darum kann sie teilnehmen an der Nahrung der Großen Mutter.«

Linie als erfindungsreich. Ich erinnere mich nur an sehr wenige Fälle, wo die der Demeter eigene, edle Gestalt rein, in einer spontan dem Unbewussten entstiegenen Formung zum Durchbruch gekommen ist. Ich erinnere mich an einen Fall, wo eine in reinstes Weiß gekleidete Jungfraugöttin erschien, aber sie hielt einen schwarzen Affen im Arm. Die »Erdmutter« ist immer unterirdisch und hat gelegentlich Beziehung zum Mond, entweder durch das schon erwähnte Blutopfer oder durch Kinderopfer oder sie ist mit einer Mondsichel geziert.[174] Bei zeichnerischen oder plastischen Darstellungen ist die »Mutter« dunkel bis schwarz oder rot (welches ihre Hauptfarben sind), von primitivem bis tierischem Gesichtsausdruck, die Gestalt ähnelt nicht selten dem neolithischen Ideal der Vénus de Brassempouy, respektive der von Willendorf oder der Schläferin von Hal Saflieni. Verschiedentlich fand ich auch die Vielbrüstigkeit, deren Anordnung derjenigen des Schweines entsprach. Die »Erdmutter« spielt eine bedeutende Rolle im Unbewussten der Frau, denn alle ihre Erscheinungen sind als »machtvoll« charakterisiert. Dieser Umstand weist darauf hin, dass in solchen Fällen das »Erdmutter-Moment« im Bewusstsein abnorm schwach ist und deshalb der Stärkung bedarf.

Ich gebe zu, dass bei dieser Sachlage es kaum verständlich erscheint, wenn solche Figuren dem Typus der »übergeordneten« Persönlichkeit zugerechnet werden. Bei einer wissenschaftlichen Untersuchung muss man aber von moralischen oder ästhetischen Voraussetzungen absehen

[174] Oft ist der Mond auch bloß »dabei«, wie z. B. in einer Phantasie über die chthonische Mutter in Gestalt der »Bienenfrau« (Josephine D. Bacon: In the Border Country, 1919, S. 14 ff.): Der Pfad führte zu einer winzigen Hütte von der gleichen Farbe wie die vier großen Bäume, die sie umgaben. Die Türe stand weit offen, und in der Mitte, auf einem niederen Sitz, saß eine alte Frau, in einen langen Mantel gehüllt, und blickte sie freundlich an. Die Hütte war erfüllt vom Summen der Bienen. In einer Ecke der Hütte war eine tiefe, kalte Quelle, in der sich »ein weißer Mond und kleine Sterne« spiegelten. Sie sah das ganze Firmament in der Quelle. Die alte Frau ermahnte sie, sich wieder an die Pflichten des weiblichen Lebens zu erinnern. – Im Tantrischen Yoga geht von der schlummernden Shakti ein »Summen wie von einem Schwarm liebestoller Bienen« aus (Shatchakra Nirū pana, S. 29, in: Avalon: The Serpent Power, 1919). Vgl. auch unten (siehe S. 192) die Tänzerin, die sich in einen Bienenschwarm auflöst. Die Bienen sind auch – als Allegorie – mit Maria verbunden, wie der Text bei der Weihung der Osterkerze ausweist. Siehe Duchesne: Origines du culte chrétien, 1925, S. 265 f.

und nur die Tatsachen sprechen lassen. Das Mädchen ist sehr oft charakterisiert als nicht gewöhnlich menschlich; es ist entweder unbekannter oder merkwürdiger Herkunft oder sieht seltsam aus oder tut oder erleidet merkwürdige Dinge, woraus man auf eine besondere, mythische Natur des Mädchens schließen muss. Ebenso und noch viel aufdringlicher ist die »Erdmutter« ein – im antiken Sinne – göttliches Wesen. Übrigens erscheint sie auch als Erdmutter durchaus nicht immer in der Gestalt der Baubo, sondern etwa wie Königin Venus im ›Poliphilo‹,[175] aber stets schicksalsschwer. Die oft unästhetischen Formen der »Erdmutter« entsprechen einem Präjudiz des modernen weiblichen Unbewussten, welches der Antike fehlte. Die Unterweltnatur der mit der Demeter eng verbundenen Hekate und das Schicksal der Persephone weisen immerhin auf die dunkle Seite der menschlichen Seele hin, wenn auch nicht in dem Maße, wie es beim modernen Material der Fall ist.

Die »übergeordnete Persönlichkeit« ist der totale Mensch, nämlich so, wie einer wirklich ist, und nicht bloß so, wie er sich vorkommt. Zur Ganzheit gehört auch die unbewusste Seele, welche ihre Forderungen und Lebensnotwendigkeiten hat wie das Bewusstsein. Ich möchte das Unbewusste nicht personalistisch deuten und etwa die Behauptung aufstellen, dass Phantasiebilder, wie die oben beschriebenen, »Wunschvorstellungen« verdrängter Natur seien. Diese Bilder waren als solche nie vorher bewusst, konnten also auch nie verdrängt werden. Ich verstehe das Unbewusste vielmehr als eine allen Menschen gemeinsame unpersönliche Psyche, obwohl es sich durch ein persönliches Bewusstsein äußert. Wenn schon jedermann atmet, so ist doch die Atmung kein persönlich zu deutendes Phänomen. Die mythischen Bilder gehören zur Struktur des Unbewussten und sind unpersönlicher Besitz, von dem die allermeisten Menschen viel eher besessen sind, als dass sie ihn besäßen. Solche Bilder wie die oben beschriebenen verursachen nämlich

[175] Colonna: Hypnerotomachia Poliphili, 1499; Linda Fierz-David: Der Liebestraum des Poliphilo, 1947.

unter gewissen Bedingungen ihnen entsprechende Störungen und Symptome, wobei es dann Aufgabe der ärztlichen Therapie ist, herauszufinden, ob und wie und in welchem Maße diese Impulse der bewussten Persönlichkeit zu integrieren seien oder ob sie sekundär durch eine mangelhafte Orientierung des Bewusstseins aus einer normalen Potenzialität in eine Aktualität übergeführt wurden. Es bestehen nämlich in der Praxis beide Möglichkeiten.

Ich bezeichne die »übergeordnete Persönlichkeit« gewöhnlich als »Selbst«, womit ich eine scharfe Trennung mache zwischen dem *Ich*, das bekanntlich nur so weit wie das Bewusstsein reicht, und dem *Ganzen der Persönlichkeit*, in welches neben dem bewussten Anteil auch der unbewusste einbezogen ist. Das Ich steht also dem »Selbst« wie ein Teil dem Ganzen gegenüber. Insofern ist das Selbst übergeordnet. Das Selbst wird auch empirisch nicht als Subjekt, sondern als Objekt empfunden, und zwar vermöge seines unbewussten Anteils, der nur indirekt, nämlich via Projektion, zur Bewusstheit gelangen kann. Durch den unbewussten Anteil ist das Selbst dermaßen vom Bewusstsein entfernt, dass es nur zum einen Teil durch menschliche Figuren ausgedrückt wird, zum anderen aber durch sachliche, abstrakte Symbole. Die menschlichen Figuren sind Vater und Sohn, Mutter und Tochter, König und Königin, Gott und Göttin. Theriomorphe Symbole sind Drache, Schlange, Elefant, Löwe, Bär oder sonst wie mächtige Tiere oder im Gegenteil Spinne, Krebs, Schmetterling, Käfer, Wurm und so weiter. Pflanzliche Symbole sind in der Regel Blumen (Lotus und Rose!). Diese leiten über zu geometrischen Gebilden wie Kreis, Kugel, Quadrat, Quaternität, Uhr, Firmament und so weiter.[176] Die unbestimmte Reichweite des unbewussten Anteils macht eben eine völlige Erfassung und Beschreibung der menschlichen Persönlichkeit unmöglich. Infolgedessen ergänzt das Unbewusste das Bild durch lebende Figuren, die vom Tier bis zur Gottheit, als den beiden außermenschlichen Extremen, reichen und überdies

[176] Siehe dazu Psychologie und Alchemie, Zweiter Teil, GW 12.

das Animalische durch die Beifügung des Vegetabilischen und des Anorganisch-Abstrakten zu einem Mikrokosmos vervollständigen. Diese Ergänzungen finden sich übrigens mit großer Häufigkeit bei anthropomorphen Gottesbildern als sogenannte Attribute.

Demeter und Kore, Mutter und Tochter, ergänzen ein weibliches Bewusstsein nach oben und nach unten. Sie fügen das Ältere und das Jüngere, das Stärkere und das Schwächere hinzu und erweitern damit das engbegrenzte und an Zeit und Raum verhaftete Einzelbewusstsein zu einer Ahnung größerer, umfänglicherer Persönlichkeit, die überdies an ewigem Geschehen Anteil hat. Man kann nicht wohl annehmen, dass der Mythus oder das Mysterium zu irgendeinem Zwecke bewusst erfunden worden wäre, vielmehr hat es allen Anschein, als ob diese ein unwillkürliches Bekenntnis einer psychischen, aber unbewussten Vorbedingung darstellen würden. Die dem Bewusstsein präexistente Psyche (zum Beispiel beim Kind) hat einerseits Anteil an der mütterlichen Psyche, andererseits ist sie auch ein Hinüberreichen in die Psyche der Tochter. Man könnte deshalb sagen, dass jede Mutter ihre Tochter, und jede Tochter ihre Mutter in sich enthalte; jede Frau aber nach rückwärts in die Mutter und nach vorwärts in die Tochter sich erweitere. Aus dieser Partizipation und Vermischung entsteht jene Unsicherheit in Bezug auf den Zeitmoment: als Mutter lebt man früher, als Tochter später. Durch das bewusste Erleben dieser Verbindungen entsteht ein Gefühl der Ausdehnung des Lebens über Generationen: ein erster Schritt zu der unmittelbaren Erfahrung und Gewissheit der Enthebung aus der Zeit, was ein Gefühl der *Unsterblichkeit* bedeutet. Das Einzelleben wird erhöht zum Typus, ja zum Archetypus weiblichen Schicksals überhaupt. Damit findet eine Apokatastasis der Ahnenleben statt, die, vermittels der Brücke des gegenwärtigen Einzelmenschen sich in die zukünftigen Generationen verlängern. Mit solcher Erfahrung wird das Individuum sinnvoll dem Leben der Generationen eingegliedert, wodurch dem Strom des Lebens, der durch den Einzelnen hindurchfließen soll, alle unnötigen Hindernisse aus dem Wege geräumt sind. Aber auch der Einzelne ist aus seiner Vereinzelung erlöst und seiner Ganzheit wiedergegeben. Alle kultische Beschäftigung mit Archetypen hat in letzter Linie diesen Zweck und diesen Erfolg.

Es ist dem Psychologen ohne weiteres klar, welche kathartischen und zugleich erneuernden Wirkungen vom Demeterkult auf die weibliche Psyche ausgehen mussten und welches Manko an psychischer Hygiene unserer Kultur eignet, die solche heilsamen Erlebnisse wie die eleusinischen Emotionen nicht mehr kennt.

Ich gebe mir Rechenschaft darüber, dass nicht nur der psychologische Laie, sondern auch der Fachpsychologe und der Psychiater, ja sogar der Psychotherapeut nicht über jene Kenntnis des archetypischen Materials seiner Patienten verfügt, der diese Seite der Phänomenologie des Unbewussten nicht speziell erforscht hat. Gerade unter psychiatrischer und psychotherapeutischer Beobachtung kommen nicht selten Fälle vor, die sich durch eine reiche Produktion archetypischer Symbolik auszeichnen.[177] Da es dem beobachtenden Arzt aber an den nötigen historischen Kenntnissen gebricht, ist er nicht imstande, den Parallelismus seiner Beobachtungen mit den Befunden der Geistes- und Kulturgeschichte zu sehen. Umgekehrt ist ein Kenner der Mythologie und vergleichender Religionswissenschaftler in der Regel kein Psychiater und weiß infolgedessen nicht, dass seine Mythologeme noch frisch und lebendig vorkommen – zum Beispiel in Träumen und Visionen, in der Verborgenheit persönlichster, innerer Erlebnisse, welche man unter keinen Umständen dem wissenschaftlichen Seziermesser ausliefern möchte. Das archetypische Material ist deshalb das große Unbekannte, und es bedarf schon spezieller Studien und Vorbereitungen, um solches Material überhaupt sammeln zu können.

Es scheint mir nicht überflüssig zu sein, aus meiner kasuistischen Erfahrung einige Beispiele zu geben, welche das Vorkommen arche-

[177] Ich verweise auf die Dissertation meines Schülers Jan Nelken: Analytische Beobachtungen über Phantasien eines Schizophrenen (1912) sowie auf meine Analyse einer Phantasieserie in: Symbole der Wandlung, GW 5.

typischer Bilder im Traum oder in der Phantasie darstellen. Ich begegne bei meinem Publikum immer wieder der Schwierigkeit, dass es eine solche Illustrierung durch »ein paar Beispiele« für die einfachste Sache von der Welt hält. In Wirklichkeit aber ist es fast unmöglich, mit ein paar Worten und einigen Bildern, aus allem Zusammenhang gerissen, etwas zu demonstrieren. Dies ist nur gegenüber einem Kenner möglich. Keinem Menschen würde es je einfallen, was Perseus mit dem Gorgohaupt zu tun hat, wenn man nicht den Mythus kennt. So ist es auch mit den individuellen Bildern: Sie bedürfen eines Kontextes, welcher nicht nur Mythus, sondern auch individuelle Anamnese ist. Solche Zusammenhänge sind aber von uferloser Ausdehnung. Jede einigermaßen vollständige Bilderserie würde zu ihrer Darstellung ein Buch von etwa zweihundert Seiten erfordern. Meine Untersuchung der Miller'schen Phantasieserie kann einen Begriff davon geben.[178] Es geschieht deshalb nur mit großem Zögern, wenn ich versuche, kasuistische Beispiele zu geben. Das Material, das ich benütze, stammt teils von normalen, teils leicht neurotischen Personen. Es sind teils Träume, teils Visionen oder in Visionen verwobene Träume. Bei diesen »Visionen« handelt es sich keineswegs um Halluzinationen oder um ekstatische Zustände, sondern um spontane, visuelle Phantasiebilder oder um sogenannte *aktive Imagination.* Diese ist eine von mir angegebene Methode der Introspektion, nämlich der Beobachtung des Flusses innerer Bilder: Man konzentriert die Aufmerksamkeit auf ein eindrucksvolles, aber unverständliches Traumbild oder auf einen spontanen visuellen Eindruck und beobachtet, welche Veränderungen am Bilde stattfinden. Dabei muss natürlich alle Kritik ausgeschaltet und mit absoluter Objektivität das Vorkommende beobachtet und aufgezeichnet werden. Es ist selbstverständlich, dass auch die Einwände, es sei »willkürlich« oder »man hätte das selber erdacht«, zur Seite geschoben werden, denn sie entstammen der Ängst-

[178] Symbole der Wandlung, GW 5. Das Buch von H. G. Baynes: The Mythology of the Soul, 1940, umfasst 939 Seiten und bemüht sich, dem Material von bloß zwei Individuen gerecht zu werden.

lichkeit des Ichbewusstseins, das keinen Herrn neben sich im eigenen Hause duldet; oder mit anderen Worten, es ist die Hemmung, die vom Bewusstsein auf das Unbewusste ausgeht.

Unter diesen Bedingungen kommen lange und oft sehr dramatische Phantasieserien zustande. Der Vorteil dieser Methode ist, dass sie reichlich Inhalte des Unbewussten zutage fördert. Man kann sich zu gleichem Zwecke auch des Zeichnens, Malens und Modellierens bedienen. Visuelle Serien greifen, wenn sie dramatisch werden, leicht auf das auditiv-sprachliche Gebiet über, woraus dann Dialoge und Ähnliches entstehen. Diese Methode ist, bei pathologischen Individuen und ganz besonders bei den nicht seltenen latenten Schizophrenien, unter Umständen etwas gefährlich und bedarf daher der ärztlichen Kontrolle. Sie beruht eben auf einer beabsichtigten Schwächung des Bewusstseins und seines das Unbewusste einschränkenden oder unterdrückenden Einflusses. Der Zweck der Methode ist natürlich in erster Linie ein therapeutischer; in zweiter Linie aber liefert die Methode auch ein reiches empirisches Material. Solchem Material sind einige unserer Beispiele entnommen. Sie unterscheiden sich vom Traum nur durch die bessere Form, welche darauf beruht, dass die Inhalte nicht von einem träumenden, sondern von einem wachen Bewusstsein rezipiert werden. Die Beispiele stammen von Frauen in mittlerem Alter.

1. Fall X

1. (SPONTANER VISUELLER EINDRUCK): *»Ich sah einen weißen Vogel mit ausgestreckten Flügeln. Er senkte sich auf eine blaugekleidete Frauengestalt, die wie eine antike Statue dasaß. Der Vogel setzte sich auf ihre Hand. Sie hielt ein Weizenkorn in der Hand. Er nahm es in den Schnabel und flog wieder zum Himmel empor.«*

X malte dazu ein Bild: auf einem weißen Marmorsitz befindet sich eine blaugekleidete archaisch-einfache »Mutter«figur. (Die Mütterlichkeit ist durch die starken Brüste hervorgehoben.)

2. *Ein Stier hebt ein Kind von der Erde und trägt es zu einer antiken Frauenstatue. Ein nacktes junges Mädchen mit blumenbekränztem Haar erscheint, auf einem weißen Stier reitend. Sie nimmt das Kind und wirft es in die Luft wie einen Ball und fängt es wieder auf. Der weiße Stier trägt beide zu einem Tempel. Dort legt das Mädchen das Kind auf den Boden* und so weiter (folgt eine Einweihung).

In diesem Bilde erscheint das Mädchen, etwa in Form der Europa. (Hier werden gewisse Schulkenntnisse benützt.) Nacktheit und Blumenbekränzung weisen auf dionysische Ausgelassenheit hin. Das Ballspielen mit dem Kind ist ein Motiv des geheimen rituellen Geschehens, welches immer das »Opfer des Kindes« betrifft. (Vergleiche dazu die Ritualmordbeschuldigung der Heiden gegen die Christen und der Christen gegen Gnostiker und Juden, ferner die phönizischen Kinderopfer, Gerüchte über die schwarze Messe und so weiter, ebenso das »Ballspiel in der Kirche«.)[179]

3. *»Ich sah ein goldenes Schwein auf einem Piedestal. Halbtierische Wesen tanzten im Kreise darum. Wir beeilten uns, ein tiefes Loch in den Boden zu graben. Ich langte hinein und fand Wasser darin. Da erschien ein Mann in einem goldenen Gefährt. Er sprang in das Loch, wo er (wie tanzend) hin und her schwankte … Ich schwankte ebenfalls im Takt mit ihm. Dann sprang er plötzlich aus dem Loch heraus, vergewaltigte und schwängerte mich.«*

X ist identisch mit dem jungen Mädchen, das auch öfters als Jüngling erscheint. Dieser Jüngling ist eine Animusfigur, welche das Männliche in der Frau verkörpert. Jüngling und Mädchen bilden eine Syzygie oder »coniunctio«, welche das Wesen der Ganzheit symbolisiert (so beim Platonischen Hermaphroditen, der dann später in der alchemistischen Phi-

[179] Vgl. Zur Psychologie der Tricksterfigur, Anm. 192 in diesem Band (S. 204), und Psychologie und Alchemie, GW 12, § 182.

losophie Symbol der vollendeten Ganzheit wurde). X tanzt offenbar mit, daher das »Wir beeilten uns«. Der Parallelismus mit den von Kerényi hervorgehobenen Motiven erscheint mir bemerkenswert.

4. *»Ich sah einen schönen Jüngling mit goldenen Zimbeln, tanzend und springend in Freude und Ausgelassenheit … Schließlich fiel er zur Erde und begrub sein Gesicht in den Blumen. Dann sank er in den Schoß einer uralten Mutter. Nach einiger Zeit erhob er sich und sprang ins Wasser, wo er wie ein Delphin auf- und untertauchte … Ich sah, dass sein Haar golden war. Wir sprangen nun zusammen, Hand in Hand. So kamen wir zu einer Schlucht …« Beim Überschreiten der Schlucht fällt der Jüngling in die Tiefe. X ist allein und kommt zu einem Fluss, wo ein weißes Seepferd sie mit einem goldenen Boot erwartet.*

X ist in dieser Szene der Jüngling, darum verschwindet dieser später, und sie bleibt die alleinige Heldin der Geschichte. Sie ist hier das Kind der Mutter, der Delphin, der in der Schlucht verlorene Jüngling und die offenbar von Poseidon erwartete Braut. Die eigentümlichen Überschneidungen und Verschiebungen der Motive in diesen individuellen Materialien sind etwa die gleichen wie bei mythologischen Varianten. Der Jüngling im Schoß der Mutter erschien X so eindrucksvoll, dass sie dieses Bild malte. Es ist die gleiche Figur wie in 1. Nur ist es nicht das Weizenkorn, sondern der Körper des Jünglings, der in völliger Erschöpfung im Schoße der riesenhaften Mutter liegt.

5. *Es folgt nun ein Schafopfer, wobei mit dem Opfertier ebenfalls Ball gespielt wird. Die Teilnehmer beschmieren sich mit dem Opferblut. Dann folgt ein Bad in pulsierendem Blut. X wird dadurch in eine Pflanze verwandelt.*

6. *Darauf kommt X in eine Schlangenhöhle, wo sie von Schlangen umwunden wird.*

7. *Unter dem Meer schläft in einer Schlangenhöhle eine göttliche Frau. (Sie ist im Bilde viel größer als die anderen dargestellt.) Sie hat ein blutrotes, nur die untere Körperhälfte umhüllendes Gewand. Sie hat dunkle Hautfarbe, volle rote Lippen und scheint von großer physischer Kraft zu*

sein. Sie küsst X, die offenbar in der Rolle des jungen Mädchens ist, und übergibt sie den vielen anwesenden Männern als Geschenk und so weiter.

Diese chthonische Göttin ist die typische »Erdmutter«, wie sie in so vielen modernen Phantasien vorkommt.

8. *Als X aus der Tiefe wieder ans Licht kam, erfuhr sie eine Art Erleuchtung: weiße Flammen spielten um ihren Kopf, während sie durch wogende Weizenfelder schritt.*

Mit diesem Bilde war die Mutterepisode beendet. Ohne dass auch nur im Geringsten ein bekannter Mythus wiederholt würde, erscheinen doch Motive und Motivzusammenhänge, wie sie aus der Mythologie bekannt sind. Diese Bilder präsentieren sich spontan und beruhen keineswegs auf irgendwelchen bewussten Kenntnissen. Ich habe die Methode der aktiven Imagination auch bei mir selber lange Zeit angewendet und dabei zahlreiche Symbole und Symbolzusammenhänge beobachtet, welche ich oft erst nach Jahren in Texten nachweisen konnte, die ich zuvor überhaupt nicht kannte. Dasselbe ist auch bei Träumen der Fall. Vor einigen Jahren träumte ich beispielsweise: *»Ich stieg lange und mühsam einen Berg hinan. Als ich, wie ich glaubte, die Höhe erreicht hatte, entdeckte ich, dass ich am Rande eines Plateaus stand. In der Ferne erst erhob sich ein Bergrücken, welcher die eigentliche Höhe darstellte. Die Nacht brach eben an, und ich sah, wie an jenem dunkeln Abhang ein Bach in metallisch schimmerndem Licht herunterfloss und zwei Wege hinaufführten, der eine links, der andere rechts, in Serpentinen sich emporwindend. Oben rechts auf der Höhe stand ein Hotel. Unten floss der Bach nach links, und eine Brücke führte hinüber.«*

Nicht lange darauf fand ich in einem obskuren alchemistischen Traktat folgende »Allegorie«: In seiner ›Speculativa philosophia‹[180] beschreibt der Frankfurter Arzt Gerardus Dorneus, der in der zweiten Hälfte des

[180] In: Theatrum chemicum, 1602, Bd. 1, S. 286 ff.

16. Jahrhunderts lebte, die »Mundi peregrinatio, quam erroris viam appellamus« einerseits und die »Via veritatis« andererseits. Vom ersten Wege sagt der Autor:

»... humanum genus, cui Deo resistere iam innatum est, non desistit media quaerere, quibus proprio conatu laqueos evadat quos sibimet posuit, ab eo non petens auxilium, a quo sole dependet omnis misericordiae munus. Hinc factum est, ut in sinistram viae partem officinam sibi maximam extruxerint ... huic domui praeest industria ... Quod postquam adepti fuerint, ab industria recedentes in secundam mundi regionem tendunt: per infirmitatis pontem facientes transitum ... At quia bonus Deus retrahere vellet, infirmitates in ipsos dominari permittit, tum rursus ut prius remedium (industria!) a se quaerentes, ad xenodochium etiam a sinistris constructum et permaximum confluunt, cui medicina praeest. Ibi pharmacopolarum, chirurgorum et physicorum ingens et copia ...«

Vom Wege der Wahrheit, welcher der »rechte« Weg ist, sagt der Autor: »... pervenietis ad Sophiae castra, quibus excepti, longe vehementiori quam antea cibo reficiemini«. – Auch der Bach ist da: »viventis aquae fluvium, tam admirando fluentem artificio de montis ... apicen.« (Sophiae ... de cuius etiam fonte scaturiunt aquae!)[181]

Ein wesentlicher Unterschied zu meinem Traumbild besteht aber darin, dass – abgesehen von der umgekehrten Lage des Hotels – sich der

[181] »Das Menschengeschlecht, dem es schon angeboren ist, Gott zu widerstreben, läßt nicht davon ab, Mittel und Wege zu suchen, um aus eigenem Bemühen die Schlingen zu vermeiden, die es sich selber gelegt hat, und bittet nicht den um Hilfe, von dem jede Gabe der Barmherzigkeit abhängt. So kam es, daß sie sich auf der linken Seite des Weges eine riesige Werkstatt errichtet haben. In diesem Hause herrscht der Fleiß ... Wenn das erreicht ist, wenden sie sich vom Fleiß ab und streben der zweiten Weltgegend zu, indem sie die Brücke der Unzulänglichkeit als Übergang benutzen. Da aber Gott in seiner Güte sie zurückzuziehen wünscht, läßt er ihre Schwächen über sie herrschen; da sie sodann wie zuvor (Fleiß!) das Hilfsmittel in sich selber suchen, strömen sie dem mächtigen Hospiz zu, das ebenfalls zur Linken erbaut wurde, wo die Medizin den Vorsitz führt. Dort gibt es eine gewaltige Menge von Apothekern, Chirurgen und Ärzten (S. 287). – Ihr werdet zum Feldlager der Weisheit gelangen und, dort aufgenommen, mit viel wirksamerer Nahrung als zuvor gestärkt werden (S. 288). – Ein Strom lebendigen Wassers fließt dank staunenswerter Kunstfertigkeit vom Gipfel des Berges herab (S. 280). – Die Weisheit, von deren Quell Wasser hervorsprudeln (S. 279).«

Fluss der Weisheit auf der rechten Seite befindet, und nicht – wie in meinem Traum – in der Mitte des Bildes.

Es handelt sich im Fall meines Traumes anscheinend um keinen bekannten »Mythus«, sondern um einen Vorstellungszusammenhang, den man leicht für »individuell«, das heißt einmalig, hätte halten können. Eine gründliche Analyse vermöchte aber unschwer nachzuweisen, dass es sich um ein archetypisches Bild handelt, welches in irgendeinem Jahrhundert und an irgendwelchem Orte wieder reproduziert werden kann. Ich muss aber gestehen, dass mir die archetypische Natur des Traumbildes erst klar wurde, als ich Dorneus las. Solche und ähnliche Vorkommnisse habe ich nicht nur bei mir selber, sondern auch bei meinen Patienten vielfach beobachtet. Aber es bedarf, wie dieses Beispiel zeigt, schon besonderer Aufmerksamkeit, wenn einem derartige Parallelen nicht entgehen sollen.

Das antike Mutterbild erschöpft sich nicht mit der Gestalt der Demeter. Es drückt sich auch durch Kybele-Artemis aus. Der nächste Fall deutet nach dieser Richtung.

2. Fall Y

1. TRAUM: *»Ich wandere über ein großes Gebirge, der Weg ist einsam, wild und schwierig. Da kommt eine Frau vom Himmel herabgestiegen, um mich zu begleiten und mir beizustehen. Sie ist ganz licht mit hellem Haar und leuchtenden Augen. Zeitweise verschwindet sie aber wieder. Nachdem ich einige Zeit allein gegangen, merke ich, dass ich meinen Stock irgendwo zurückgelassen habe und muss wieder umkehren, um ihn zu holen. Dabei muss ich an einem schrecklichen Ungetüm, einem riesengroßen Bären, vorüber. Schon als ich das erste Mal hier durchkam, musste ich ihn passieren, doch damals hat mich die himmlische Frau beschützt. Nun, gerade als ich an dem Tier vorbeigehe und es eben auf mich zukommen will, steht sie aber wieder neben mir, und bei ihrem*

Anblick legt sich der Bär beruhigt hin und lässt uns vorübergehen. Dann verschwindet die himmlische Frau wieder.«

Es handelt sich hier um eine mütterlich-hilfreiche Göttin, welche Beziehungen zu Bären hat, also eine Art von Diana, beziehungsweise die gallorömische Dea Artio. Die himmlische Frau ist der positive, der Bär der negative Aspekt der »übergeordneten Persönlichkeit«, welche den bewussten Menschen nach oben ins Himmlische und nach unten ins Animalische ergänzt.

2. TRAUM: *»Wir treffen durch ein Tor in einen turmartigen Raum, wo wir eine lange Treppe hinaufsteigen. Auf einer der obersten Stufen lese ich eine Inschrift wie etwa: ›Vis ut sis‹. Die Treppe endet in einem Tempel, der auf der Spitze eines bewaldeten Berges liegt und sonst unzugänglich ist. Es ist das Heiligtum der Ursanna, der Bärengöttin und Gottesmutter zugleich. Der Tempel besteht aus rotem Stein. Es werden dort Blutopfer dargebracht. Tiere stehen rings um den Altar. Um den Tempel betreten zu können, muss man nämlich in ein Tier verwandelt werden, und zwar in ein Tier des Waldes. Der Tempel hat die Form eines gleichschenkligen Kreuzes mit einem runden Raum in der Mitte, der nicht überdacht ist, so dass man direkt den Himmel sieht und das Bärengestirn. Auf dem Altar in der Mitte des offenen Raumes steht die Mondschale, die stets raucht oder dampft. Es ist auch ein riesenhaftes Bild der Gottheit da, aber es wird nicht recht sichtbar. Die in Tiere verwandelten Anbetenden – zu denen auch ich gehöre – müssen den Fuß des Götterbildes mit ihrem Fuß berühren, worauf das Bild ihnen ein Zeichen gibt oder einen Orakelspruch wie ›Vis ut sis‹.«*[182]

In diesem Traum tritt die Bärengöttin deutlich hervor, obschon ihre Statue »nicht recht sichtbar« wird. Die Beziehung zum Selbst, zu der übergeordneten Persönlichkeit, wird nicht nur durch das Orakel »Vis ut sis« verdeutlicht, sondern auch durch die Quaternität und den runden Zentralraum des Tempels. Die Beziehung zum Gestirn symbolisiert seit

[182] »Du willst, dass du seiest.«

alters die »Ewigkeit« selbst. Die Seele stammt »von den Sternen« und kehrt wieder in die stellare Region zurück. Eine Beziehung der »Ursanna« zum Mond ist durch die »Mondschale« angedeutet.

Die Mondgöttin kommt auch in kindlichen Träumen vor: Ein Mädchen, das unter besonders schwierigen psychischen Umständen aufwuchs, träumte viele Male den gleichen Traum zwischen dem siebenten und zehnten Lebensjahr: *Unten am Landungsplatz beim Wasser wartet die Mondfrau auf sie, um sie auf ihre Insel mitzunehmen.* Leider konnte sie sich nie erinnern, was dort jeweils geschah, aber es war so schön, dass sie oft betete, sie möchte diesen Traum wieder haben. Obwohl, wie ersichtlich, die beiden Träumerinnen nicht etwa identisch sind, kommt doch das Inselmotiv auch im vorhergehenden Traum als »unzugängliche Bergkuppe« vor.

Dreißig Jahre später hatte die Träumerin der Mondfrau eine dramatische Phantasie:

»Ich stieg einen steilen, dunkeln Berg hinauf. Oben war eine von einer Kuppel überragte Burg. Ich trat ein und stieg (nach links) auf einer gewundenen Treppe hinauf. Oben (im Kuppelraum) angelangt, fand ich mich in der Gegenwart einer Frau, die einen aus Kuhhörnern bestehenden Kopfschmuck trug. Ich erkannte sie sofort als die Mondfrau meiner Kindheitsträume. Auf das Geheiß der Mondfrau blicke ich nach rechts und sehe eine blendend helle Sonne auf der anderen Seite eines Abgrundes. Über diesen Abgrund führt eine schmale, durchsichtige Brücke, die ich betrete mit dem Bewusstsein, dass ich unter keinen Umständen in die Tiefe hinuntersehen dürfe. Eine unheimliche Angst fasst mich, und ich zögere. Ich wittere Verrat, gehe aber doch hinüber und trete vor die Sonne. Die Sonne sagt zu mir: ›Wenn du neunmal dich mir nähern kannst, ohne verbrannt zu werden, so wird alles gut sein.‹ Ich fürchte mich aber mehr und mehr, und schließlich blicke ich doch hinunter, da sehe ich ein schwarzes Tentakel wie von einem Octopus von unterhalb der Sonne nach mir suchen, um mich zu greifen. Vor Schrecken stürze ich in den Abgrund. Aber anstatt zerschmettert zu

sein, liege ich in den Armen der Erdmutter. Wie ich in ihr Gesicht schauen will, verwandelt sie sich in Lehm, und ich liege auf der Erde.«

Es ist bemerkenswert, wie diese Phantasie am Beginne mit unserem Traum übereinstimmt. Die Mondfrau oben ist deutlich geschieden von der Erdmutter unten. Jene veranlasst die Träumerin zu dem anscheinend nicht ungefährlichen Abenteuer mit der Sonne; diese dagegen fängt sie schützend in mütterlichen Armen auf. Die Träumerin scheint daher – als Gefährdete – in der Rolle der Kore zu sein.

Wir kehren nun wieder zu unserer Traumserie zurück:

3. Y sieht im TRAUM *zwei Bilder, gemalt vom nordischen Maler Hermann Christian Lund.*

a) *»Das eine stellt eine nordische Bauernstube dar. Darin spazieren Mädchen in bunten Trachten Arm in Arm herum (das heißt in einer Reihe). Die mittelste in der Reihe ist kleiner als die anderen und hat zudem einen Buckel und dreht den Kopf nach rückwärts. Dies, zusammen mit einem eigentümlichen Blick, gibt ihr einen hexenhaften Charakter.*

b) *Das zweite Bild stellt ein Drachenungeheuer dar, das seinen Hals über das ganze Bild hinreckt und besonders über ein Mädchen hin, das sich in seiner Gewalt befindet und keine Bewegung machen kann, denn sobald es sich rührt, bewegt sich auch der Drache, der seinen Leib nach Belieben vergrößern oder verkleinern kann, und wenn das Mädchen sich entfernen will, streckt er einfach seinen Hals, so dass er über das Mädchen hinwegreicht, und fängt es so gleichsam wieder ein. Eigentümlicherweise hat das Mädchen kein Gesicht, jedenfalls konnte ich dieses nicht sehen.«*

Es handelt sich um einen vom Traum erfundenen Maler. Der Animus erscheint öfters als Maler oder hat einen Projektionsapparat, ist Kinooperateur oder Besitzer einer Gemäldegalerie, was sich auf den Animus als zwischen bewusst und unbewusst vermittelnde Funktion bezieht: das Unbewusste nämlich enthält Bilder, die durch den Animus vermittelt, das heißt manifest werden, entweder als Phantasiebilder oder unbewusst als gehandeltes und gelebtes Leben. Aus der Projektion des

Animus entstehen phantastische Liebes- oder Hassbeziehungen zu »Helden« oder »Dämonen«. Besondere Opfer sind Tenöre, Künstler, Kinostars, Sportgrößen und so weiter. Das Mädchen ist im ersten Bild als »dämonisch« gekennzeichnet, mit Buckel und bösem Blick »über die Schulter«. (Daher werden Amulette gegen den bösen Blick von Primitiven gerne im Nacken getragen, denn im Rücken, wo man nicht sieht, ist die verwundbare Stelle.)

Im zweiten Bild ist das »Mädchen« als unschuldiges Opfer eines Ungetüms geschildert. Wie im ersten eine Beziehung der Identität zwischen himmlischer Frau und Bären besteht, so hier zwischen der Jungfrau und dem Drachen, was im praktischen Leben oft mehr als bloß ein schlechter Witz ist. Auch hier handelt es sich um die Erweiterung der bewussten Persönlichkeit, nämlich einerseits durch die Hilflosigkeit des Opfers, andererseits durch die Gefährlichkeit des bösen Blickes einer Buckligen und der Macht eines Drachen.

4. TEILS TRAUM, TEILS VISUELLE IMAGINATION. *»Ein Zauberer führt einem indischen Fürsten seine Kunststücke vor. Er produziert ein schönes junges Mädchen unter einem Tuch hervor. Sie ist eine Tänzerin, welche sich entweder wirklich verwandeln kann oder wenigstens ihre Umgebung durch völlige Illusion gefangennimmt. Während des Tanzes löst sie sich mit der Musik in einen summenden Bienenschwarm auf. Dann verwandelt sie sich in einen Leoparden, dann wird sie zum Wasserstrahl der Fontäne, sodann zu einem Polypen im Meer, der einen jungen Perlfischer umklammert hat. Dazwischen nimmt sie immer wieder im dramatischen Moment menschliche Gestalt an. Sie erscheint als Eselin, die zwei Körbe wunderbarer Früchte daherträgt. Dann wird sie zum vielfarbigen Pfau. Der Fürst ist außer sich vor Entzücken und ruft sie zu sich. Sie aber tanzt weiter, jetzt nackt, und reißt sich sogar die Haut vom Leibe, und schließlich fällt sie als nacktes Gerippe hin. Dieses wird begraben, aber nachts wächst aus dem Grab eine Lilie, und aus deren Kelch steigt die weiße Frau, die langsam zum Himmel schwebt.«*

Dieses Stück beschreibt die Verwandlung der Illusionskünstlerin (als eines spezifisch weiblichen Vermögens) bis zur verklärten Persönlichkeit. Diese Phantasie ist nicht etwa als Allegorie erfunden worden, sondern besteht zum Teil aus einem Traum, zum Teil aus spontanen Phantasiebildern.

5. TRAUM: *»Ich bin in einer Kirche aus grauem Sandstein. Die Apsis ist etwas erhöht. Dort ist (nahe dem Allerheiligsten) ein Mädchen in rotem Kleid am Steinkreuz des Fenstermaßwerkes aufgehängt. (Ob Selbstmord?)«*

Wie beim vorhergehenden Fall das Kind- beziehungsweise Schafopfer eine Rolle spielt, so hier das Opfer des Mädchens, das am »Kreuzbaum« aufgehängt ist. Dazu gehört auch der Tod der Tänzerin, denn diese Mädchenfiguren sind stets dem Tod geweiht, weil ihre ausschließliche Herrschaft über die weibliche Psyche den Individuationsprozess, das heißt die Reifung der Persönlichkeit, verhindert. Das Mädchen entspricht nämlich der Anima des Mannes und bedient sich ihrer zur Erreichung der Naturzwecke, wobei Illusion die denkbar größte Rolle spielt. Solange aber eine Frau sich damit begnügt, femme à homme zu sein, hat sie keine weibliche Individualität. Sie ist hohl und schillert bloß, ein willkommenes Gefäß für männliche Projektionen. Die Frau als Persönlichkeit aber ist eine andere Frage: Hier taugen die Illusionen nichts mehr. Wenn also die Frage der Persönlichkeit gestellt wird, was in der Regel die peinliche Angelegenheit der zweiten Lebenshälfte ist, dann fällt auch die kindliche Form des Selbst dahin.

Es bleibt mir nun noch, auch die beim Manne zu beobachtende Korefigur, die Anima, der Darstellung zu würdigen. Da die Ganzheit des Mannes, sofern er nicht konstitutionell homosexuell ist, nur eine männliche Persönlichkeit sein kann, so kann die weibliche Figur der Anima beim Manne nicht unter dem Typus der übergeordneten Persönlichkeit subsumiert werden, sondern erfordert eine von dieser verschiedene Wertung und Position. Die Anima tritt in den Produkten der unbewussten Tätigkeit ebenfalls in der Gestalt des Mädchens und der Mutter auf, weshalb die personalistische Deutung sie jeweils auf die persönliche

Mutter oder auf sonst eine entsprechende Person reduziert. Bei dieser Operation geht natürlich der eigentliche Sinn der Figur verloren, wie überhaupt bei allen diesen reduzierenden Deutungen, sei es nun im Gebiete der Psychologie des Unbewussten oder in dem der Mythologie. Alle die zahlreichen Versuche auf letzterem Gebiet, Götter- und Heldenfiguren, solar, lunar, astral oder meteorologisch zu deuten, tragen nichts Erhebliches zum Verständnis bei; im Gegenteil, sie verschieben den Sinn auf ein falsches Geleise. Wenn also in Träumen und sonstigen Spontangebilden eine unbekannte Frauenfigur auftritt, deren Bedeutung zwischen den Extremen von Göttin und Hure oszilliert, so ist es ratsam, diese Figur in ihrer Selbständigkeit zu belassen und sie nicht willkürlich auf Bekanntes zu reduzieren. Wenn das Unbewusste sie als »unbekannt« hinstellt, so sollte dieses Attribut nicht gewaltsam entfernt werden, damit eine »vernünftige« Deutung zustande kommt. Die Anima ist eine bipolare Figur wie die »übergeordnete Persönlichkeit« und kann daher bald positiv, bald negativ erscheinen; bald alt, bald jung; bald Mutter, bald Mädchen; bald gütige Fee, bald Hexe; bald Heilige, bald Hure. Neben dieser Ambivalenz hat die Anima »okkulte« Beziehungen zu »Geheimnissen«, überhaupt zur Dunkelwelt, und ist darum auch oft religiös gefärbt. Wenn sie mit einiger Deutlichkeit hervortritt, so hat sie auch immer eine merkwürdige Beziehung zur *Zeit*: Meist ist sie annähernd oder ganz unsterblich, weil außerhalb der Zeit stehend. Schriftsteller, die sich in der dichterischen Gestaltung dieser Figur versuchten, haben nicht verfehlt, die eigenartige Beziehung der Anima zur Zeit ins Licht zu rücken. Ich erwähne die klassischen Schilderungen bei Rider Haggard, ›She‹ und ›The Return of She‹, Benoit, ›L'Atlantide‹, und ganz besonders den Roman eines jungen amerikanischen Autors, Sloane, ›To Walk the Night‹. In allen diesen Schilderungen steht die Anima außerhalb der uns bekannten Zeit, ist darum uralt oder ein Wesen, das einer anderen Ordnung der Dinge angehört.

Da die Typen des Unbewussten bei uns kaum mehr oder nur zum Teil durch religiös geglaubte Figuren ausgedrückt werden, so verfallen sie dem Unbewussten und damit der unbewussten Projektion auf mehr oder weniger passende menschliche Persönlichkeiten. Dem Knaben erscheint eine bestimmte Animaform in der Mutter und verleiht dieser den Schimmer der Macht und Überlegenheit oder eine dämonische Aura von womöglich noch größerer Faszination. Infolge der Ambivalenz kann die Projektion aber auch gänzlich negativer Natur sein. Ein großer Teil der Angst, den das weibliche Geschlecht den Männern einflößt, beruht auf der Projektion des Animabildes. Ein infantiler Mann hat in der Regel eine mütterliche Animafigur; ein erwachsener dagegen eine jüngere Frauengestalt. Der »zu alte« aber wird kompensiert durch ein ganz junges Mädchen, sogar durch ein Kind.

3. Fall Z

Auch die Animafigur hat Beziehungen zu Tieren, welche ihre Eigenschaften symbolisieren. So kann sie als Schlange oder Tiger oder Vogel erscheinen. Eine Traumserie, die solche Verwandlungen enthält, sei beispielsweise zitiert.[183]

1. *Ein weißer Vogel setzt sich auf den Tisch. Er verwandelt sich plötzlich in ein etwa siebenjähriges blondes Mädchen, und ebenso plötzlich wird er wieder Vogel, der aber mit menschlicher Stimme spricht.*

2. *In einem unterirdischen Haus, eigentlich in der Unterwelt, wohnt ein uralter Magier und Prophet mit einer »Tochter«, die aber nicht seine wirkliche Tochter ist. Diese ist Tänzerin, eine sehr lockere Person, ist aber erblindet und sucht Heilung.*

3. *Ein einsames Haus im Wald, darin wohnt ein alter Gelehrter. Plötzlich erscheint seine Tochter, eine Art Gespenst, und beklagt sich darüber, dass die Leute sie immer nur als Phantasie betrachten.*

[183] Die Träume sind nur auszugsweise wiedergegeben, nämlich insofern sie sich auf die Darstellung der Anima beziehen.

4. *An einer Kirchenfassade steht eine gotische Madonnenfigur, welche aber lebendig und die »unbekannte und doch bekannte Frau« ist. Sie hält in den Armen statt des Kindes etwas wie eine Flamme oder eine Schlange oder einen Drachen.*
5. *In einer dunkeln Kapelle kniet eine schwarzgekleidete »Gräfin«. Ihr Kleid ist mit kostbaren Perlen behängt. Sie hat rote Haare und ist unheimlich. Sie ist überdies von Totengeistern umgeben.*
6. *Eine weibliche Schlange benimmt sich zärtlich und insinuierend, spricht mit menschlicher Stimme. Sie hat nur »zufällig« Schlangengestalt.*
7. *Ein Vogel spricht mit der gleichen Stimme, er erweist sich aber als hilfreich, indem er den Träumer aus einer gefährlichen Situation zu retten versucht.*
8. *Die Unbekannte sitzt, wie der Träumer, auf der Spitze eines Kirchturms und starrt ihn, über das Bodenlose hinweg, unheimlich an.*
9. *Die Unbekannte erscheint plötzlich als alte Abwartefrau in einer unterirdischen Bedürfnisanstalt bei minus fünfzehn Grad Kälte.*
10. *Sie verlässt als »petite bourgeoise« mit einer Gevatterin das Haus, und an ihrer Stelle steht plötzlich in Überlebensgröße, in ein blaues Gewand gekleidet, eine der Athena ähnliche Göttin.*
11. *Erscheint in einer Kirche an Stelle des verschwundenen Altars, ebenfalls in Überlebensgröße, aber mit verhülltem Gesicht.*

In allen diesen Träumen[184] handelt es sich um ein unbekanntes, weibliches Wesen, dessen Qualitäten auf keine dem Träumer bekannten Frauen hinweisen. Die Unbekannte ist vom Traum selber als solche charakterisiert und erweist ihre merkwürdige Natur einmal durch ihre Verwandlungsfähigkeit, sodann durch ihre paradoxe Ambivalenz. Sie schillert in allen Nuancen und reicht vom Tiefsten ins Höchste.

Traum 1 charakterisiert die Anima als elfisches, das heißt nur bedingt

[184] Bei den folgenden Ausführungen handelt es sich nicht um »Deutungen« der Träume, sondern nur um Resümierung der Erscheinungsweisen der Anima.

menschliches Naturwesen. Sie kann ebenso gut auch Vogel sein, das heißt ganz der Natur angehören und aus dem menschlichen Bereich (dem Bewusstsein) wieder verschwinden (unbewusst werden).

Traum 2 zeichnet die Unbekannte als mythische Figur im Jenseits (das heißt im Unbewussten). Sie ist soror, beziehungsweise filia mystica, eines Hierophanten oder »Philosophen«, also offenbar eine Parallele zu jenen mystischen Syzygien, wie sie uns in den Gestalten des Simon Magus und der Helena, des Zosimus und der Theosebeia, des Comarius und der Cleopatra usw. entgegentreten. Unsere Traumfigur passt am besten zur Helena. Eine wirklich ausgezeichnete Darstellung der Animapsychologie in Gestalt einer Frau findet sich in Erskine, ›Helen of Troy‹.

Traum 3 stellt das gleiche Thema, aber auf einer mehr märchenhaften Ebene dar. Hier ist die Anima als spukhaftes Wesen charakterisiert.

Traum 4 rückt die Anima in die Nähe der Gottesmutter. Der Sohn aber spielt auf die mystische Spekulation über die Erlöserschlange und die Feuernatur des Erlösers an.

In Traum 5 ist die Anima auf romanhafter Ebene die »vornehme«, faszinierende Frau, die aber mit Geistern zu tun hat.

In Traum 6 und 7 treten theriomorphe Abwandlungen der Figur auf. Die Identität ist dem Träumer ohne weiteres erkennbar an der Stimme und am Inhalt des Gesagten. Die Anima hat »zufällig« Schlangengestalt angenommen, wie sie auch schon in Traum 1 sich mit größter Leichtigkeit aus menschlicher Gestalt in einen Vogel verwandelt. Als Schlange erscheint sie in einer negativen, als Vogel hingegen in einer positiven Rolle.

Traum 8 stellt eine Konfrontation des Träumers mit der Anima dar. Sie findet hoch über der Erde (das heißt der menschlichen Wirklichkeit) statt. Offenbar handelt es sich hier um eine gefährliche Faszination durch die Anima.

Traum 9 bedeutet einen tiefen Absturz der Anima in eine höchst »untergeordnete« Stellung, wo auch der letzte Rest von Faszination verflogen ist und nur ein menschliches Bedauern übrigbleibt.

Traum 10 zeigt die paradoxe Doppelnatur der Anima, einerseits banalste Mittelmäßigkeit, andererseits olympische Göttlichkeit.

Traum 11 versetzt die Anima wieder in die christliche Kirche, aber nicht als eine Ikone, sondern als den Altar selber. Der Altar ist die Opferstätte, welche zugleich auch das Behältnis für die bei der Weihung eingeschlossenen Reliquien ist.

Um alle diese angedeuteten Beziehungen der Animafigur auch nur einigermaßen aufzuhellen, bedürfte es einer besonderen, umfangreichen Untersuchung, welche hier aber nicht am Platze wäre, da ja, wie schon erwähnt, die Anima nur indirekt für die Deutung der Korefigur in Betracht kommt. Ich habe diese Traumserie lediglich zu dem Zwecke dargestellt, um dem Leser einen Begriff vom empirischen Material zu geben, welches der Idee der Anima zugrunde liegt.[185] Aus solchen und ähnlichen Serien ergibt sich ein Durchschnittsbild jenes Faktors, welcher in der männlichen Psyche eine so bedeutende Rolle spielt und den naive Voraussetzung stets mit gewissen Frauen identifiziert, um diesen dann alle Illusionen anzudichten, an welchen der männliche Eros so reich ist.

Es ist wohl klar, dass die Anima des Mannes im Demeterkult Anlass zur Projektion fand. Die zu unterirdischem Schicksal bestimmte Kore, die doppelgesichtige Mutter und die Beziehungen beider zu theriomorphen Aspekten boten der Anima genügende Möglichkeit, um sich schillernd und zweideutig im eleusinischen Kult zu spiegeln oder vielmehr darin sich zu erleben und den Mysten mit ihrem jenseitigen Wesen dermaßen zu erfüllen, dass er dauernden Gewinn davontrug. Animaerlebnisse sind für den Mann ja immer von größter und bleibender Bedeutung.

185 Ich verweise auf meinen Aufsatz: Über den Archetypus mit besonderer Berücksichtigung des Animabegriffes (S. 71–93 in diesem Band).

Der Demeter-Kore-Mythus ist viel zu weiblich, als dass er aus der Animaprojektion hätte hervorgehen können. Obschon die Anima sich in Demeter-Kore erleben kann, so ist sie doch selber von ganz anderer Art. Sie ist im höchsten Sinne femme à homme, während Demeter-Kore die dem Manne fremde und ihn auch ausschließende Erlebnissphäre von Mutter und Tochter darstellt. Die Psychologie des Demeterkultes trägt in der Tat alle Züge einer matriarchalen Gesellschaftsordnung, in welcher der Mann ein zwar unumgänglicher, aber im Übrigen störender Faktor ist.

ZUR PSYCHOLOGIE DER TRICKSTERFIGUR (1954)

Es fällt mir nicht leicht, im beschränkten Rahmen eines Nachwortes mich zur Gestalt des Tricksters[186] in der indianischen Mythologie zu äußern. Schon immer allerdings, seitdem ich vor vielen Jahren das klassische Buch Adolf F. Bandeliers über ›The Delight-Makers‹ gelesen habe, hat sich mir die europäische Analogie des Karnevals in der mittelalterlichen Kirche mit ihrer Umkehrung der hierarchischen Ordnung, welche sich noch im Karneval der studentischen Verbindungen fortsetzt, aufgedrängt. Etwas von dieser Gegensätzlichkeit liegt auch in der Beziehung des Teufels als »simia Dei« und überhaupt in dessen folkloristischer Charakterisierung als »geprellter« und »dummer« Teufel, und eine merkwürdige Vereinigung typischer Trickstermotive findet sich in der alchemistischen Figur des Mercurius, nämlich seine Tendenz zu listigen, teils amüsanten, teils bösartigen (Gift!) Streichen, seine Verwandlungsfähigkeit, seine tierisch-göttliche Doppelnatur, sein Ausgeliefertsein an Torturen aller Art und – last not least – seine Annäherung an die Gestalt eines Heilbringers. Vermöge dieser Eigenschaften erscheint der Mercurius wie ein wiedererwachtes daemonium aus der Urzeit, über den griechischen Hermes sogar zurückgreifend. Die Tricksterzüge des Mercurius sind nicht ohne Beziehung zu gewissen folkloristischen Figuren, deren Vor-

[186] In seiner Ausgabe des indianischen Mythen-Zyklus, ›Der Göttliche Schelm‹, nahm sich der Rhein-Verlag die Freiheit, Jungs Bezeichnung »Trickster« durchgehend durch »Schelm« zu ersetzen. Dieser Eingriff verärgerte den Autor nachweislich so, dass wir nicht nur seine diesbezügliche Anmerkung – »Ich erlaube mir zu bemerken, dass ich in meinem Manuskript mich ursprünglich überall des Ausdrucks ›Narr‹ und ›Trickster‹ statt ›Schelm‹ bedient habe« – übernehmen, sondern auf die ursprüngliche Fassung zurückgreifen.

kommen im Märchen allbekannt ist: Es sind jene Gestalten des »Dummlings«, »dummen Hans« oder »Hanswurst«, der durchwegs ein negativer Held ist und durch seine Dummheit das erlangt, was ein anderer durch seine beste Leistung zu erreichen verfehlt. Im Grimm'schen Märchen[187] lässt sich der »Geist Mercurius« von einem Bauernjungen übertölpeln und muss sich durch die kostbare Gabe der Heilkunst loskaufen.

Wie alle mythischen Gestalten inneren Erlebnissen entsprechen und ursprünglich aus solchen hervorgegangen sind, so ist es nicht erstaunlich, dass auch im Gebiete der parapsychologischen Erfahrung Phänomene vorkommen, welche Züge des Tricksters aufweisen. Es sind dies die Erscheinungen des »Poltergeistes«, welche universell in Zeit und Raum verbreitet in der Umgebung von Kindern vor der Adoleszenz vorkommen. Die scherz- und boshaften Streiche dieses Geistes sind ebenso bekannt wie die niedere Intelligenz beziehungsweise notorische Dummheit seiner »Kommunikationen«. Auch die Verwandlungsfähigkeit scheint eine Eigenschaft des Poltergeistes darzustellen, indem ihm nicht wenige Berichte Tierform zuschreiben. Da er sich selber gelegentlich als eine in der Hölle befindliche Seele beschreibt, scheint auch das Motiv der subjektiven Qual nicht zu fehlen. Seine universale Verbreitung koinzidiert sozusagen mit der des Schamanismus, zu welchem ja bekanntlich die ganze spiritistische Phänomenologie gehört. Im Charakter des Schamanen und Medizinmannes selber liegt etwas vom Trickster, indem er ebenfalls den Leuten bösartige Streiche spielt, um dann seinerseits wieder der Rache der Geschädigten zu verfallen. Sein Beruf ist aus diesem Grunde manchmal lebensgefährlich. Abgesehen davon bereiten schon die schamanistischen Techniken dem Medizinmann häufig erhebliches Ungemach, wenn nicht geradezu Qual. Auf alle Fälle bedeutet »the making of a medicine man«[188] vielerorts eine derartige körperliche

[187] Grimm: Kinder- und Hausmärchen, 1922: Der Geist im Glas, Nr. 167.

[188] »Das Werden eines Medizinmannes«.

und seelische Tortur, dass, wie es scheint, dauernde psychische Schädigungen dadurch verursacht werden. Demgegenüber ist die »Annäherung an den Heilbringer« offenkundig, in Bestätigung der mythischen Wahrheit, dass der Verwundete und Verwundende heilt und der Leidende das Leiden behebt.

Diese mythologischen Züge reichen bis in die höchsten Sphären religiöser Geistesentwicklung. Wenn man zum Beispiel die dämonischen Züge Jahwes im Alten Testament etwas genauer untersucht, so findet sich darin nicht weniges von der Unvoraussagbarkeit, der zwecklosen Zerstörungssucht und dem selbstverursachten Leiden des Tricksters mit der gleichen allmählich sich geltend machenden Entwicklung zum Heilbringer, mit gleichzeitiger Vermenschlichung. Gerade diese Umkehrung ins Sinnreiche zeigt die kompensatorische Beziehung des Tricksters zum »Heiligen«, welche bei uns in Erinnerung der antiken Saturnalien schon im frühen Mittelalter zu sonderbaren kirchlichen Gebräuchen führte. Sie wurden zumeist an den Tagen, welche Christi Geburt folgten, also in der Neujahrsnacht, mit Gesang und Tanz gefeiert. Dies waren die zunächst harmlosen tripudia (Tänze) der Priester, des niederen Klerus, der Kinder und Subdiakone in der Kirche. So wurde bei dieser Gelegenheit ein episcopus puerorum (Kinderbischof) am dies innocentium[189] gewählt und mit den Pontifikalgewändern ausgestattet. Er machte unter ungeheurem Lärm einen offiziellen Besuch im erzbischöflichen Palast und erteilte von einem Fenster desselben aus den bischöflichen Segen. Das Gleiche geschah beim tripudium hypodiaconorum sowohl wie bei den anderen geistlichen Graden. Bereits zu Ende des 12. Jahrhunderts war Ersteres zu einem eigentlichen Narrenfest (festum stultorum) ausgeartet. Schon 1198 sagt eine Nachricht, dass in Notre-Dame (Paris) am Beschneidungsfeste »so viele Maßlosigkeiten und schändliche Taten vollbracht wurden, dass nicht allein durch schmutzige Wörter, sondern sogar durch Blutvergießen« der heilige Ort entweiht würde. Vergebens

[189] Tag der Unschuldigen Kinder: 28. Dezember.

wandte sich der Papst Innozenz III. gegen »die spotterregenden Scherze ihrer (der Kleriker) Verrücktheit« und »das schamlose Austoben ihres Schauspiels«. Noch dreihundert Jahre später (12. März 1444) eifert ein Schreiben der Pariser Theologischen Fakultät an alle französischen Bischöfe gegen diese Feste, an denen »selbst die Priester und Kleriker einen Erzbischof oder Bischof oder Papst (!) wählten und ihn als Narrenpapst (Fatuorum Papam)« und so weiter bezeichneten. »Gerade zur Zeit des Gottesdienstes führten Vermummte mit grotesken Gesichtern oder als Weiber, Löwen oder Schauspieler verkleidet ihre Tänze auf, sangen im Chor unanständige Lieder, aßen von einer Ecke des Altars neben dem die Messe Zelebrierenden fette Speisen, holten ebenda ihr Würfelspiel hervor, weihräucherten mit stinkendem Rauch von altem Schuhleder und rannten und hüpften durch die ganze Kirche.«[190]

Es ist nicht erstaunlich, dass dieser richtige Hexensabbat ungemein populär war und es darum nicht geringe Mühe erheischte, die Kirche allmählich von dieser antiken Erbschaft zu befreien.[191]

Selbst die Priester scheinen an gewissen Orten an der »Libertas Decembrica«, wie die Narrenfreiheit genannt wurde, festgehalten zu haben, obschon (oder weil?) bei dieser Gelegenheit der frühere Bewusstseinszustand, nämlich die heidnische und barbarische Wildheit, Ausgelassenheit und Unverantwortlichkeit sich einmal austoben konnten.[192] Zu Beginn des 16. Jahrhunderts scheinen diese Zeremonien, die

[190] Du Cange, Glossarium mediae et infimae latinitatis, 1736, siehe »Kalendae«, S. 481. Hier findet sich auch die Bemerkung, dass die französische Bezeichnung »Soudiacres« wörtlich »saturi Diaconi« oder »Diacres saouls« bedeute.

[191] Die unmittelbare Vorlage zu den kirchlichen Bräuchen scheint in dem Feste, »Cervula« oder »Cervulus« genannt, zu bestehen. Es fand statt in den Kalenden des Januar und war eine Art Neujahrsfeier. Man tauschte die »strenae« (étrennes, Neujahrsgeschenke) aus, verkleidete sich als Tiere und alte Weiber und tanzte mit Gesang und Beifallsgeschrei durch die Straßen. Es wurden »cantationes sacrilegae« gesungen (Du Cange: Glossarium mediae et infimae latinitatis, 1733–1736, siehe »Cervula«). Dies geschah selbst in der unmittelbaren Nachbarschaft von St. Peter in Rom.

[192] Zum »festum fatuorum« gehörte auch vielerorts das noch unerklärte Ballspiel der Kleriker, das vom Bischof bzw. Erzbischof angeführt wurde – »ut etiam sese ad lusum pilae demittant« (damit auch sie sich dem Pilaspiel hingeben möchten). Pila oder pelota ist der Ball, der von den Teilnehmern des Spiels einander zugeworfen wurde. Vgl. ebenda, siehe »Kalendae« und »Pelota«.

den Geist des Tricksters noch in ursprünglicher Form zeigen, ausgestorben zu sein. Wenigstens verbieten verschiedene Konzilbeschlüsse von 1581–1585 nur noch das festum puerorum und die Wahl eines episcopus puerorum.

Schließlich müssen wir in diesem Zusammenhang auch des »Festum Asinorum«, das hauptsächlich in Frankreich gefeiert wurde, gedenken. Obschon dieses Fest als eine harmlose Feier zur Erinnerung an die Flucht nach Ägypten gedacht war, wurde es doch in einer etwas seltsamen Art begangen, welche zu Missverständnissen Anlass geben konnte. In Beauvais trat die Eselsprozession selbst in die Kirche ein.[193] In der darauffolgenden Missa solemnis wurde am Schluss der einzelnen Teile (wie Introitus, Kyrie, Gloria und so weiter) gewiehert (das heißt y-a wie der Esel, »hac modulatione *Hinham* concludebantur«). »Am Schluss der Messe wird der Priester an Stelle des ›Ite missa est‹ dreimal wiehern (ter Hinhannabit), und das Volk wird an Stelle des ›Deo gratias‹ dreimal y-a (Hinham) antworten«, heißt es in einem angeblich dem 11. Jahrhundert entstammenden codex manuscriptus.

Du Cange zitiert einen mit diesem Feste verbundenen Hymnus:

Orientis partibus,
Adventavit Asinus,
Pulcher et fortissimus,
Sarcinis aptissimus.

Aus östlichen Ländern
Ist der Esel angekommen,
Der schöne und stärkste,
Der beste Lastträger.

[193] »Puella, quae cum asino a parte Evangelii prope altare collacabatur« (Ein Mädchen, das sich mit einem Esel auf der Evangelienseite in der Nähe des Altars aufstellte). (Ebenda, siehe »Festum Asinorum«.)

Ein Vers dieser Art war jeweils gefolgt von dem französischen Refrain:

> Hez, Sire Asnes, car chantez,
> Belle bouche rechignez,
> Vous aurez du foin assez
> et de l'avoine à plantez.
>
> He, Herr Esel, singen Sie!
> Sie weisen den Leckerbissen zurück?
> Sie werden genügend Heu haben
> und Hafer in Fülle.

Der Hymnus hat zehn Strophen, deren letzte lautet:

> Amen, dicas, Asine, *(hic genuflectebatur)*
> Jam satur de gramine,
> Amen, amen itera
> Aspernare vetera (?)
>
> Sag Amen, Esel, (hier wird eine Kniebeugung gemacht)
> Jetzt bist du satt von Gras,
> Wiederhole Amen, Amen,
> Verschmähe das Alte (?)[194]

Du Cange sagt: Je lächerlicher dieser Ritus erschien, »mit umso größerem Eifer wurde er ausgeführt« (eo religiosiori cultu observata fuerint). Dem Esel wurde anderenorts eine goldene Decke aufgelegt, deren Ecken von »praecipuis Canonicis« (distinguierten Kanonikern) gehalten wurden; »die anderen Anwesenden mussten sich gebührend festlich kleiden, wie am Weihnachtstag«. Da gewisse Neigungen bestanden, den

[194] Statt vetera vielleicht caetera?

Esel mit Christus symbolisch in Beziehung zu setzen, zudem seit alters der Judengott von der Vulgärauffassung als Esel verstanden und Christus selber von diesem Vorurteil betroffen wurde, wie jenes Wandgekritzel in der kaiserlichen Kadettenschule auf dem Palatin, der sogenannte Spottcrucifixus, dartut und von Tertullian bestätigt wird,[195] so lag die Gefahr des Theriomorphismus sehr nahe. Selbst die Bischöfe konnten gegen diesen Brauch lange Zeit nichts ausrichten, bis er schließlich von der »auctoritas supremi Senatus« unterdrückt werden musste. Die bedenkliche Nähe der Blasphemie wird durch die späte Deutung von Nietzsche[196] offenbar, nämlich in seinem absichtlich blasphemischen »Eselfest«.

Diese mittelalterlichen Bräuche demonstrieren die Rolle der Tricksterfigur ad oculos, und als sie aus dem kirchlichen Bereich verschwanden, erschienen sie auf der profanen italienischen Komödiantenbühne als jene komischen Typen, welche, häufig als ithyphallisch gekennzeichnet, das nicht gerade prüde Publikum mit den unzweideutigsten Scherzen in gargantueskem Stil amüsierten. Der Stichel Jacques Callots hat diese klassischen Figuren für die Nachwelt festgehalten: die Pulcinellas, Cucorognas, Chico Sgarras und wie sie alle hießen.[197]

In scherzhaften Erzählungen, in karnevaleskem Übermut, in Heil- und Zauberriten, in religiösen Ängsten und Erleuchtungen geistert dieses Phantasma des Tricksters in bald unmissverständlichen, bald schattenhaften Gestalten durch die Mythologie aller Orte und Zeiten,[198] offenbar ein »Psychologema«, das heißt eine archetypische psychische Struktur höchsten Alters. Ist sie doch in ihren deutlichsten Ausprägungen ein

[195] Tertullian: Apologeticus adversus gentes, XVI. (Das »Spottkruzifix« ist als Abb. 83, S. 355, in: Symbole der Wandlung, GW 5, reproduziert.)

[196] Nietzsche: Also sprach Zarathustra, in: Werke, 1901, Bd. 6, S. 452 ff.

[197] Ich beziehe mich auf die Serie »balli di Sfessania«. Dieser Name dürfte sich auf die etrurische Stadt Fescennia beziehen, welche ihrer riskierten Lieder wegen bekannt war. Daher »Fescennina licentia« bei Horaz, wobei Fescenninus = phallisch.

[198] Siehe dazu den Artikel ›Daily Paper Pantheon‹ von A. McGlashan in: The Lancet, 1953, S. 238. Der Autor weist auf die Figuren der »comic strips« der englischen Tagesblätter hin, welche sich durch archetypische Analogien auszeichnen.

getreues *Abbild eines noch in jeder Hinsicht undifferenzierten menschlichen Bewusstseins*, welches einer der tierischen Ebene noch kaum entwachsenen Psyche entspricht. Kausal und historisch betrachtet, lässt sich diese Herkunft der Trickstergestalt wohl kaum bestreiten. Wie überall in der Biologie darf man auch in der Psychologie die Beantwortung der Frage nach dem Warum einer Erscheinung weder übersehen noch geringachten, obschon sie uns in der Regel über den funktionellen Sinn nichts lehrt. Aus diesem Grunde kann die Biologie nie auf die Frage nach dem Wozu verzichten, denn nur durch die Antwort darauf wird der Sinn des Phänomens offenbar. Sogar in der Pathologie, wo es sich um bloße, an sich keineswegs sinnvolle Schädigungen handelt, hat sich die ausschließlich kausale Betrachtung nicht als genügend erwiesen, indem es nicht wenige pathologische Erscheinungen gibt, welche ihren Sinn erst auf die Frage nach dem Wozu enthüllen. Wo es sich aber um normale Lebensäußerungen handelt, da hat die Frage nach dem Wozu den unbestreitbaren Vorrang.

Dass also ein primitives oder barbarisches Bewusstsein sich ein Bild seiner selbst auf einer noch viel früheren Entwicklungsstufe vorstellt, mit dieser Tätigkeit durch die Jahrhunderte oder gar Jahrtausende unentwegt fortfährt und den prinzipiellen Eigenschaften derselben erlaubt, sich den differenzierten, ja sogar den höchsten Geistesprodukten beizumischen, kann kausal daraus erklärt werden, dass archaische Eigenschaften in der Regel umso konservativer und hartnäckiger sich gebärden, je älter sie sind. Man kann das Erinnerungsbild dessen, wie es war, einfach nicht loswerden und schleppt es deshalb als sinnwidriges Anhängsel mit.

Mit dieser Erklärung, die so billig ist, dass sie sogar den rationalistischen Ansprüchen unseres Zeitalters genügen könnte, wären nun allerdings die Winnebagos, die nächsten Inhaber des Tricksterzyklus, wohl kaum einverstanden. Für sie bedeutet der Mythos keinesfalls ein Überbleibsel, denn dazu ist er viel zu amüsant und sicherlich ein Gegenstand ungeteilten Vergnügens. Für sie »funktioniert« er, insofern sie durch die

Zivilisation nicht schon verdorben sind. Für sie besteht kein Anlass, über Sinn und Zweck der mythischen Aussagen Betrachtungen anzustellen, ebenso wenig wie dem naiven Europäer der Weihnachtsbaum problematisch erscheint. Für den nachdenklichen Betrachter allerdings geben beide, Trickster sowohl wie Weihnachtsbaum, Grund und Anlass genug zu Überlegungen. Es hängt natürlich sehr von der geistigen Beschaffenheit des Betrachters ab, was er sich über diese Gegenstände denkt. In Anbetracht der rohen Primitivität des Tricksterzyklus würde es einem nicht unerwartet erscheinen, wenn sich jemand damit begnügte, in diesem Mythos einfach die Widerspiegelung einer früheren, elementaren Bewusstseinsstufe zu erblicken, was der Trickster auch ziemlich deutlich zu sein scheint.[199]

Es wäre dabei einzig die Frage zu beantworten, ob es im Gebiete der empirischen Psychologie solche personifizierten Widerspiegelungen überhaupt gibt. Dem ist in der Tat so, und diese Erfahrungen bilden sogar die frühesten psychopathologischen Beobachtungen, nämlich die Persönlichkeitsspaltungen (double personnalité). Diese Dissoziationen haben die Eigentümlichkeit, dass die abgespaltene Persönlichkeit nicht irgendeine ist, sondern zur Ichpersönlichkeit in einem komplementären oder kompensatorischen Verhältnis steht. Sie ist eine Personifikation von Charaktereigenschaften, bisweilen von schlechterer und bisweilen von besserer Art, als die Ichpersönlichkeit aufweist. Eine kollektive Personifikation wie der Trickster geht aus der Summierung von individuellen Einzelfällen hervor und wird vom Einzelnen wiederum als bekannt begrüßt, was nicht der Fall sein würde, wenn es sich um eine individuelle Ausgeburt handelte.

Wenn nun der Mythos ein bloßes historisches Überbleibsel wäre, so müsste man sich fragen, warum er nicht schon längst in der großen

[199] Frühere Bewusstseinsstufen scheinen merkbare Spuren zu hinterlassen. So entsprechen die chakras des tantrischen Systems im Ganzen und Großen früheren Bewusstseinslokalisationen, wie anahata = Brustregion, manipura = Bauchregion, svadhisthana = Blasenregion, vishuddha entspricht dem modernen Sprachbewusstsein und dem Kehlkopf. (Vgl. Avalon: The Serpent Power, 1919.)

Abfallgrube der Vergangenheit verschwunden ist, sondern seine einflussreiche Gegenwart bis in die höchsten Spitzen der Zivilisation geltend macht; auch da, wo er nicht vermöge seiner Dummheit und grotesken Skurrilität die Rolle eines »delightmakers« spielt. Er stellt ein in vielen Kulturen nachweisbares altes Strombett dar, in welchem immer noch Wasser fließt. Man sieht dies am besten daran, dass das Motiv des Tricksters nicht nur in mythischer Form auftritt, sondern ebenso naiv wie authentisch beim ahnungslosen Zivilmenschen erscheint, und zwar überall dort, wo dieser sich Zufälligkeiten ausgesetzt sieht, welche scheinbar mit boshafter Absichtlichkeit sein Wollen und Tun behindern. Dann spricht er gerne von »Kobolden« und »Tücke des Objektes«, wie der Held im Roman von F. Th. Vischer ›Auch Einer‹, den gelesen zu haben ursprünglich zur deutschen Bildung gehörte. Der Trickster ist hier repräsentiert durch Gegentendenzen im Unbewussten, im individuellen Fall durch eine Art zweiter Persönlichkeit von puerilem, inferiorem Charakter, nicht unähnlich jenen Persönlichkeiten, die sich in spiritistischen Zirkeln zum Worte melden oder jene durchaus kindischen Phänomene verursachen, wie sie für den »Poltergeist« charakteristisch sind. Ich glaube diese nirgends fehlende Charakterkomponente berechtigterweise als *Schatten* bezeichnet zu haben.[200] Sie gilt auf unserem Kulturniveau als persönlicher Versager (»gaffe«, »slip«) und wird der bewussten Persönlichkeit als Mangelerscheinung angekreidet. Wir sind uns nicht mehr bewusst, dass zum Beispiel in den Karnevals- und ähnlichen Bräuchen sich noch Überbleibsel einer kollektiven Schattenfigur finden, welche beweisen, dass der persönliche Schatten sozusagen der Abkömmling einer numinosen Kollektivgestalt ist. Diese nämlich zersetzt sich unter dem Einfluss der Zivilisation allmählich und bleibt nur in schwer als solche erkennbaren folkloristischen Resten bestehen. Ihr Hauptanteil aber verpersönlicht sich und wird zum Gegenstand subjektiver Verantwortung.

200 Der gleiche Begriff findet sich schon bei dem Kirchenvater Irenaeus als »umbra« bezeichnet (Irenaei episcopi ..., 1702, Bd. 1, 11, 1).

Radins Tricksterzyklus hat die ursprüngliche mythische Gestalt des Schattens bewahrt und weist damit auf eine sehr viel frühere Bewusstseinsstufe vor der Entstehung des Mythos zurück, wo der Indianer sich noch in einer annähernd ähnlichen geistigen Finsternis befand. Erst als sein Bewusstsein ein höheres Niveau erreichte, konnte er den früheren Zustand als anderes von sich abtrennen und objektivieren, das heißt zum Gegenstand von Aussagen machen. Solange es tricksterähnlich war, konnte offenkundig eine derartige Gegenüberstellung nicht stattfinden. Eine solche war erst möglich, als die Erreichung einer neueren und höheren Bewusstseinsstufe den Rückblick auf einen tieferstehenden und minderwertigeren Zustand ermöglichte. Dabei konnte es nicht ausbleiben, dass sich in den Rückblick ein gutes Stück Spott und Verachtung mischte und das auf alle Fälle nicht allzu erfreuliche Erinnerungsbild der Vergangenheit noch mehr trübte. Dieses Phänomen dürfte sich in der Geschichte der Geistesentwicklung wohl mehrfach wiederholt haben. Die souveräne Verachtung, mit der die neuere Zeit auf Geschmack und Verstand früherer Jahrhunderte zurückblickte, ist ein klassisches Beispiel, und selbst im Neuen Testament findet sich eine unverkennbare Andeutung dieser Erscheinung, nämlich Apostelgeschichte 17, 30, wo es heißt, dass Gott sozusagen von oben herab (hyperidōn, despiciens) auf die chronoi tēs agnoias, die Zeiten der Unbewusstheit, (zurück-)blicke.

Diese Haltung steht in seltsamem Gegensatz zu der noch häufigeren und eindrücklicheren Idealisierung der Vergangenheit, die nicht etwa bloß als die »gute alte Zeit« gelobt, sondern als das Goldene Zeitalter, das Paradies selber, gepriesen wird, und dies nicht etwa von ungebildeten und abergläubischen Menschen, sondern von jenen – man kann wohl sagen – Millionen theosophisch Verseuchter, welche noch unentwegt an die einstige Existenz und Hochkultur der Atlantis glauben.

Wer einem Kulturkreis angehört, der den vollkommenen Zustand irgendwo in der Vergangenheit sucht, der muss sich von der Gestalt des Tricksters merkwürdig berührt fühlen. Er ist ein Vorläufer des Heilbringers und, wie dieser, Gott, Mensch und Tier. Er ist ebenso unter- wie übermenschlich, ein göttlich-tierisches Wesen, dessen durchgehende und eindrucksvollste Eigenschaft die Unbewusstheit ist. Ihretwegen wird er von seinen (offenbar menschlichen) Gefährten verlassen, womit das Aufgeben dieser Bewusstseinsstufe angedeutet sein dürfte. Er ist seiner selbst so unbewusst, dass er keine Einheit darstellt und sich seine zwei Hände miteinander streiten können. Er setzt auch seinen Anus von sich ab und betraut ihn mit einer Sonderaufgabe. Sein Geschlecht sogar ist fakultativ, trotz seinen phallischen Eigenschaften: Er kann sich in eine Frau verwandeln und Kinder gebären. Aus seinem Penis macht er nützliche Pflanzen. Dieser Umstand weist auf seine ursprüngliche Schöpfernatur zurück: Aus dem Körper des Gottes wird die Welt.

Er ist andererseits in gewissen Hinsichten dümmer als die Tiere und fällt von einer lächerlichen Ungeschicktheit in die andere. Obschon er nicht eigentlich boshaft ist, so begeht er doch infolge Unbewusstheit und Unbezogenheit abscheuliche Taten. Seine Gefangenschaft in tierischer Unbewusstheit scheint sich darin anzudeuten, dass er in einem Elchschädel eingesperrt wird, und die Überwindung dieses Zustandes, dass er umgekehrt den Kopf des Falken in seinem Rektum einschließt. Er gerät danach zwar wieder in den früheren Zustand, nämlich unters Eis, und wird ein über das andere Mal von Tieren übertölpelt, bis es ihm schließlich gelingt, sogar den Coyote zu überlisten, womit er sich auch seiner Heilbringernatur erinnert. Der Trickster ist ein »kosmisches« Urwesen *göttlich-tierischer* Natur, dem Menschen einerseits überlegen vermöge seiner übermenschlichen Eigenschaften, andererseits unterlegen vermöge seiner Unvernunft und Unbewusstheit. Auch dem Tiere ist er nicht gewachsen, wegen seiner bemerkenswerten Instinktlosigkeit und Ungeschicktheit. Diese Defekte kennzeichnen seine *menschliche* Natur, welche den Umweltbedingungen schlechter angepasst ist als ein Tier, dafür aber die Anwartschaft auf eine viel höhere Bewusstseinsentwicklung, das heißt eine beträchtliche Lernbegierigkeit besitzt, welche auch durch den Mythos gebührend hervorgehoben wird.

Die vielfache Wiedererzählung des Mythos bedeutet die *therapeutische Anamnese* von Inhalten, die aus zunächst unersichtlichen Gründen auf längere Zeit nicht verlorengehen dürfen. Wären diese nichts als noch vorhandene Reste eines früheren inferioren Zustandes, so wäre es verständlich, wenn sich die Aufmerksamkeit von ihnen abwendete und ihr Wiedererscheinen als lästig empfunden würde. Dem ist nun, wie ersichtlich, keineswegs so, sondern der Trickster ist auf lange Zeit hinaus eine Quelle des Vergnügens bis weit in die Zivilisation hinein, wo er in den Karnevalsfiguren eines Pulcinella und Dummen Peters noch erkennbar ist. Das ist ein wichtiger Grund dafür, dass er funktionsfähig bleibt. Es ist aber nicht der einzige und namentlich nicht der Grund, warum diese Widerspiegelung eines sehr primitiven Bewusstseinszustandes sozusagen zu einer mythologischen Person gestaltet wurde. Bloße Reste eines früheren und jetzt absterbenden Zustandes pflegen in zunehmendem Maße ihre Energie zu verlieren, sonst würden sie ja nicht schwinden. Keinesfalls aber könnte man erwarten, dass sie gewissermaßen aus eigener Kraft sich zu einer mythischen Figur mit ihrem Legendenzyklus verdichten würden, wenn sie nicht von außen Energie empfingen, in diesem Fall direkt vom höherstehenden Bewusstsein oder aus unbewussten, noch nicht erschöpften Quellen. Setzt man, was möglich und erlaubt ist, diese Frage in Parallele mit einem entsprechenden individuellen Vorkommnis – eine eindrucksvolle, gegensätzliche Schattenfigur, die einem persönlichen Bewusstsein gegenübergestellt ist –, so tritt diese nicht auf, weil sie noch vorhanden ist, sondern weil sie auf einer Dynamis beruht, deren Vorhandensein nur aus der gegenwärtigen Lage erklärt werden kann, zum Beispiel weil der Schatten dem Ichbewusstsein dermaßen unsympathisch sei, dass er ins Unbewusste verdrängt werden müsse. Diese Erklärung will in unserem Falle insofern nicht ganz passen, als der Trickster offenkundig eine im Schwinden begriffene Bewusstseinsstufe darstellt, welcher zunehmend die Kraft fehlt, sich selber zu gestalten und zu verdeutlichen. Zudem würde die Verdrängung sie am Schwinden hindern, indem eben gerade das Verdrängte die beste Chance zur Erhaltung hat, da ja im Unbewussten erfahrungsgemäß nichts korrigiert wird. Darüber hinaus ist die Trickstergeschichte dem indianischen Bewusstsein weder inkompatibel noch unsympathisch, sondern ganz im Gegenteil vergnüglich, und lädt daher nicht zur Verdrängung ein. Es sieht im Gegenteil ganz so aus, als ob der Mythos vom Bewusstsein gestützt und gepflegt würde. Dem ist wohl auch so, indem dies die beste und erfolgreichste Methode darstellt, um die Schattenfigur bewusstzuhalten und so der bewussten Kritik auszusetzen. Obschon Letztere zunächst keineswegs den Charakter einer solchen, sondern vielmehr einer positiven Schätzung hat, so kann man doch erwarten, dass mit fortschreitender Entwicklung des Bewusstseins die roheren Aspekte des Mythos allmählich abfallen werden,[201] auch wenn die Gefahr eines raschen Verschwindens desselben infolge des Zusammenstoßes mit der weißen Zivilisation nicht bestünde. Man hat es ja vielfach gesehen, wie gewisse ursprünglich grausame oder obszöne Züge eines Brauches sich im Laufe der Zeit zu bloßen Andeutungen verflüchtigen.

Dieser Prozess der Verharmlosung dauert, wie die Geschichte des Motivs zeigt, sehr lange, so dass man sogar auf sehr hohen Zivilisationsstufen noch auf Spuren desselben stößt. Diese Langlebigkeit könnte man auch durch die noch vorhandene Kraft und Vitalität des im Mythos geschilderten Bewusstseinszustandes und durch eine dadurch bewirkte heimliche Anteilnahme und Faszination des Bewusstseins erklären. Abgesehen davon, dass rein kausale Hypothesen im biologischen Gebiet im Allgemeinen wenig befriedigen, fällt in unserem Fall doch der Umstand erheblich in Betracht, dass allbereits ein höherer Bewusstseinszustand einen niedereren überdeckt hat und Letzterer, wie schon hervorgehoben, sich bereits auf dem Rückzug befindet. Zu dem kommt,

201 Die kirchlichen Karnevalsfeiern werden schon im Mittelalter von den Päpsten verboten. Das Eintauchen des »Ueli« in Basel in der zweiten Hälfte Januar wurde, wenn ich mich recht erinnere, in den sechziger Jahren des letzten Jahrhunderts von der Polizei verboten, als ein Opfer an Lungenentzündung gestorben war.

dass der Trickster seine Wiedererinnerung in der Hauptsache dem Interesse verdankt, welches ihm das Bewusstsein entgegenbringt; dies, wie wir gesehen haben, verbunden mit der unvermeidlichen Folgeerscheinung der allmählichen Zivilisierung, das heißt Assimilation der primitiven Figur, welcher als ursprünglichem daemonium sogar eine gewisse Autonomie, das heißt Besessenheit auslösende Fähigkeit, zukommt.

Die Ergänzung der kausalen durch eine finale Betrachtungsweise hat daher nicht nur in der ärztlichen Psychologie im Falle individueller Phantasien unbewusster Provenienz sinnvollere Deutungen ermöglicht, sondern tut dies auch in besonderem Maße im Fall der kollektiven Phantasien, das heißt der Mythen und Märchen.

Wie Paul Radin darstellt, fängt der Zivilisationsprozess schon innerhalb des Tricksterzyklus selber an, womit die Überwindung des ursprünglichen Zustandes deutlich angezeigt ist. Die Kennzeichen der tiefsten Unbewusstheit wenigstens fallen von ihm ab: Statt brutal, grausam, dumm und sinnlos zu handeln, fängt der Trickster gegen den Schluss des Zyklus an, Nützliches und Sinnreiches zu tun. Damit verrät sich schon innerhalb des Mythos die Entwertung der früheren Unbewusstheit. Man fragt sich allerdings, was nunmehr mit den übeln Eigenschaften des Tricksters geschieht. Der naive Betrachter nimmt wohl an, dass, wenn die dunkeln Aspekte verschwinden, sie auch wirklich nicht mehr da sind. Das ist aber erfahrungsgemäß nicht der Fall. Was wirklich geschieht, ist, dass das Bewusstsein sich von der Faszination des Übels befreien kann und nicht mehr genötigt ist, es zwanghaft mitzuleben, aber das Dunkle und Böse ist nicht in Rauch aufgegangen, sondern hat sich infolge Energieverlust ins Unbewusste zurückgezogen, wo es unbewusst verweilt, solange im Bewusstsein alles wohlsteht. Wenn aber das Bewusstsein durch kritische und zweifelhafte Situationen erschüttert ist, dann zeigt es sich, dass der Schatten keineswegs in Nichts aufgelöst ist, sondern nur auf eine günstige Gelegenheit wartet, um wenigstens als Projektion auf den Nachbarn zu erscheinen. Gelingt ihm dieser

Streich, dann entsteht zwischen dem einen und dem anderen wieder jene primitive Dunkelwelt, in welcher all das – auch auf höchster Zivilisationsstufe – geschehen kann, wofür die Figur des Tricksters charakteristisch ist. Die Vulgärsprache nennt dies treffend und wörtlich genommen ein »Affentheater«, auf dessen Szene alles schiefgeht oder verdummt wird, was die leiseste Möglichkeit dazu bietet, und nur ausnahmsweise oder im letzten Moment etwas Intelligentes passiert. Die Politik liefert hierfür wohl die besten Beispiele.

Der sogenannte Kulturmensch hat den Trickster vergessen. Er erinnert ihn nur uneigentlich und metaphorisch, wenn er, durch Fehlhandlungen irritiert, von Koboldstreichen und Ähnlichem spricht. Er ahnt nicht, dass seinem verborgenen und scheinbar harmlosen Schatten Eigenschaften zukommen, deren Gefährlichkeit er sich auch nicht von weitem träumen lässt. Sobald sich Menschen zu Massen aufhäufen, in welchen der Einzelne untergeht, wird dieser Schatten mobilisiert und – wie die Geschichte demonstriert hat – auch personifiziert beziehungsweise inkarniert.

Die unheilvolle Ansicht, dass der menschlichen Seele alles von außen zukomme, indem sie ja tabula rasa geboren sei, unterstützt den falschen Glauben, dass unter äußerlich normalen Umständen auch der Einzelne in Ordnung sei. Er erwartet sein Heil vom Staate und macht die Gesellschaft verantwortlich für seine eigene Untauglichkeit. Er meint, dass der Sinn des Daseins erreicht wäre, wenn ihm sein Lebensunterhalt gratis ins Haus geliefert würde oder wenn jedermann ein Automobil besäße. Solche und ähnliche Naivitäten entstehen an Stelle des unbewusst gewordenen Schattens und unterhalten dessen Unbewusstheit. Unter dem Einfluss solcher Vorurteile fühlt sich das Individuum ganz von seiner Umgebung abhängig und verliert die Fähigkeit zur Introspektion. So wird seine Ethik verdrängt durch das Wissen um das, was erlaubt oder verboten oder geboten ist. Wie kann man da zum Beispiel von einem Soldaten erwarten, dass er einen von oben empfangenen Befehl einer ethischen Betrachtung unterwirft? Er hat ja noch nicht einmal die Möglichkeit entdeckt, dass er spontaner moralischer Regungen fähig wäre, auch dann, wenn niemand zusieht.

Von hier aus dürfte es verständlich erscheinen, warum der Trickstermythos weiter konserviert und entwickelt wurde: er dürfte nämlich, wie so viele Mythen, eine psychotherapeutische Wirkung besitzen. Er hält den früheren intellektuellen und moralischen Tiefstand dem höher entwickelten Individuum unter die Augen, damit man nicht vergesse, wie das Gestern aussah. Wir stellen uns zwar vor, dass etwas, was man nicht begreift, keine hilfreiche Wirkung auf uns habe. Dies ist aber keineswegs immer der Fall. Der Mensch begreift selten mit dem Kopf allein, und am wenigsten, wenn er ein Primitiver ist. Der Mythos hat vermöge seiner Numinosität direkte Wirkung aufs Unbewusste, gleichgültig, ob er bewusst verstanden wurde oder nicht. Die Tatsache, dass dessen Wiedererzählung nicht längst obsolet geworden ist, glaube ich mit der Zweckmäßigkeit erklären zu dürfen. Die Erklärung ist insofern etwas schwierig, als zwei gegensätzliche Tendenzen am Werke sind, nämlich einerseits aus dem früheren Zustand herauszukommen und andererseits diesen nicht zu vergessen.[202] Paul Radin hat diese Schwierigkeit, wie es scheint, ebenfalls empfunden. So schreibt er: »Psychologisch betrachtet könnte man behaupten, daß die Geschichte der menschlichen Kultur weitgehend die Versuche des Menschen darstellt, seine Wandlung vom Tier zum Menschen zu vergessen.«[203] Wenige Seiten weiter schreibt er (in Bezug auf das Goldene Zeitalter): »Diese hartnäckige Weigerung, zu vergessen, ist kein Zufall.«[204] Es ist auch kein Zufall, dass man diesen Gegensatz aussprechen muss, wenn man das paradoxe Verhalten zum Mythos charakterisieren will. Bei uns wird auch der Aufgeklärteste seinen Kindern einen Weihnachtsbaum aufstellen, ohne eine Ahnung davon zu haben, was dieser Brauch bedeuten könnte,

[202] Nicht vergessen heißt so viel als bewussthalten. Wenn der Feind aus meinem Gesichtsfeld verschwindet, dann ist er möglicher- und gefährlicherweise hinter mir.

[203] Radin: Gott und Mensch in der primitiven Welt, 1953, S. 11.

[204] Ebenda, S. 13.

und ist jederzeit bereit, jeden Versuch zu einer Deutung im Keime zu ersticken. Es ist erstaunlich zu beobachten, wie viel sogenannter Aberglauben bei uns in Stadt und Land sich breitmacht; wenn man aber den Einzelnen vornähme und ihm laut und deutlich die Frage vorlegte: »Glaubst du an Geister? an Behexung? an die Wirksamkeit magischer Mittel?« so würde er entrüstet verneinen. Es ist hundert gegen eins zu wetten, dass er nie davon gehört hat und alles für reinen Unsinn hält. Im Geheimen aber ist er ganz dabei, so gut wie ein Dschungelbewohner. Die Öffentlichkeit weiß allerdings sehr wenig davon, denn man ist überzeugt, dass dergleichen Aberglauben in unserer aufgeklärten Gesellschaft längst ausgerottet ist, und es gehört zur allgemeinen Konvention, so zu tun, als hätte man nie von solchen Dingen gehört, geschweige denn, dass man sie glaubt.

Aber nichts ist vergangen, nicht einmal die Blutpakte mit dem Teufel. Nach außen hat man wohl vergessen, nach innen aber ganz und gar nicht. Man verhält sich wie jener Neger am Südabhang des Elgon, mit dem wir im Busch ein Stück Weges gingen. Wir kamen bei einer Gabelung des Pfades auf eine ganz neue, sehr hübsch (als Haus) ausgestattete Geisterfalle in der Nähe der Höhle, die er mit seiner Familie bewohnte. Ich fragte ihn, ob er die Hütte gemacht habe. Er verneinte dies mit allen Zeichen der Aufregung und behauptete, die Kinder machten solches »Spielzeug« (in Westafrika »jou-jou« genannt). Dabei gab er dem Haus einen Tritt, so dass alles auseinanderfiel.

Das ist genau die Reaktion, die wir auch hierzulande beobachten können. Äußerlich ist man quasi ein Kulturmensch und innerlich ein Primitiver. Etwas im Menschen ist keinesfalls gesonnen, die Anfänge wirklich preiszugeben, und ein anderes glaubt, in jeder Hinsicht längst darüber hinaus zu sein. Dieser Gegensatz wurde mir einmal auf drastische Weise bewusst: Ich beobachtete die Enthexung eines Stalles, die von einem »Strudel« (Medizinmann) vorgenommen wurde. Der Stall lag unmittelbar an der Gotthardlinie, wo während der magischen Zeremonie mehrere internationale Schnellzüge vorbeifuhren, deren Insassen wohl keine Ahnung davon hatten, dass wenige Meter von ihnen entfernt ein primitiver Ritus gefeiert wurde.

Der Gegensatz der beiden Bewusstseinslagen ist nichts anderes als der Ausdruck der gegensätzlichen Struktur der Psyche, welche als ein energetisches System auf Gegensatzspannung angewiesen ist. Aus diesem Grunde gibt es sozusagen keine allgemeinen psychologischen Sätze, die man nicht auch ebenso gut umkehren könnte, und eben gerade dadurch erweisen sie ihre Gültigkeit. Man darf ja nicht vergessen, dass bei jeder psychologischen Erörterung wir nicht *über* die Psyche aussagen, sondern die Psyche spricht unvermeidlicherweise sich selber aus. Es hilft dabei gar nichts, zu glauben, dass wir mittels des »Geistes« uns über die Psyche stellen könnten, auch wenn dieser behauptet, er sei von ihr unabhängig. Wie könnte er das je beweisen? Wir können, solange wir wollen, behaupten, dass die eine unserer Aussagen aus der Psyche stamme beziehungsweise psychisch oder nur-psychisch, die andere aber geistig und deshalb der psychischen überlegen sei. Es sind und bleiben bloße Behauptungen, die auf Glaubenspostulaten beruhen.

Tatsache an dieser ursprünglichen antiken trichotomischen Hierarchie der psychischen Inhalte (hylisch, psychisch, pneumatisch) ist die Gegensatzstruktur der Psyche, welche unmittelbar Gegenstand der Erfahrung ist. Die Einheit der psychischen Natur liegt in der Mitte, wie die lebendige des Wasserfalls in der dynamischen Verbindung von oben und unten erscheint. So tritt uns lebendige Wirkung des Mythos dort entgegen, wo ein höheres Bewusstsein, das sich seiner Freiheit und Unabhängigkeit erfreut, mit der Autonomie einer mythologischen Figur konfrontiert wird und sich deren Faszination nicht kurzerhand entziehen kann, sondern dem überwältigenden Eindruck seinen Tribut entrichten muss. Die Figur wirkt, weil sie im Geheimen Anteil hat an der Psyche des Zuschauers, ja als eine Widerspiegelung derselben erscheint, welche aber als solche nicht erkannt wird. Sie ist vom subjektiven Bewusstsein abgespalten und benimmt sich insofern wie eine autonome Persönlichkeit. Der Trickster ist die *kollektive Schattenfigur*, eine Summierung aller individuellen inferioren Charaktereigenschaften. Da der individuelle Schatten ein nirgends fehlender Bestandteil der Persönlichkeit ist, so erzeugt sich daraus auch die kollektive Figur immer wieder. Allerdings nicht immer in einer mythologischen Gestalt, sondern in neuerer Zeit infolge der zunehmenden Verdrängung und Vernachlässigung der ursprünglichen Mythologeme als Projektionen entsprechender Natur auf andere Gesellschaftsgruppen und Völker.

Wenn wir den Trickster zum individuellen Schatten in Parallele setzen, so erhebt sich die Frage, ob man jene Wendung zum Sinnvollen, wie sie dem Trickstermythos angefügt ist, auch beim subjektiven und persönlichen Schatten beobachten kann. Da dieser eine in der Phänomenologie der Träume häufig vorkommende, wohldefinierte Gestalt ist, so können wir diese Frage positiv beantworten: Der Schatten, obschon per definitionem eine negative Figur, lässt öfters positive Züge oder Beziehungen erkennen, welche auf einen anders gearteten Hintergrund deuten. Es ist, wie wenn er unter einer minderwertigen Hülle bedeutsame Inhalte versteckte. Die Erfahrung bestätigt die Vermutung, und zwar besteht das anscheinend Verheimlichte in der Regel aus zunehmend numinoseren Figuren. Das Nächste, was hinter dem Schatten steht,[205] ist meist die Anima, welcher eine erhebliche Faszination und Possesivkraft zukommt. Diese oft zu jugendliche Gestalt verhüllt ihrerseits wieder den höchst einflussreichen Typus des »alten Mannes« (Weisen, Zauberers, Königs und so weiter). Diese Reihe ließe sich noch fortsetzen. Das hat aber insofern keinen Zweck, als man psychologisch nur jenes verstehen kann, was man selber erfahren hat. Die Begriffe unserer Komplexen Psychologie sind in allen wesentlichen Belangen nicht intellektuelle Formulierungen, sondern Bezeichnungen für gewisse Erfahrungsgebiete,

[205] Mit der Sprachfigur des »Dahinterstehens« versuche ich die Tatsache zu veranschaulichen, dass in dem Maße, in welchem der Schatten erkannt und integriert wird, sich das Problem der Beziehung, d. h. der Anima, stellt. Verständlicherweise beeinflusst die Auseinandersetzung mit dem Schatten die Beziehungen des Ich zu inneren und äußeren Begebenheiten aufs nachhaltigste, denn die Integration des Schattens bewirkt eine Persönlichkeitsveränderung. Vgl. hierzu meine Ausführungen in: Aion, GW 9/II, §§ 13 ff.

die man zwar schon beschreiben kann, die aber für den, der sie nicht erlebt hat, tot und unanschaulich bleiben. So kann man sich nach meiner Erfahrung meist ohne besondere Schwierigkeiten vorstellen, was mit »Schatten« gemeint ist, auch wenn man diesen veranschaulichenden Begriff lieber durch ein »wissenschaftlich« klingendes lateinisches oder griechisches Zunftwort ersetzt haben möchte. Das Verstehen der Anima dagegen begegnet schon bedeutenderen Schwierigkeiten. Sie wird zwar leicht akzeptiert, wenn sie in der schönen Literatur oder als Filmstar vorkommt, aber kaum oder ganz und gar nicht verstanden, wenn man sich ihrer Rolle im eigenen Leben bewusstwerden sollte, weil sie alles jenes darstellt, womit der Mann nie fertig wird und was daher in einem dauernd emotionalen Zustand, welcher nicht berührt werden darf, verharrt. Der Grad der Unbewusstheit, dem man in dieser Beziehung begegnet, ist, gelinde gesagt, erstaunlich. Es ist daher fast unmöglich, dem Manne, der sich vor seiner eigenen Weiblichkeit fürchtet, klarzumachen, was mit der Bezeichnung »Anima« gemeint ist.

Dass dem so ist, ist weiter nicht verwunderlich, indem selbst schon die elementare Einsicht in den Schatten dem modernen Europäer noch gelegentlich größte Mühe verursacht. Indem aber der Schatten die dem Bewusstsein am nächsten stehende und am wenigsten explosive Figur darstellt, bildet er auch jenen Persönlichkeitsaspekt, der bei der Analyse des Unbewussten zuerst in Frage kommt. Teils drohend, teils lächerlich, steht seine Gestalt am Anfang des Individuationsweges und stellt das verdächtig leichte Sphinxrätsel zur Frage oder fordert unheimlicherweise Antwort auf eine quaestio crocodilina.[206]

Wenn sich der Heilbringer zu Ende des Trickstermythos anzeigt, so bedeutet diese tröstliche Ahnung oder Hoffnung, dass ein Unheil eingetreten, beziehungsweise bewusst eingesehen worden ist. Nur aus der

[206] Das Krokodil hat einer Mutter das Kind geraubt. Auf deren Bitte, es ihr wiederzugeben, sagt das Krokodil, es wolle ihren Wunsch erfüllen, wenn sie auf seine Frage eine wahre Antwort gäbe: »Werde ich das Kind zurückgeben?« Wenn ja, dann ist es nicht wahr, und das Kind wird nicht zurückgegeben; wenn nein, so ist es wiederum nicht wahr, d. h. die Mutter hat das Kind auf alle Fälle verloren.

Verlorenheit im »Heillosen« kann sich die Sehnsucht nach dem Heilbringer erheben, das heißt die Erkenntnis und die unvermeidliche Integration des Schattens erzeugen eine dermaßen bedrängte Situation, dass gewissermaßen nur noch ein übernatürlicher Heilbringer den verworrenen Schicksalsknäuel lösen kann. Im individuellen Fall wird das durch den Schatten aufgeworfene Problem auf der Stufe der Anima, das heißt der Beziehung, beantwortet. Im kollektiv-historischen wie im individuellen Fall handelt es sich um die Entwicklung des Bewusstseins, welches sich allmählich aus der Gefangenschaft in der agnoia, das heißt Unbewusstheit, befreit,[207] und der Heilbringer ist darum ein Lichtbringer.

Wie in der kollektiven, mythologischen Form, so trägt auch der individuelle Schatten den Keim zur Enantiodromie, zur Umkehr, in sich.

[207] Neumann: Ursprungsgeschichte des Bewusstseins, 1949.

Bibliographie der genannten Werke

Verweise auf Werke C. G. Jungs mit der Angabe »GW« beziehen sich auf die 20-bändige Ausgabe *Gesammelte Werke,* Edition C. G. Jung im Patmos Verlag, Ostfildern 2011ff. (siehe dazu das Verzeichnis der Gesammelten Werke [GW] von C. G. Jung, S. 229–235), mit Bandzahl und Absatzzählung (§).

Abraham, Karl: *Traum und Mythus. Eine Studie zur Völkerpsychologie.* Leipzig und Wien 1909.

Agricola, Gregor: *De animantibus subterraneis.* Basel 1549.

Aldrovandus, Ulysses: *Dendrologiae naturalis scilicet arborum historiae libri.* Frankfurt 1671.

Apuleius: *Lucii Apulei Madaurensis Platonici opera. Band 1: Metamorphoseos sive De asino aureo.* Altenburg 1778. Deutsch: Die Metamorphosen oder Der goldene Esel. Übersetzung von August Rode und Hanns Floerke. München und Leipzig 1909.

Artis auriferae. Quam chemiam vocant… 2 Bände. Basel 1593.

Augustinus, Aurelius: *Confessionum libri tredecim.* Tom. I col. 132–410.

Augustinus, Aurelius: *De diversis quaestionibus LXXXIII liber unus.* Tom. VI col. 49.

Avalon, Arthur (Sir John Woodroffe), siehe *The Serpent Power.*

Bacon, Josephine Daskam: *In the Border Country.* New York 1919.

Bandelier, Adolph Francis Alphonse: *The Delight Makers.* 2. Auflage. New York 1918.

Baynes, Herbert G.: *Mythology of the Soul.* London 1940.

Benoit, Pierre: *L'Atlantide.* Roman. Paris 1919.

Bernoulli, Rudolf: *Zur Symbolik geometrischer Figuren und Zahlen.* In: Eranos-Jahrbuch 1934. Zürich 1935. S. 369–415.

Berthelot, Marcellin: *Collection des anciens alchimistes grecs.* Paris 1887/1888.

Bibliotheca chemica curiosa seu rerum ad alchemiam pertinentium thesaurus instructissimus. Herausgegeben von Johannes Jacobus Mangetus. 2 Bände. Genf 1702.

Blanke, Fritz: *Bruder Klaus von Flüe. Seine innere Geschichte.* Zürich 1948.

Block, Raymond de: *Euhémère, son livre et sa doctrine.* Mons 1876.

Böhme, Jacob: *Viertzig Fragen von der Seelen Vrstand, Essentz, Wesen, Natur und Eigenschafft, was sie von Ewigkeit in Ewigkeit sey.* Verfasset von Dr. Balthasar Walter, Liebhaber der großen Geheimnüssen, und beantwortet durch J'B'. Amsterdam 1682.

Buri, F.: *Theologie und Philosophie.* In: Theologische Zeitschrift 8. Basel 1952. S. 116–134.

Cellini, Benvenuto: *Leben des B'C', Florentinischen Goldschmieds und Bildhauers, von ihm selbst geschrieben.* Übersetzt und mit einem Anhange herausgegeben von Goethe. Tübingen 1803.

Clemens von Alexandrien: *Des C' von Alexandreia Teppiche wissenschaftlicher Darlegungen entsprechend der wahren Philosophie (Stromateis).* Aus dem Griechischen übersetzt von Otto Stählin. München 1937.

Colonna, Francesco: *Hypnerotomachia Poliphili* … Venedig 1499.

Crawley, Alfred Ernest: *The Idea of the Soul.* London 1909.

Custance, John: *Wisdom, Madness and Folly. The Philosophy of a Lunatic.* New York 1952. Deutsch: Weisheit und Wahn. Mit einer Einleitung von C. G. Jung. Zürich 1954.

Delacotte, Joseph: *Guillaume de Digulleville (poète normand): Trois romans-poems du XIVe siècle. Les pèlerinages et la divine comédie.* 2 Bände. Leipzig 1906/1915.

Dieterich, Albrecht: *Eine Mithrasliturgie.* 2. Auflage. Leipzig und Wien 1910.

Dionysius Areopagita: *De coelesti hierarchia.* Migne P. G. L. III col. 119–320.

Dionysius Areopagita: *De divinis nominibus.* Migne P. G. L. III col. 595.

Du Cange, Charles: *Glossarium ad scriptores mediae et infimae latinitatis.* 6 Bände. Paris 1733–1736.

Duchesne, Louis: *Origines du culte chrétien. Etude sur la liturgie latine avant Charlemagne.* 5. Auflage. Paris 1925.

Edda, Die. *Götterlieder und Heldenlieder.* Aus dem Altnordischen von Hans von Wolzogen. Leipzig o. J.

Eliade, Mircea: *Le Chamanisme et les techniques archaïques de l'extase.* Paris 1951.

Erskine, John: *The Private Life of Helen of Troy.* 7. Auflage. London 1926.

Fechner, Gustav Theodor: *Elemente der Psychophysik.* 2 Bände. 2. Auflage. Leipzig 1889.

Fendt, Leonhard: *Gnostische Mysterien.* München 1922.

Fierz-David, Linda: *Der Liebestraum des Poliphilo. Ein Beitrag zur Psychologie der Renaissance und der Moderne.* Zürich 1947.

Flournoy, Théodore: *Des Indes à la planète Mars. Etude sur un cas de somnambulisme avec glossolalie.* 3. Auflage. Paris und Genf 1900.

Flournoy, Théodore: *Nouvelles observations sur un cas de somnambulisme avec glossolalie.* In: Archives de psychologie 1. Genf 1902. S. 101–255.

Foucart, Paul: *Les Mystères d'Éleusis.* Paris 1914.

Freud, Sigmund: *Die Traumdeutung.* Leipzig und Wien 1900.

Freud, Sigmund: *Eine Kindheitserinnerung des Leonardo da Vinci.* Leipzig und Wien 1910.

Garbe, Richard: *Die Sâmkhya-Philosophie. Eine Darstellung des indischen Rationalismus.* 2. Auflage. Leipzig 1917.

Goethe, Johann Wolfgang von: *Werke. Vollständige Ausgabe letzter Hand.* (Cotta) Stuttgart 1858.

Goethe, Johann Wolfgang von: *Faust.* Gesamtausgabe. Leipzig 1942.

Grimm Jacob/Wilhelm Grimm: *Kinder- und Hausmärchen.* 2 Bände. Jena 1922.

Haggard, Henry Rider: *She. A History of Adventure.* London 1887.

Haggard, Henry Rider: *Ayesha. The Return of She.* London 1905.

Haggard, Henry Rider: *Wisdom's Daughter.* London 1923.

Hermetica. The ancient Greek und Latin writings which contain religious or philosophic teachings ascribed to Hermes Trismegistus. Herausgegeben von Walter Scott. 4 Bände. Oxford 1934–1936.

Hippolytus: *Elenchos (Refutatio omnium haeresium).* Herausgegeben von Paul Wendland. Leipzig 1906.

Horus Apollo: *Selecta hieroglyphica, sive sacre notae Aegyptiorum, et insculptae imagines.* Rom 1597.

Hubert, Henri/Marcel Mauss: *Mélanges d'histoire des religions.* Paris 1909.

I Ging. Das Buch der Wandlungen. Herausgegeben von Richard Wilhelm. Jena 1924.

Ingram, John H.: *The Haunted Homes and Family Traditions of Great Britain.* London 1897.

Irenaeus: *S. Irenaei episcopi Lugdunensis contra omnes haereses libri quinque.* Oxford und London 1702. Deutsch: Des heiligen I' fünf Bücher gegen die Häresien. Buch 1–3. Kempten und München 1912.

Jaffé, Aniela: *Bilder und Symbole aus E.T.A. Hoffmanns Märchen Der Goldne Topf,* in: C.G. Jung, Gestaltungen des Unbewußten, Zürich 1950.

James, Montague Rhodes: *The Apocryphal New Testament, being the Apokryphal Gospels, Acts, Epistles and Apocalypses with other Narrations and Fragments newly translated by M'Rh'J'.* Oxford 1924.

James, William: *The Varieties of Religious Experience.* London 1902.

Janet, Pierre: *L'Automatisme psychologique.* Paris 1889.

Janet, Pierre: *L'Etat mental des Hystériques.* Paris 1893.

Janet, Pierre: *Névroses et idées fixes.* 2 Bände. Paris 1898.

Jung, Carl Gustav/Karl Kerényi: *Einführung in das Wesen der Mythologie. Das göttliche Kind/Das göttliche Mädchen.* Zürich 1951.

Kant, Immanuel: *Kritik der reinen Vernunft.* In: Werke, herausgegeben von Karl Kehrbach. Leipzig o. J.

Kerner, Justinus: *Die Seherin von Prevorst.* 2 Teile. Stuttgart und Tübingen 1829.

Kircher, Athanasius: *Mundus subterraneus,* in XII libros digestus. Amsterdam 1678.

Koepgen, Georg: *Die Gnosis des Christentums.* Salzburg 1939.

La Rochefoucauld, François, Duc de: *Œuvres complètes.* 3 Bände. Paris 1868.

Lehrbuch der Religionsgeschichte. Begründet von Chantepie de la Saussaye. Herausgegeben von Alfred Bertholet und Eduard Lehmann. 2 Bände. 4. Auflage. Tübingen 1925.

Leisegang, Hans: *Die Gnosis.* Leipzig 1924.

Lévy-Bruhl, Lucien: *La Mythologie primitive. Le monde mythique des Australiens et des Papous.* 2. Auflage. Paris 1935.

Liber mutus. Mutus liber, in quo tamen tota philosophica Hermetica figuris hieroglyphicis depingitur. La Rochelle 1677.

Macrobius, Ambrosius Aurelius Theodorius: *In somnium Scipionis.* Lyon 1556.

Maeder, Alphonse: *Essai d'interprétation de quelques rêves.* In: Archives de psychologie 6. Genf 1907. S. 354–375.

Maeder, Alphonse: *Die Symbolik in den Legenden, Märchen, Gebräuchen und Träumen.* In: Psychologisch-neurologische Wochenschrift 10. Halle 1908/1909. S. 45–55.

Maier, Michaelis: Symbola aureae mensae duodecim nationum. Frankfurt 1617.

Maitland, Edward: *Anna Kingsford, her Life, Letters, Diary and Work.* 2 Bände. London 1896.

McGlashan, Alan: *Daily Paper Pantheon* in: The Lancet, Band 264. London 1953. S. 238–239.

Mechthild von Magdeburg: *Das fließende Licht der Gottheit der M' von M'.* Ins Neudeutsche übertragen und erläutert von Mela Escherich. Berlin 1909.

Mylius, Johann Daniel: *Philosophia reformata continens libros binos.* Frankfurt 1622.

Nelken, Jan: *Analytische Betrachtungen über Phantasien eines Schizophrenen.* In: Jahrbuch für psychoanalytische und psychopathologische Forschungen 4. Leipzig und Wien 1912. S. 504–562.

Neumann, Erich: *Ursprungsgeschichte des Bewußtseins.* Mit einem Vorwort von C. G. Jung. Zürich 1949.

Neutestamentliche Apokryphen. Herausgegeben von Edgar Hennecke und anderen. 2. Auflage. Tübingen 1924.

Nietzsche, Friedrich: *Also sprach Zarathustra. Ein Buch für Alle und Keinen.* In: Werke, Band 6. Leipzig 1901.

Origines: *In Ieremiam homiliae.* In: Migne P. G. L. XIII col. 255–544.

Paracelsus: *De vita longa.* In: Sämtliche Werke. Herausgegeben von Karl Sudhoff und Wilhelm Matthiesen. Band 3. München und Berlin 1922–1935. S. 247 ff.

Philalethes, Eirenaeus: *Erklärung der Hermetisch poetischen Werke Herrn Georgii Riplaei.* Hamburg 1741.

Philo Iudaeus: *Philonis Iudaei, summi philosophi … opera.* 2 Bände. Lyon 1561.

Platon: *Gastmahl (Symposion). Ins Deutsche übertragen von Rudolf Kassner.* 2. Auflage. Jena 1906.

Preuschen, Erwin: *Antilegomena. Die Reste der außerkanonischen und urchristlichen Überlieferungen.* Giessen 1901.

Radin, Paul: *Gott und Mensch in der primitiven Welt.* Zürich 1953.

Rank, Otto: *Der Mythus von der Geburt des Helden. Versuch einer psychologischen Mythendeutung.* Leipzig und Wien 1909.

Reitzenstein, Richard: *Poimandres. Studien zur griechisch-ägyptischen und frühchristlichen Literatur.* Leipzig 1904.

Riklin, Franz: *Wunscherfüllung und Symbolik im Märchen.* Leipzig und Wien 1908.

Rousselle, Erwin: *Seelische Führung im lebenden Taoismus.* In: Eranos-Jahrbuch 1933. Zürich 1934.

Rulandus, Martinus: *Lexicon alchemiae sive dictionarium alchemisticum.* Frankfurt 1612.

Ruska, Julius: *Tabula Smaragdina. Ein Beitrag zur Geschichte der hermetischen Literatur.* Heidelberg 1926.

Salomon, Richard: *Opicinus de Canistris. Weltbild und Bekenntnisse eines avignonensischen Klerikers des 14. Jahrhunderts.* 2 Bände. London 1936.

Schiller, Friedrich: *Die Piccolomini. 2. Teil von: Wallenstein. Ein dramatisches Gedicht.* In: Sämtliche Werke 6. Stuttgart und Tübingen 1823.

Schmaltz, Gustav: *Östliche Weisheit und westliche Psychotherapie.* Stuttgart 1951.

Schmitz, Oscar A. H.: *Märchen aus dem Unbewußten. Mit einem Vorwort von C. G. Jung und zwölf Zeichnungen von Alfred Kubin.* München 1932.

Schreber, Daniel Paul: *Denkwürdigkeiten eines Nervenkranken, nebst Nachträgen und einem Anhang.* Leipzig 1903.

Schubert, Gotthilf Heinrich von: *Altes und Neues aus dem Gebiet der innren Seelenkunde. 5 Bände.* Leipzig und Erlangen 1825–1844.

Schultz, Wolfgang: *Dokumente der Gnosis.* Jena 1910.

Sloane, William M.: *To Walk the Night.* New York 1937.

Spencer, Baldwin/F. J. Gillen: *The Northern Tribes of Central Australia.* London 1904.

Spitteler, Carl: *Imago.* Jena 1919.

Spitteler, Carl: *Prometheus und Epimetheus. Ein Gleichnis.* Jena 1923.

Stöckli, Alban: *Die Visionen des seligen Bruder Klaus.* Einsiedeln 1933.

Tertullian: *Apologeticus adversus gentes.* In: Migne P. L. I col. 257–536.

Texte aus der deutschen Mystik des 14. und 15. Jahrhunderts. Jena 1912.

Theatrum chemicum, praecipuos selectorum auctorum tractatus … continens. 6 Bände. Ursel und Strassburg 1602–1661.

The Serpent Power … Two works on Tantrik Yoga, translated from the Sanskrit. Herausgegeben von Arthur Avalon. London 1919.

Usener, Hermann: *Das Weihnachtsfest.* 2. Auflage. Bonn 1911.

Vischer, Friedrich Theodor: *Auch Einer.* 2 Bände. Stuttgart und Leipzig 1884.

Vitus, Richardus Basinstochius (Richard White of Basinstoke): *Aelia Laelia Crispis epitaphium quod in agro Bononensi adhuc videtur.* Padua 1568.

Warneck, Johannes: *Die Religion der Batak. Ein Paradigma für die animistischen Religionen des Indischen Archipels.* Leipzig 1909.

Weckerling, Adolf: *Das Glück des Lebens. Medizinisches Drama von Anandarâyamakhî. Zum ersten Male aus dem Sanskrit ins Deutsche übersetzt.* Greifswald 1937.

Wilhelm, Richard: *Das Geheimnis der Goldenen Blüte. Ein chinesisches Lebensbuch. Mit einem europäischen Kommentar von C. G. Jung.* Zürich 1938.

Winthuis, Josef: *Das Zweigeschlechterwesen bei den Zentralaustraliern und andern Völkern. Lösungsversuch der ethnologischen Hauptprobleme auf Grund primitiven Denkens.* Leipzig 1928.

Woodroffe, Sir John: *Shakti and Shakta. Essays and adresses on the Shâkta Tantra Shâstra.* 2. Auflage. Madras und London 1920.

Wundt, Wilhelm: *Grundzüge der physiologischen Psychologie.* 4 Bände. 5. Auflage. Leipzig 1902/1903.

Wundt, Wilhelm: *Völkerpsychologie.* 10 Bände. Leipzig 1911–1920.

Wylie, Philip: *Generation of Vipers.* New York und Toronto 1942.

Quellennachweis

Über die Archetypen des kollektiven Unbewußten (1934): Erstdruck in ›Eranos-Jahrbuch‹ 1934, Rhein-Verlag, Zürich 1935. Bearbeitet als Abhandlung I in ›Von den Wurzeln des Bewußtseins. Studien über den Archetypus‹ (Rascher: Zürich 1954).

Der Begriff des kollektiven Unbewußten (1936): Vortrag 1936 in der Abernethian Society am St. Bartholomew's Hospital, London, unter dem Titel ›The Concept of the Collective Unconscious‹. Veröffentlicht im ›Journal‹ dieses Spitals, XLIV, London 1936/1937, S. 46–49 und 64–66. Erstdruck der deutschen Übersetzung in ›Gesammelte Werke‹ (GW), Band 9/I, S. 55–66.

Über den Archetypus mit besonderer Berücksichtigung des Animabegriffes (1936): Erstdruck in ›Zentralblatt für Psychotherapie und ihre Grenzgebiete‹ IX/5, Leipzig 1936, S. 259–275. Revidiert als Abhandlung II in ›Von den Wurzeln des Bewußtseins. Studien über den Archetypus‹. (Psychologische Abhandlungen IX) Rascher: Zürich 1954.

Die psychologischen Aspekte des Mutterarchetypus (1938): Erstdruck in ›Eranos-Jahrbuch‹ 1938, Rhein-Verlag, Zürich 1939. Revidiert als Abhandlung III in ›Von den Wurzeln des Bewußtseins. Studien über den Archetypus‹ (Rascher: Zürich 1945).

Zur Psychologie des Kindarchetypus (1940): Zusammen mit einem Beitrag von Karl Kerényi als Monographie (Albae Vigiliae VI/VII) in der Pantheon Akademischen Verlagsanstalt, Amsterdam und Leipzig 1940, unter dem Titel ›Das Göttliche Kind. In mythologischer und psychologischer Beleuchtung‹ erstmals erschienen.

Zum psychologischen Aspekt der Korefigur (1941): Erstdruck zus. mit einem Beitrag von Karl Kerényi als Monographie (Albae Vigiliae VIII/IX) in der Pantheon Akademischen Verlagsanstalt, Amsterdam und Leipzig 1941, unter dem Titel ›Das göttliche Mädchen. Die Hauptgestalt der Mysterien von Eleusis in mythologischer und psychologischer Beleuchtung‹.

Zur Psychologie der Tricksterfigur (1954): Erstdruck in ›Der göttliche Schelm. Ein indianischer Mythenzyklus‹, aufgezeichnet von Sam Blowsnake, kommentiert von Paul Radin und Karl Kerényi, herausgegeben von Paul Radin, mit einer psychologischen Deutung von C. G. Jung (Rhein-Verlag: Zürich 1954).

Die Texte in diesem Band folgen:
Gesammelte Werke (GW), Band 9/I, herausgegeben von Lilly Jung-Merker, Elisabeth Rüf, Sonderausgabe, 6. Aufl., Edition C. G. Jung im Patmos Verlag, Ostfildern 2017, S. 13–51, 55–66, 69–87, 91–123, 165–195, 199–220, 273–290.

Verzeichnis der Gesammelten Werke (GW) von C. G. Jung

In Klammern angegeben ist jeweils die Jahreszahl der ersten Auflage der deutschen gebundenen Einzelausgabe bzw. das Jahr der Erstveröffentlichung einer Schrift. Die Erscheinungsjahre etwaiger revidierter Fassungen von Schriften sind nicht berücksichtigt.
Gebundene Bände, die vor 1971 veröffentlicht wurden, sind im Rascher Verlag, Zürich, erschienen, alle gebundenen Bände nach 1971 im Walter Verlag, Olten und Düsseldorf. Die zuletzt erschienene broschierte Ausgabe aller Bände wurde 2011ff. in der EDITION C. G. JUNG im Patmos Verlag, Ostfildern, veröffentlicht.

1. Band (1966): Psychiatrische Studien
Zur Psychologie und Pathologie sogenannter okkulter Phänomene (1902)
Über hysterisches Verlesen (1904)
Kryptomnesie (1905)
Über manische Verstimmung (1903)
Ein Fall von hysterischem Stupor bei einer Untersuchungsgefangenen (1902)
Über Simulation von Geistesstörung (1903)
Ärztliches Gutachten über einen Fall von Simulation geistiger Störung (1904)
Obergutachten über zwei widersprechende psychiatrische Gutachten (1906)
Zur psychologischen Tatbestandsdiagnostik (1905)

2. Band (1979): Experimentelle Untersuchungen
Experimentelle Untersuchungen über die Assoziationen Gesunder (Mit Franz Riklin) (1904)
Analyse der Assoziationen eines Epileptikers (1905)
Über das Verhalten der Reaktionszeit beim Assoziationsexperimente (1905)
Experimentelle Beobachtungen über das Erinnerungsvermögen (1905)
Psychoanalyse und Assoziationsexperiment (1905)
Die psychologische Diagnose des Tatbestandes (1905)
Assoziation, Traum und hysterisches Symptom (1906)
Die psychopathologische Bedeutung des Assoziationsexperimentes (1906)
Über die Reproduktionsstörungen beim Assoziationsexperiment (1907)
Die Assoziationsmethode (1910)
Die familiäre Konstellation (1910)
Über die psychophysischen Begleiterscheinungen im Assoziationsexperiment (1907)

Psychophysische Untersuchungen mit dem Galvanometer und dem Pneumographen bei Normalen und Geisteskranken (Mit Frederick Peterson) (1907)
Weitere Untersuchungen über das galvanische Phänomen, Pneumographen und die Respiration bei Normalen und Geisteskranken (Jung und Ricksher) (1907)
Statistisches von der Rekrutenaushebung (1906)
Neue Aspekte der Kriminalpsychologie (1908)
Die an der psychiatrischen Klinik in Zürich gebräuchlichen psychologischen Untersuchungsmethoden (1910)
Ein kurzer Überblick über die Komplexlehre (1911)
Zur psychologischen Tatbestandsdiagnostik (1937)

3. Band (1968): Psychogenese der Geisteskrankheiten
Über die Psychologie der Dementia praecox (1907)
Der Inhalt der Psychose (1908)
Kritik über E. Bleuler: Zur Theorie des schizophrenen Negativismus (1911)
Über die Bedeutung des Unbewußten in der Psychopathologie (1914)
Über das Problem der Psychogenese bei Geisteskrankheiten (1919)
Geisteskrankheit und Seele (1928)
Über die Psychogenese der Schizophrenie (1939)
Neuere Betrachtungen der Schizophrenie (1956)
Die Schizophrenie (1958)

4. Band (1969): Freud und die Psychoanalyse
Die Hysterielehre Freuds (1906)
Die Freudsche Hysterietheorie (1908)
Die Traumanalyse (1909)
Ein Beitrag zur Psychologie des Gerüchtes (1910)
Ein Beitrag zur Kenntnis des Zahlentraumes (1910)
Morton Prince ›The Mechanism and Interpretation of Dreams‹ (1911)
Zur Kritik über Psychoanalyse (1910)
Zur Psychoanalyse (1912)
Versuch einer Darstellung der psychoanalytischen Theorie (1913)
Allgemeine Aspekte der Psychoanalyse (1913)
Über Psychoanalyse (1916)
Psychotherapeutische Zeitfragen (Briefwechsel mit R. Loy) (1914)
Vorreden zu ›Collected Papers on Analytical Psychology‹ (1916)
Die Bedeutung des Vaters für das Schicksal des Einzelnen (1909)
Einführung zu W. M. Kranefeldt ›Die Psychoanalyse‹ (1930)
Der Gegensatz Freud und Jung (1929, 1969)

5. Band (1973): Symbole der Wandlung (1952)
(Neubearbeitung von ›Wandlungen und Symbole der Libido‹, 1912)

6. Band (1960): Psychologische Typen (1921)
Einleitung
Das Typenproblem in der antiken und mittelalterlichen Geistesgeschichte
Über Schillers Ideen zum Typenproblem
Das Apollinische und das Dionysische
Das Typenproblem in der Menschenkenntnis
Das Typenproblem in der Dichtkunst
Das Typenproblem in der Psychopathologie
Das Problem der typischen Einstellung in der Ästhetik
Das Typenproblem in der modernen Philosophie
Das Typenproblem in der Biographik
Allgemeine Beschreibung der Typen
Definitionen
Schlußwort
Anhang: Vier Arbeiten über Psychologische Typologie (1913, 1925, 1928 und 1936)

7. Band (1964): Zwei Schriften über die analytische Psychologie
Über die Psychologie des Unbewußten (1943)
Die Beziehungen zwischen dem Ich und dem Unbewußten (1928)
Anhang: Neue Bahnen der Psychologie (1912)
Die Struktur des Unbewußten (1916)

8. Band (1967): Die Dynamik des Unbewußten
Über die Energetik der Seele (1928)
Die transzendente Funktion (1916)
Allgemeines zur Komplextheorie (1934)
Die Bedeutung von Konstitution und Vererbung für die Psychologie (1929)
Psychologische Determinanten des menschlichen Verhaltens (1936)
Instinkt und Unbewußtes (1928)
Die Struktur der Seele (1928)
Theoretische Überlegungen zum Wesen des Psychischen (1947)
Allgemeine Gesichtspunkte zur Psychologie des Traumes (1928)
Vom Wesen der Träume (1945)
Die psychologischen Grundlagen des Geisterglaubens (1928)
Geist und Leben (1926)
Das Grundproblem der gegenwärtigen Psychologie (1931)
Analytische Psychologie und Weltanschauung (1931)
Wirklichkeit und Überwirklichkeit (1933)
Die Lebenswende (1931)
Seele und Tod (1934)
Synchronizität als ein Prinzip akausaler Zusammenhänge (1952)
Über Synchronizität (1952)

9/I. Band (1976): Die Archetypen und das kollektive Unbewußte
Über die Archetypen des kollektiven Unbewußten (1935)
Der Begriff des kollektiven Unbewußten (1936)
Über den Archetypus mit besonderer Berücksichtigung des Animabegriffes (1936)
Die psychologischen Aspekte des Mutterarchetypus (1939)
Über Wiedergeburt (1940)
Zur Psychologie des Kindarchetypus (1940)
Zum psychologischen Aspekt der Korefigur (1941)
Zur Phänomenologie des Geistes im Märchen (1946)
Zur Psychologie der Tricksterfigur (1954)
Bewußtsein, Unbewußtes und Individuation (1939)
Zur Empirie des Individuationsprozesses (1934)
Über Mandalasymbolik (1938)
Mandalas (1955)

9/II. Band (1976): Aion. Beiträge zur Symbolik des Selbst (1951)
Das Ich
Der Schatten
Die Syzygie: Anima und Animus
Das Selbst
Christus, ein Symbol des Selbst
Das Zeichen der Fische
Die Prophezeiung des Nostradamus
Über die geschichtliche Bedeutung des Fisches
Die Ambivalenz des Fischsymbols
Der Fisch in der Alchemie
Die alchemistische Deutung des Fisches
Allgemeines zur Psychologie der christlich-alchemistischen Symbolik
Gnostische Symbole des Selbst
Die Struktur und Dynamik des Selbst
Schlußwort

10. Band (1974): Zivilisation im Übergang
Über das Unbewußte (1918)
Seele und Erde (1931)
Der archaische Mensch (1931)
Das Seelenproblem des modernen Menschen (1928)
Das Liebesproblem des Studenten (1928)
Die Frau in Europa (1927, 1965)
Die Bedeutung der Psychologie für die Gegenwart (1933)
Zur gegenwärtigen Lage der Psychotherapie (1934)
Vorwort zu ›Aufsätze zur Zeitgeschichte‹ (1946)
Wotan (1936)

Nach der Katastrophe (1945)
Der Kampf mit dem Schatten (1946)
Nachwort zu ›Aufsätze zur Zeitgeschichte‹ (1946)
Gegenwart und Zukunft (1957)
Ein moderner Mythus: Von Dingen, die am Himmel gesehen werden (1958)
Das Gewissen in psychologischer Sicht (1958)
Gut und Böse in der analytischen Psychologie (1959)
Vorrede zu: Toni Wolff ›Studien zu C. G. Jungs Psychologie‹ (1959)
Die Bedeutung der schweizerischen Linie im Spektrum Europas (1928)
Der Aufgang einer neuen Welt (1930)
Ein neues Buch von Keyserling ›La Révolution mondiale et la responsabilité de l'esprit‹ (1934)
Komplikationen der amerikanischen Psychologie (1930)
Die träumende Welt Indiens (1939)
Was Indien uns lehren kann (1939)
Verschiedenes (Neun kurze Beiträge 1933–1938)

11. Band (1963): Zur Psychologie westlicher und östlicher Religion
Psychologie und Religion (1940)
Versuch einer psychologischen Deutung des Trinitätsdogmas (1942)
Das Wandlungssymbol in der Messe (1942)
Geleitwort zu Victor White: Gott und das Unbewußte (1952)
Vorrede zu Zwi Werblowsky: Lucifer und Prometheus (1952)
Bruder Klaus (1933)
Über die Beziehung der Psychotherapie zur Seelsorge (1932)
Psychoanalyse und Seelsorge (1928)
Antwort auf Hiob (1952)
Psychologischer Kommentar zu: Das tibetische Buch der großen Befreiung (1955)
Psychologischer Kommentar zum Bardo Thödol (1935)
Yoga und der Westen (1936)
Vorwort zu Daisetz Teitaro Suzuki: Die große Befreiung (1939)
Zur Psychologie östlicher Meditation (1943)
Über den indischen Heiligen. Einführung zu Heinrich Zimmer: Der Weg zum Selbst (1944)
Vorwort zum I Ging (1950)

12. Band (1972): Psychologie und Alchemie (1944)
Vorwort [undatiert] zur 2. englischen Auflage von 1967
Einleitung in die religionspsychologische Problematik der Alchemie (1943)
Traumsymbole des Individuationsprozesses (1936)
Die Erlösungsvorstellungen in der Alchemie (1937)

13. Band (1978): Studien über alchemistische Vorstellungen
Kommentar zu ›Das Geheimnis der goldenen Blüte‹ (1929)

Der Geist Mercurius (1943)
Die Visionen des Zosimos (1938)
Paracelsus als geistige Erscheinung (1942)
Der philosophische Baum (1945)

14/I. Band (1968): Mysterium Coniunctionis (1955)
Die Komponenten der Coniunctio
Die Paradoxa
Die Personifikationen der Gegensätze

14/II. Band (1968): Mysterium Coniunctionis (1955)
Rex und Regina
Adam und Eva
Die Konjunktion

14/III. Band (1971): Mysterium Coniunctionis, Ergänzungsband
(Herausgegeben und kommentiert von Marie-Louise von Franz)
Aurora Consurgens

15. Band (1971): Über das Phänomen des Geistes in Kunst und Wissenschaft
Paracelsus (1929)
Paracelsus als Arzt (1941)
Sigmund Freud als kulturhistorische Erscheinung (1932)
Sigmund Freud (1939)
Zum Gedächtnis Richard Wilhelms (1930)
Über die Beziehung der Analytischen Psychologie zum dichterischen Kunstwerk (1922)
Psychologie und Dichtung (1930)
›Ulysses‹ (1932)
Picasso (1932)

16. Band (1958): Praxis der Psychotherapie
Grundsätzliches zur praktischen Psychotherapie (1935)
Was ist Psychotherapie? (1935)
Einige Aspekte der modernen Psychotherapie (1930)
Ziele der Psychotherapie (1929)
Die Probleme der modernen Psychotherapie (1929)
Psychotherapie und Weltanschauung (1943)
Medizin und Psychotherapie (1945)
Die Psychotherapie in der Gegenwart (1945)
Grundfragen der Psychotherapie (1951)
Der therapeutische Weg des Abreagierens (1921)
Die praktische Verwendbarkeit der Traumanalyse (1934)
Die Psychologie der Übertragung (1946)

17. Band (1972): Über die Entwicklung der Persönlichkeit

Über Konflikte der kindlichen Seele (1910)
Einführung zu Frances G. Wickes ›Analyse der Kinderseele‹ (1931)
Die Bedeutung der Analytischen Psychologie für die Erziehung (1923)
Analytische Psychologie und Erziehung (1926)
Der Begabte (1943)
Die Bedeutung des Unbewußten für die individuelle Erziehung (1928)
Vom Werden der Persönlichkeit (1934)
Die Ehe als psychologische Beziehung (1925)

18/I. Band (1981): Das symbolische Leben

Über Grundlagen der analytischen Psychologie (1935)
Symbole und Traumdeutung (1961)
Das symbolische Leben (1939)
Ergänzungen zu GW 1, 3, 4

18/II. Band (1981): Das symbolische Leben

Ergänzungen zu GW 5, 7–17

19. Band (1983): Bibliographie

Die veröffentlichten Schriften von C. G. Jung (Originalwerke und Übersetzungen)
Die Gesammelten Werke von C. G. Jung
Die Seminare von C. G. Jung

20. Band (1995): Gesamtregister

Namenregister